国家社科基金
GUOJIA SHEKE JIIN HOUQI ZIZHU XIANGMU
后期资助项目

中国高速铁路建设
对区域经济增长的影响研究

叶　翀　著

中国财经出版传媒集团

经济科学出版社
Economic Science Press
北京

图书在版编目（CIP）数据

中国高速铁路建设对区域经济增长的影响研究/叶
翀著 . -- 北京：经济科学出版社，2024.6
国家社科基金后期资助项目
ISBN 978 - 7 - 5218 - 5809 - 9

Ⅰ.①中… Ⅱ.①叶… Ⅲ.①高速铁路 - 铁路工程 -
工程建设 - 影响 - 区域经济 - 经济增长 - 研究 - 中国
Ⅳ.①F532.3 ②F127

中国国家版本馆 CIP 数据核字（2024）第 075210 号

责任编辑：王柳松
责任校对：刘　昕
责任印制：邱　天

中国高速铁路建设对区域经济增长的影响研究
ZHONGGUO GAOSU TIELU JIANSHE DUI QUYU JINGJI
ZENGZHANG DE YINGXIANG YANJIU
叶　翀　著
经济科学出版社出版、发行　新华书店经销
社址：北京市海淀区阜成路甲 28 号　邮编：100142
总编部电话：010-88191217　发行部电话：010-88191522
网址：www. esp. com. cn
电子邮箱：esp@ esp. com. cn
天猫网店：经济科学出版社旗舰店
网址：http：//jjkxcbs. tmall. com
固安华明印业有限公司印装
710×1000　16 开　15.75 印张　300000 字
2024 年 6 月第 1 版　2024 年 6 月第 1 次印刷
ISBN 978 - 7 - 5218 - 5809 - 9　定价：69.00 元
（图书出现印装问题，本社负责调换。电话：010 - 88191545）
（版权所有　侵权必究　打击盗版　举报热线：010 - 88191661
QQ：2242791300　营销中心电话：010 - 88191537
电子邮箱：dbts@ esp. com. cn）

出版说明

　　后期资助项目是国家社科基金设立的一类重要项目,旨在鼓励广大社科研究者潜心治学,支持基础研究多出优秀成果。它是经过严格评审,从接近完成的科研成果中遴选立项的。为扩大后期资助项目的影响,更好地推动学术发展,促进成果转化,全国哲学社会科学工作办公室按照"统一设计、统一标识、统一版式、形成系列"的总体要求,组织出版国家社科基金后期资助项目成果。

全国哲学社会科学工作办公室

目　录

第一章 中国高速铁路建设的发展与现状

第一节 中国高速铁路的发展历程

交通运输方式的历次变革都会为社会进步作出巨大贡献,推动人类文明发展。1825 年,英国工程师斯蒂芬森发明的蒸汽机车试车成功,标志着铁路时代的到来。工业化发展不断优化铁路驱动力,铁路运载量大、运输能力强、速度快的优势逐渐凸显,成为主流运输方式。然而,随着高速公路运输和航空运输的出现以及水路运输的发展,各种交通运输方式之间竞争激烈,铁路运输的地位受到冲击,市场份额也在不断减少。但这并不意味着铁路时代的落幕,1964 年,世界上第一条投入运营的高速铁路(high – speed railway, HSR)——日本东海道新干线顺利开通,使一度受到冲击的铁路运输重新焕发了活力,为铁路发展带来了新的希望。高速铁路的出现,逐渐改变了人们的出行方式和生活方式,并成为经济发展的重要影响因素之一。

随着世界经济的发展和科学技术的进步,各国都在大力发展高速铁路并在竞争中不断取得突破,日本的新干线系列、法国的高速铁路(train à grande vitesse, TGV)系列、德国的高速铁路(inter city express, ICE)系列和西班牙的高速铁路(alta velocidad española, AVE)系列是典型代表。1981 年,法国的高速铁路 TGV 开始通车运营,并在运营第一年就实现了盈利。在对原有线路进行改造的基础上,德国的第一条高速铁路 ICE 于 1991 年开通。西班牙的高速铁路 AVE 于 1992 年开通,其低成本和高运输效率广受称赞。与中国相比,意大利、英国、比利时、韩国和美国等国家高速铁路的建设时间和运营时间都要更早一些。

20 世纪 90 年代以来,中国对高速铁路的关键技术展开研究。2003 年建成的秦沈客运专线是中国第一条高速铁路,① 而中国第一条商业运营的高速铁路则是 2008 年建成的京津城际高速铁路。② 近年来,国家十分重视高速铁路的建设规划,并出台了多项支持政策。国家高速铁路政策规划,见表 1-1。这对于高速铁路的发展起到了巨大的推动作用。尽管中国高速铁路起步相对较晚,但发展十分迅速,技术先进、造价低、快捷安全等特点使中国高速铁路在国际竞争中脱颖而出。

俗话说,"要想富,先修路",反映了交通运输对经济发展的重要性。毫无疑问,高速铁路发展对区域经济增长有重要影响。建设成本高、建设周期和投资回收期长都是高速铁路建设的特点,若治理不当,不仅不会产生经济效益,甚至会收不抵支。纵观西方发达国家高速铁路建设的发展经验,其路线多经过经济发达、人口密集的地区,产生的经济效益基本符合预期。虽然中国高速铁路建设以经济发达地区和人口高密度地区为主,但对欠发达地区和人口低密度地区而言,高速铁路建设明显加重了财政负担,暂未能产生较明显的经济效应。就可观察的投入和产出而言,全国高速铁路经济效益无法令人信服,高速铁路建设是否影响区域经济增长? 对区域经济产生哪些影响?

不可否认,运营收入是高速铁路经济效益的直接反映,但若只从其运营收入衡量高速铁路经济效益显然过于单一。实际上,高速铁路对区域经济的影响可以体现在提升可达性、加速市场资源配置与市场整合、促进产业转型等方面,直接或间接推动区域经济发展。

表 1-1　　　　　　　　　　国家高速铁路政策规划

年份	文件名称	政策内容
2004	《中长期铁路网规划》	提出"四纵四横"的高速铁路网规划和建设高速铁路 1.2 万千米目标
2008	《中长期铁路网规划(2008 年调整)》	提出建设高速铁路达到 1.6 万千米以上
2011	《"十二五"综合交通运输体系规划》	建成"四纵四横"客运专线、城市群城际轨道交通干线,基本建成快速铁路网,营业里程约达到 4.5 万千米,基本覆盖 50 万以上人口的城市
2016	《中长期铁路网规划》	规划新时期"八纵八横"高速铁路网的宏伟蓝图

---

① ② 中国国家铁路集团有限公司网站 (www.china-railway.com.cn)。

续表

年份	文件名称	政策内容
2017	《铁路"十三五"发展规划》	到2020年，全国铁路营业里程约达到15万千米，其中，高速铁路约达到3万千米
2019	中国铁路总公司官网	提出2019年确保投产高速铁路新线3200千米
2020	《新时代交通强国铁路先行规划纲要》	到2035年，全国铁路网运营里程约达到20万千米，其中，高速铁路约达到7万千米。20万人口以上城市实现铁路覆盖，50万人口以上城市高速铁路通达
2022	《"十四五"现代综合交通运输体系发展规划》	到2025年，全国铁路运营里程预期约达到16.5万千米，其中，高速铁路营业里程约达到5万千米

资料来源：笔者根据相关资料整理而得。

第二节　中国高速铁路的现状

中国铁路网数据显示，截至2021年，中国已建成高速铁路共计68条，截至2021年高速铁路线路，见表1-2。截至2021年底，中国高速铁路运营总里程达到4.13万千米，居世界第一，目前高速铁路建设正朝着"八纵八横"的区域优化大格局发展，高速铁路建设取得巨大成效。

表1-2　　　　　　　　截至2021年高速铁路线路

序号	铁路线	序号	铁路线	序号	铁路线	序号	铁路线
1	沪昆客运专线	18	丹大线	35	赣龙厦线	52	京广·广深港客运专线
2	兰渝·南高线	19	杭深线	36	哈齐客运专线	53	衡柳线·柳南客运专线
3	成渝客运专线	20	金温线	37	贵广客运专线	54	哈大·盘营客运专线
4	集包·张呼线	21	云贵线	38	沈丹客运专线	55	兰州中川机场城际铁路
5	西成客运专线	22	南广线	39	广惠城际铁路	56	津霸客运专线·霸徐线
6	郑渝客运专线	23	京沪线	40	广肇城际铁路	57	成昆铁路广昆段·楚大线
7	胶济客运专线	24	娄邵线	41	厦北·防钦线	58	郑开城际铁路
8	徐兰客运专线	25	宁启线	42	贵开城际铁路	59	武九客专·武冈城际铁路
9	石太客运专线	26	达成线	43	金山城际铁路	60	津秦·秦沈客运专线
10	郑焦城际铁路	27	昆玉线	44	成贵客运专线	61	海南环岛客运专线
11	宁安客运专线	28	渝贵线	45	京福客运专线	62	广珠城际·深湛线
12	宁杭城际铁路	29	衢九线	46	石济客运专线	63	长株潭城际铁路

续表

序号	铁路线	序号	铁路线	序号	铁路线	序号	铁路线
13	昌九城际铁路	30	长白线	47	京津城际铁路	64	长吉珲城际铁路
14	昌福·永莆线	31	包西线	48	武孝城际铁路	65	青荣城际铁路
15	广深城际铁路	32	汉丹线	49	沪宁城际铁路	66	沪汉蓉快速客运通道
16	大西客运专线	33	石长线	50	武威城际铁路	67	沈佳高速铁路
17	兰新客运专线	34	京沪高速铁路	51	成灌城际铁路		

资料来源：笔者根据中国铁路网的相关资料整理而得。

高速铁路不但缩短了城市间的通行时间，而且，潜移默化地改变了人们的生活方式，异地工作、双城生活等现象屡见不鲜。随着交通基础设施的完善，区域间出行时间和经济成本大大降低，流通效率得到提升，加速了生产要素在区域间的流动，对于区域间的协调发展起到了重要推动作用。高速铁路网的建设完善了中国的交通网络，能够促进人力、资本和技术等要素在更广范围内优化配置，实现资源共享、合作共赢。武广高速铁路沿线站点，见表1－3。

表1－3　　　　　　　　　武广高速铁路沿线站点

开通站点	所属省份	所属城市	离武汉距离（千米）
武汉	湖北	武汉	0
咸宁北		咸宁	85
赤壁北			127
岳阳东	湖南	岳阳	209
汨罗东			279
长沙南		长沙	347
株洲西		株洲	387
衡阳西		衡阳	455
衡阳东			496
耒阳西			552
郴州西		郴州	628
韶关	广东	韶关	758
清远		清远	885
广州北		广州	922
广州南			968

资料来源：笔者根据国家铁路局网站的相关资料整理而得。

为了更好地论证高速铁路建设对区域经济增长的影响，在团队前期研究积累的基础上，本书分别选取山西省、湖北省和以福建省为主的海峡西岸经济区作为中国华北地区、中部地区、东部地区的实证案例。

1. 山西省高速铁路发展现状

2009 年 4 月 1 日，山西省境内的第一条高速铁路——石太客运专线正式通车，自该线路通车后，太原与北京之间实现了 3 小时通勤，山西省高速铁路开始高速发展。大西高速铁路太原至西安段开工建设于 2009 年 12 月，落成于 2014 年 7 月 1 日。自此，山西省中南部地区，包括临汾市、运城市和晋中市等大步迈进高速铁路时代。大西高速铁路沿线具有城市集中、地区人口密度大、矿产资源和旅游资源丰富的特点。该线路的开通在山西省经济转型的关键时期有重要意义，不仅可以成为旅游业的强劲驱动力，而且可以通过客货分线运输提高铁路运输能力和铁路运输质量，推动铁路货运业务的发展。山西省在建及建成的铁路已成为中国高速铁路网的重要组成部分之一，并入国家"八纵八横"客运专线网络中，为山西省经济发展乃至全国经济发展发挥了积极作用。

山西省以其丰富的煤炭等自然资源成为重要的能源基地，是国家经济持续发展的重要基石。随着山西省铁路建设的推进，京昆通道、呼南通道等重要铁路通道逐渐打通。山西省铁路快速客运网络也将通过京昆通道、呼南通道和青银通道得到拓展，极大地缩短了山西省抵达青岛、郑州、西安等城市的时间，同时，也能实现与沿海地区城市的铁路连接，为人民群众的出行提供便利。截至 2019 年，山西省已初步形成"米"字形高速铁路网，拉近了与全国各地的时空距离，满足了日益增长的商务运输、旅行运输需求。高速铁路的开通推动了山西省资源型经济的转型升级，对区域经济实现高质量增长影响深远。山西省主要高速铁路线路，见表 1 - 4。

表 1 - 4　　　　　　　山西省主要高速铁路线路

客运专线	起止点	主要途经站点	里程（千米）	开工时间	（预计）通车时间
石太高速铁路	石家庄—太原	石家庄—鹿泉—阳曲—太原	225	2005 年 6 月	2009 年 4 月
大西高速铁路	大同—西安	西安—运城—临汾—晋中—太原—大同	859	2009 年 12 月	2014 年 7 月（前期）2021 年 5 月（全线）

续表

客运专线	起止点	主要途经站点	里程（千米）	开工时间	（预计）通车时间
青太高速铁路	青岛—太原	青岛—济南—沧州—衡水—石家庄—阳泉—太原	770.0	2014 年 1 月 5 日	2017 年 12 月
大张高速铁路	大同—张家口	大同—阳高—天镇—怀安—张家口	141.5	2015 年 11 月 18 日	2020 年 12 月
太郑高速铁路	太原—郑州	太原—长治—晋城—焦作—郑州	420.0	2016 年 6 月 19 日	2020 年 12 月
雄忻高速铁路	雄安—忻州	雄安—保定—五台山—忻州	342.0	2021 年 10 月 1 日	2027 年 6 月
集大原高速铁路	乌兰察布—原平	乌兰察布—太原—原平	290.0	2020 年 6 月 30 日	2024 年 12 月
太绥高速铁路	太原—绥德	太原—汾阳—吕梁—绥德	229.0	2021 年	2025 年

资料来源：笔者根据国家铁路局网站的相关资料整理而得。

2. 湖北省高速铁路发展现状

湖北省地理优势和区位优势明显，承接南北、联通东西，古来就有"九省通衢"之称，是中国内陆重要的交通枢纽。湖北省内河航运发达，位居全国前列，公路网络四通八达，民用航空事业发展势头正劲。虽然湖北省的铁路建设起步较早，但是，并未充分利用这一优势，早期省内经济发展程度不高迟滞了交通运输业的发展，交通运输业发展不足拖累了经济发展速度，导致湖北省未能最大化地发挥地理优势。如今，伴随着湖北省内高速公路、高速铁路的不断建设与投入运营，湖北省经济迎来了高速发展时期，武汉市作为中部第一城市的重要性日趋凸显。截至 2021 年湖北省已建成及在建高速铁路，见表 1－5。高速铁路的发展可以促进当地产业结构转型升级，同时，能更好地承接东部地区的产业转移，湖北省迎来了经济发展的重要机遇。此外，高速铁路对可达性的提高使城际联系更加紧密，有利于商贸、服务、旅游等行业的发展，对经济增长的积极影响不言而喻。

表1-5　　　　截至2021年湖北省已建成及在建高速铁路

序号	铁路名称	运营（预计）时间	里程（千米）	时速（千米/时）	经过城市（湖北省内）
1	汉十高速铁路	2019年11月29日	460	250、300、350	武汉、孝感、随州、襄阳、十堰
2	郑万高速铁路	2019年12月1日	818	350	襄阳、神农架林区、宜昌
3	黄黄高速铁路	2021年12月	125	350	黄冈
4	安九高速铁路	2021年	198	350	黄冈
5	襄常高速铁路	2021年	211	350	襄阳、荆门、宜昌
6	沿江高速铁路	2025年	2112	350	荆门、宜昌、武汉
7	西十高速铁路	2026年	255	350	十堰

资料来源：笔者根据国家铁路局网站的相关资料整理而得。

3. 海峡西岸经济区高速铁路发展现状

海峡西岸经济区西与江西贯通，北与长江三角洲连接，南与珠江三角洲衔接，其区位优势和地理优势明显。

海峡西岸经济区第一条高速铁路温福铁路于2009年9月建成通车，途经温州、宁德和福州，对海峡西岸经济区未来的发展具有里程碑的意义。2010年4月，福厦快速铁路开通，途经海峡西岸经济区的福州、莆田、泉州和厦门，加强了福州和厦门的联系，使福建省各地级市的联系更加紧密。2012年6月，龙厦铁路开通，途经海峡西岸经济区的龙岩、漳州和厦门，使乘客从龙岩到厦门的旅行时间减少约3个小时。2013年9月，连通抚州、三明、莆田的向莆铁路通车。2013年12月，厦深铁路开通，连接厦门、漳州、潮州、汕头和揭阳。作为中国"八纵八横"高速铁路沿海通道南段的重要组成部分，厦深铁路贯通了中国东南沿海一带，在闽东南和珠三角两大经济发达板块之间搭建起快速通道。2015年6月，京福铁路——合福段开通，途经海峡西岸经济区的上饶、南平和福州，属于国家重大交通工程，进一步加强了江西与福建的联系。截至2021年海峡西岸经济区已建成高速铁路，见表1-6。

自2009年温福铁路开通运营之后，高速铁路在海峡西岸经济区的经济增长中起到了积极作用。在区域经济发展对交通基础设施的需求与国家"八纵八横"政策要求的双重推动下，海峡西岸经济区的铁路交通网络正在不断拓展。截至2021年海峡西岸经济区在建高速铁路，见表1-7。京台高速铁路中的京商段、商合段与合福段连接，加强了大陆与台湾的联系，有利于两岸和平发展，同时，加强了海峡西岸经济区与北部城市的联系。商品、资本和劳动力的流动受益于铁路网络的不断完善，高速铁路建设对海峡西岸经济区的市场整合和持续性发展都有重要作用。

表1-6　　　　截至2021年海峡西岸经济区已建成高速铁路

序号	铁路名称	运营时间	时速 （千米/时）	经过城市 （海峡西岸经济区内）
1	温福铁路	2009年9月	250	温州、宁德、福州
2	福厦快速铁路	2010年4月	250	福州、莆田、 泉州、厦门
3	龙厦铁路	2012年6月	200	龙岩、漳州、厦门
4	向莆铁路	2013年9月	200	抚州、三明、莆田
5	厦深铁路	2013年12月	250	厦门、漳州、潮州、 汕头、揭阳
6	京福铁路—合福段	2015年6月	350	上饶、南平、福州
7	赣瑞龙铁路	2015年12月	200	赣州、龙岩
8	南龙铁路	2018年12月	200	南平、三明、龙岩
9	衢宁铁路	2020年9月	160	衢州、丽水、 南平、宁德
10	福平铁路	2020年12月	200	福州、平潭

资料来源：笔者根据国家铁路局网站的相关资料整理而得。

表1-7　　　　截至2021年海峡西岸经济区在建高速铁路

序号	铁路名称	里程 （千米）	时速 （千米/时）	经过城市 （海峡西岸经济区内）
1	京台高速铁路	2200	300	上饶、南平、福州
2	长泉铁路	810	200	泉州
3	昆台高速铁路	2000	250	龙岩、漳州、厦门
4	衢宁铁路	366	200	南平、宁德
5	杭广高速铁路	1121	350	南平、三明、 龙岩、梅州
6	沪昆高速铁路	2252	300	衢州、上饶、 鹰潭、抚州

资料来源：笔者根据国家铁路局网站的相关资料整理而得。

第三节 中国高速铁路建设展望

高速铁路建设的"中国速度"令世界瞩目，在很大程度上改变了区域空间布局。2017 年以来，全球已有 8.3 万千米的高速铁路开通运营或处于建设阶段，其中，不乏法国高速铁路、德国高速铁路、韩国高速铁路和日本新干线等著名的高速铁路。而中国的高速铁路建设后来居上，中国常用高速铁路列车数量占世界高速铁路列车数量的近 52%，达 2700 列。世界各国高速铁路发展情况比较，见图 1 - 1。同时，和谐号动车组、复兴号动车组的投入使用与不断提速，无缝线路和重型钢轨的铺设运行，高效调度系统的广泛应用等标志着中国铁路技术的高速发展，高速铁路的运行效率大大提高。中国高速铁路纵横交错，已形成规模化的铁路网络，且对货运、客运影响深远。在此背景下，探讨中国高速铁路建设对区域经济增长的影响具有重要意义。

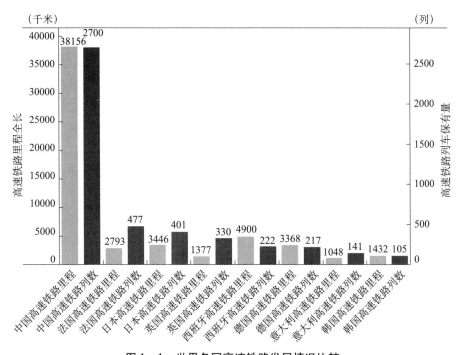

图 1 - 1 世界各国高速铁路发展情况比较

资料来源：笔者根据《2019—2024 年中国高速铁路行业市场前瞻与投资战略规划分析报告》的相关数据整理而得。

《新时代交通强国铁路先行规划纲要》于 2020 年 8 月 13 日发布，对中国铁路 2035 年及 2050 年的主要任务和发展目标进行了阐述。纲要明确，到 2035 年全国铁路网运营里程应达到约 20 万千米，高速铁路约占35%。铁路应对 20 万人口以上城市实现覆盖，高速铁路应通达所有 50 万人口以上城市。① 届时，以"八纵八横"为主通道的普通铁路网和高速铁路网都将得到进一步优化和完善。

《"十四五"现代综合交通运输体系发展规划》指出，2025 年预期全国铁路运营里程达 16.5 万千米，其中，高速铁路营业里程约 5 万千米。② 此外，国家综合立体交通网主骨架能力利用率得到显著提高。主骨架依托于"八纵八横"高速铁路，将高速铁路区域连接线串联其中，同时，辅以部分兼顾干线功能的城际铁路，实现时速 250 千米/小时及以上的高速铁路覆盖 50 万人口以上城市。由此可见，中国高速铁路网不断完善，交通运输发展迈向世界一流水平。

第四节　研究意义

从经济增长角度而言，基础设施建设通常起到关键性作用。建设高速铁路可以提升各个独立城市之间的可达性，有利于实现生产要素短时间内的长距离流动，推动一体化的经济走廊或扩展功能区的形成。部分既有研究认为，短期内高速铁路建设降低了交通成本，城市间贸易更便捷，促使传统产业向基础设施建设较为落后的区域转移，提高劳动力就业水平，减少价格歧视和价格垄断。中长期将会导致个人和企业在不同区域间重新选择，在成本急剧上涨的情况下，经济发达地区会产生集聚效应，引起不同区域间的两极分化。关于高速铁路能否促进区域经济增长一直存在争论，因此，研究高速铁路建设对不同区域经济增长的影响，具有重要的理论意义和现实意义。

1. 理论意义

高速铁路自建设以来就受到学术界的关注，关于高速铁路影响的相关研究也从影响机理分析到实证分析，从分析经济总体发展到关注区域经济增长。为丰富高速铁路对区域经济增长的影响研究，本书第三章采用加权平均旅行时间法构建可达性指数模型测算并分析高速铁路开通后城市的可

---

①② 中国国家铁路集团有限公司（www.china‐railway.com.cn）。

达性水平。根据高速铁路对省际知识溢出作用机理的分析，运用空间计量模型研究高速铁路对知识溢出是否存在影响。针对知识溢出难以直接度量的问题，本书利用空间滞后模型与知识生产函数结合的方法，构造溢出变量并研究知识溢出的门槛阈值情况。考虑到直接在时间维度和空间维度上分析高速铁路对区域市场整合的影响会忽略经济发展水平差异这一重要影响因素，因此，采用双重差分模型进行测算，既解决了解释变量的内生性问题，也提高了模型分析的准确程度。以武广高速铁路为例，实证分析高速铁路开通对区域经济增长的作用，为推动高速铁路与区域经济增长协调发展提供了相关理论依据。

2. 现实意义

高速铁路作为社会进步和现代文明的产物，是中国经济社会发展的必然趋势。高速铁路对中国工业化、城镇化发展起到了重要的促进作用，推动沿线城市焕发新活力，有效地刺激地方消费，促使高速铁路沿线中心城市与卫星城镇重新布局，以高速铁路中心城市辐射和带动周边城市同步发展。高速铁路建设需要一定的社会经济条件支持，当高速铁路发展进程与经济发展差距过大时，不仅满足不了经济发展对高速铁路发展的需求，还会带来巨大的资金压力和机会成本，制约区域投资发展并延误发展时机。因此，本书以高速铁路发展相对成熟的武广铁路沿线区域为例，分析高速铁路开通引起的城市可达性水平变化，并对正处于产业结构转型期的海峡西岸经济区进行市场整合分析，为部分区域的经济增长提供政策制定方向。同时，通过分析中国省际知识溢出效应，发现高速铁路对区域经济的影响规律，总结成功经验和现存问题，为中国高速铁路线路的合理规划提供参考。

面对资源枯竭及环境恶化问题，高速铁路使用电力为动能，减少对石油能源的消耗，同时提高能源利用效率，形成绿色环保的交通大动脉。本书从可达性、知识溢出、市场一体化和产业结构优化等方面出发，分析高速铁路带来的经济效益，为中国高速铁路的规划和建设提供参考依据。此外，高速铁路对拉动内需的影响是一个持续且漫长的过程，运输效率的提高能加速人员流动、物资流动，优化不同区域、不同行业的资源配置。本书改变以往聚焦于高速铁路对旅游业、产业结构影响的视角，探讨了高速铁路对服务业的影响。这对于更好地发挥服务业作为新兴产业对一个国家（地区）的战略发展作用，优化区域产业占比和改善城市空间结构具有一定现实意义。

第二章　文献综述与理论基础

第一节　文献综述

一、高速铁路对区域交通可达性的影响

从 2009 年到 2013 年，得益于高速铁路的建设，中国城市之间的可达性已经提高了 12.11%，大卫（David，2010）构建需求预测模型，预测高速铁路能够节省时间、降低成本，使旅客需求量显著增长，推动区域经济快速增长。贺剑锋（2011）以长三角地区为例，提出城市外部可达性能够被高速铁路改善，但需具备一定的区域差异性。赵丹和张京祥（2012）指出，长三角地区的区域可达性、都市圈、经济结构均衡、空间结构均衡均因高速铁路的开通得到增强。冯长春等（2013）研究表明，高速铁路建设直接改变了中国的交通可达性，能够均衡中国的省际可达性，并缩短各省（区、市）的联系时间。高速铁路可以大大改善城市的可达性，肖等（Shaw et al.，2014）、朱（Zhu，2016）论证中国高速铁路网的扩张将进一步提高主要城市间的可达性，缩短空间距离。姜博等（2014）基于地理信息系统（geographic information system，GIS）技术，测度哈大高速铁路沿线城市的可达性，并指出其中受影响较大的为中间区域城市，且整体向东北地区空间格局发展。蒋海兵等（2015）指出，高速铁路通过提高运输效率，紧密联系各沿线城市，并不断辐射更广泛的地区和更多的人口。加列戈等（Gallego et al.，2015）使用描述性信息，论证在欠发达地区修建高速铁路对可达性的影响也很大。陶卓霖等（2016）基于县级角度评估长三角区域的可达性，得出高速铁路会不断提高区域可达性并缩小各区域可达性之间的差距，且经济发展是造成可达性区域差异的重要原因。凯武鲁恩等（Kaewunruen et al.，2018）通过研究高速铁路服务业的成功案例，

分析一个地区的可达性及其对城市化的影响，发现高速铁路带来沿线城市就业率的显著提高，也导致房价上涨，尤其是在距离高速铁路站点5千米的半径范围内。

高速铁路在社会上扮演着重要角色，尤其是在城市地区，互联互通产生了新的社会经济动态。王彩圆（2019）分析京广高速铁路河北省沿线城市土地利用情况变化，指出高速铁路的开通提高了区域可达性，极大地减少了出行时间。此外，站点具有一定的人口吸引力，导致区域人口重心向高速铁路站点倾斜。而京沪高速铁路使生产要素不仅从低通达性向高通达性流动，也有从外围城市向中心城市流动的趋势（陈云峰，2019）。韦特维图和加藤（Wetwitoo and Kato, 2019）发现，高速铁路服务的影响范围因地而异，应更多地考虑可达性、地理条件和经济体之间的空间互动。刘波和孟燕（2019）研究发现，可达性直接影响企业成本，可达性高的地区，可以选择灵活的物流方式，运输成本更低，还会促进企业出口。完善交通基础设施可以显著提高城市交通可达性，降低出口企业外贸成本，扩大企业出口规模（刘晴和邵智，2019）。区域之间要协调发展，应解决差异化的交通可达性，可达性将会显著影响未来的人口布局、经济格局及区域经济协调发展格局（俞路，2020）。汪小琦等（2020）发现，高速铁路开通对东北地区交通可达性产生了明显的时空压缩效应，可达性提升幅度呈现明显的空间分异特征，随距离增大而明显衰减，省际可达性提升幅度显著大于省内。效瑞等（2020）综合分析了兰新高速铁路运营前后沿线县域可达性、时空收敛效应和经济潜力特征变化，发现高速铁路站点城市及中心城市可达性提升存在明显的"节点效应"和"廊道效应"。高速铁路站点及附近地区的可达性收益最多，时空收敛在一定程度上服从地理距离衰减规律。刘丽娜（2020）指出，提高区域交通可达性能降低企业的物流成本，而企业的出口决策行为受物流成本高低的直接影响。俞路（2020）指出，区域协调发展的主要障碍之一，是交通可达性水平的区域差异，可达性均衡程度的变化必然会对未来人口布局和经济格局产生显著影响，从而对区域经济的协调发展产生重要影响。李建梅等（2022）利用耦合协调度模型，测度各市区、县域经济潜力和可达性两者耦合协调发展变化的特征，从区域看，安徽高速铁路的快速发展有效地提升了皖东、皖南部分县域交通的可达。汤放华等（2022）运用可达性系数模型分析高速铁路对城市可达性的影响，发现高速铁路的开通使湖南省城市整体可达性大幅提高，产生了明显的"时空压缩"效应，高速铁路沿线城市的可达性明显优于非高速铁路沿线城市可达性。

在评价方法方面，村上和塞韦罗（Murakami and Cervero，2012）以通勤可达性、旅行成本及要素流动为评价标准，分析高速铁路与旅游空间重构。赵云等（2015）以高速铁路与区域经济互动为研究对象，根据可达性模型并综合经济因素与人口因素计算区域可达性变化。李红昌等（2016）在可达性研究中考虑票价、工作旅行及私人旅行等因素。孔令章等（2020）使用加权平均旅行时间测度可达性，分析了兰新高速铁路对沿线9个城市可达性和经济联系的空间影响。

二、高速铁路对区域知识溢出的影响

区域之间的来往时间随高速铁路的开通不断缩短，在"时空收缩"效应下，人、物、信息等要素加快流动，但经济发展受知识要素流动的影响最为显著，知识要素的流动即知识溢出。既有文献主要从三个方面展开：基于企业网络的知识溢出、基于地理媒介的知识溢出和基于互联网的知识溢出。关于区域知识溢出的部分既有文献，见表 2 - 1。

表 2 - 1　　　　　　　　　关于区域知识溢出的部分既有文献

代表性文献	研究方法	研究结论
苏文俊等（2009）	采用加权平均旅行时间、日可达性和经济潜力三项指标进行评价分析	京沪高速铁路促进各城市转向与更大区域的经济纽带融合，进一步促进资源的有效分配和社会分工协作
边志强（2015）	使用 1994 ~ 2006 年地级市层面数据，构造与处理组匹配的倾向得分匹配法（PSM），研究铁路提速与全要素生产率之间的关系	铁路提速推动城市技术进步，促进全要素生产率增长
赵云等（2015）	以专利指标度量区域知识资本存量，在柯布—道格拉斯生产函数基础上运用广义矩阵（GLS）法进行回归分析	可达性提高带来省际知识溢出增长
李俏忆（2017）	以简单邻接矩阵、普通铁路旅行时间矩阵和高速铁路旅行时间矩阵为控制变量，以知识生产函数为知识溢出分析框架，分别建立不同年份的空间计量模型进行比较分析	高速铁路建设提高了区域可达性，增加了站点区域吸引力，带来劳动力和资本快速流动，对区域知识创新水平产生影响。同时，在武广高速铁路区域内，高速铁路运营显著影响知识创新的区域空间结构，增强了区域间的知识溢出

续表

代表性文献	研究方法	研究结论
何凌云和何东杰（2020）	基于知识生产"面对面交流"理论构建实证模型，运用2003～2016年地级市面板数据和双重差分模型进行回归分析	高速铁路开通，显著地提高了沿线非节点城市的创新水平。对于沿线非节点城市，与节点城市的距离越近、对应的节点城市创新水平越高，高速铁路对其创新水平的提升作用越大，且主要发生在东部地区和中部地区，表明高速铁路开通具有知识溢出效应

　　资料来源：笔者根据相关文献整理而得。

　　探讨知识溢出与高速铁路可达性的既有研究并不多。赵云等（2015）基于省际面板数据，以专利为指标衡量各地区的知识存量，并以广义矩阵法（GLS）进行回归分析，指出可达性显著促进知识溢出，且高速铁路通过加大各省（区、市）的知识资本存量影响知识溢出相关结构。边志强（2015）基于地级市面板数据分析高速铁路沿线城市如何影响全要素生产率，并指出提升铁路速度可以极大地提高全要素生产率。李偹忆（2017）以矩阵为控制变量，并通过空间计量模型分析武广高速铁路，指出武广高速铁路通过区域劳动力、资本、吸引力等影响知识溢出及空间结构。在武广高速铁路区域内，高速铁路运营显著影响知识创新的区域空间结构，加强了区域间的知识溢出。何凌云和何东杰（2020）基于知识生产"面对面交流"理论构建实证模型，利用2003～2016年地级市面板数据和双重差分模型进行回归分析，发现高速铁路开通显著提高了沿线非节点城市的创新水平。对于高速铁路沿线非节点城市，与节点城市的距离越近、对应的节点城市创新水平越高，高速铁路开通对其创新水平的提升作用越大，且主要发生在东部地区和中部地区，表明高速铁路开通具有知识溢出效应。陆等（Lu et al.，2022）运用中国285个城市的面板数据，实证研究得出高速铁路促进了沿线城市之间的知识传播和知识溢出效应。

　　针对空间知识溢出的研究，主要经历了以企业分布网络、地理媒介和互联网为介质的研究过程，因为地理媒介具有重要性和可度量性，所以，目前已成为空间知识溢出的研究热点。

　　1. 基于企业网络的知识溢出

　　企业间的知识溢出，主要发生在各企业的联系、互动、学习及合作时。企业间的知识溢出可以在一定程度上降低企业学习成本，原因在于知识溢出会引发大量外部知识资源流入（Cohen and Levinthal，1989；

Powell，1996）。卡坦和费菲亚尼（Cattan and Feffiani，2008）指出，核心与边缘之间最容易产生创新发展。王伟光等（2015）在研究产业创新网络中核心企业控制力的相关问题时得出结论：相比于其他企业，核心企业知识溢出的影响更强，其中，知识转移是核心企业知识溢出的中介变量。马双和曾刚（2016）指出，位于区域内的高校和科研院所能产生非常强的知识溢出，从而促进区域内部各制造业之间的创新合作。李纲和巴志超（2017）指出，科研相关的节点能极大地促进知识溢出，提高知识传播速度。郭本海等（2022）指出，张江集成电路产业发展过程包含知识与技术的"双重溢出"，同时，知识溢出的牵引作用使得一批企业高度卷入集成电路产业发展过程中。

2. 基于地理媒介的知识溢出

知识溢出能表现出明显的空间特征。王庆喜等（2013）指出，中国各省（区、市）之间有显著的知识溢出现象，且知识溢出与距离有很大关系。具体而言，在一定距离内会产生明显的正向知识溢出（孙建和齐建国，2011）。德莱瓦斯和伊科诺米杜（Drivas and Economidou，2015）指出，空间距离和邻近距离都会对知识溢出产生重要影响。克列奥尼基和瓦萨凯利斯（Kleoniki and Varsakelis，2015）以欧洲一些地区为例，研究发现当地理与创新产生弱相关时，能够显著促进知识溢出。陈和关（Chen and Guan，2015）指出，跨国（地区）知识溢出需要一定的结构，亚洲部分国家（地区）在知识吸收和影响上进步明显且起着越来越重要的作用。邬滋（2017）研究表明，中国高新技术产业创新产出的空间分布具有明显的区域空间相关性特征，此外，不仅周边邻近地区的创新投入对高新技术产业创新绩效发挥着重要作用，地理邻近对创新产出也有重要影响。朴（Hyung，2021）指出，韩国知识溢出效应的本地化分布为 50～60 千米范围内，因此，促进大都市经济区之间的知识交流可以获得更多本地化知识溢出。

3. 基于互联网的知识溢出

21 世纪，随着互联网的高速发展，区域通信时间和区域通信距离都极大缩短，但传统"面对面"交流、会议等知识传递方式并未消失。西方发达国家的信息通信技术（ICT）发展较早，相关研究也较早，埃弗雷特（Everett，1995）指出，虽然信息通信技术极大地促进了技术传播，但仍然没有面对面交流快速方便，因此，需要将两者有效结合。考恩和福雷（Cowan and Foray，1997）指出，因为隐性知识、知识的部分排他性以及创造性破坏特点，所以，一些个人能力难以通过 ICT 传播。加斯帕和格莱泽（Gaspar and Glaeser，1999）研究发现，随着学习难度的提高，即时通信技术远不如面对面交流有效，希林（Schilling，2000）也持有类似观点。汪明峰和李键（2009）指出，本地化学习不会被互联网技术取代。黄佳祺（2015）指出，隐性知识难以通过互联网技术传播，而是通过地理距离的邻近性传播。林晓言和罗燊（2017）通过总结相关研究得出结论，隐性知识更具黏性，相较于显性知识具有更高的知识溢出成本，其主要传播方式仍然是面对面重复地接触和联系。钱德拉等（Chandra et al.，2022）通过知识网络视角研究知识溢出效应，发现知识溢出会影响技术部门的生产力，因此，知识溢出模式会影响技术部门的知识挪用途径，建议将网络稳健性作为确定发明技术价值的新指标。

三、高速铁路对区域市场整合的影响

关于高速铁路对区域市场整合的影响已有一定的研究积累，可分为区域市场整合影响因素、区域市场整合程度测度及高速铁路对区域市场整合的影响三个方面。区域市场整合相关研究，见表2-2。

表2-2　　　　　　　　　　　**区域市场整合相关研究**

代表性文献	研究方法	研究结论
菲恩斯特拉等（Feenstra et al.，1996）；汉森（Hanson，1997）；唐德祥等（2015）	在可达性提升的基础上，利用静态、动态面板数据和 DEA - Malmquist 模型进行实证分析	交通基础设施的完善对增加出口贸易有促进作用，有利于整合出口市场。区域市场整合与对外直接投资具有替代作用，高速铁路可达性的提高对出口贸易和商品市场整合具有促进作用
苏文俊等（2009）	采用加权平均旅行时间、日可达性和经济潜力三项指标进行评价分析	京沪高速铁路有效地促进城市及周边产业带和产业集群的聚集，在沿线城市第一产业、第二产业的快速发展下，第一产业、第二产业也向周边城市转移，同时带动周边城市第三产业的发展
格林斯通等（Greenstone et al.，2010）；康布斯等（Combes et al.，2012）	估计高速铁路对全要素生产率的影响溢出效应	把实验组定义为"胜组"，对照组定义为"败组"，研究高速铁路对"胜组"全要素生产率的影响比"败组"高12%，并且，对劳动密集型企业的影响更大，有利于劳动力市场的整合

续表

代表性文献	研究方法	研究结论
甘家武（2013）	对 2000～2011 年云南、广西、四川和贵州的数据进行公共服务均等化、市场一体化等指标处理，并结合实证结果进行分析	基本公共服务与市场整合呈正相关关系，加大对基本公共服务的投入，有利于加强市场整合的广度和深度
李雪松等（2014）	通过价格法测度湖南、湖北、江西、安徽四省市场整合程度，用市场整合程度分析和评价四省区域经济一体化水平	城市经济发展水平的强弱在一定程度上可以折射出城市的市场整合水平
张昊（2014）	在原有"生产法"的基础上进行改进并使用了"产需法"，运用实际数据，测算、分析中国当前的市场划分和地区特点	市场需求量的大小对区域市场影响较大，市场需求量缩小的华中地区和华北地区市场分割程度有重新加剧的趋势
倪鹏飞等（2014）	从时间维度、空间维度上分析长三角地区经济	可达性水平的提高可以从广度和深度两方面提高长三角地区的市场一体化水平
魏龙（2015）	以拉动国民经济"三驾马车"中的出口为研究对象，采用价格法测度了国内商品市场整合程度	出口贸易的增加有利于区域市场整合
谢姗等（2015）	采用相对价格法构造市场分割指数，描述河北省各城市与京津市场一体化状况	贸易开放度水平大力促进区域市场整合
孙英隽等（2016）	通过内生技术进步模型，验证了对外开放、人力资本等因素对全要素生产率的影响	区域市场整合与全要素生产率之间的关系是非线性的，贸易开放度水平与区域市场整合程度成正相关关系

续表

代表性文献	研究方法	研究结论
洪勇和许统生（2016）	第一时刻的差异分解法	国内市场整合水平与道路基础设施水平成正相关关系，而且其是区域市场整合程度的最大影响因素
雷丁等（Redding et al.，2007）；阿尔费尔特（Ahlfeldt，2017）	以中心-外围理论为基础，分析连接科隆和法兰克福的德国高速铁路的经济影响	离站点城市越远，辐射作用越小，且空间集聚程度的增加可以提高区域生产力，促进区域商品市场的整合
朴杰等（2020）	选取可达性模型与经济联系模型，测算并比较高速铁路开通前后延边朝鲜族自治州区域交通可达性水平及各个城市间经济联系的强度	高速铁路的开通不仅提升了区域交通可达性水平，而且加强了各城市间的经济联系，推动区域经济格局的良性演变
张密粉（2020）	分析交通基础设施对经济集聚的溢出效应与门槛效应	完善的交通基础设施系统，既能促进地区间的经济联系，又能促进地方城市的发展，进而促进城市群的建设与发展
万相昱等（2021）	采用多期双重差分模型（DID）	高速铁路的开通推动了市辖区的产业结构向高级化发展，推动了县级市的第二产业向第三产业转移
高志坚（2022）	外部规模经济	高速铁路的建设使相关产业达到空间上的集聚，从而产生更显著的经济效益，增强区域的经济影响力

资料来源：笔者根据相关文献整理而得。

1. 区域市场整合程度测度

区域市场整合概念最早由沃伊达（Vajda）提出，其后，马克卢普（Machlup）对此概念进行了具体阐述，市场中的任何元素可以无地域差别地流动。区域市场整合的测度视角较多，基于既有研究本节选用四个视角，分别是市场潜力、商品市场一体化、劳动力市场一体化和资本市场一体化。

第一，市场潜力。昌西（Chauncy，1954）使用方案评估技术，评估高速铁路对当地经济的影响，从市场潜力视角研究高速铁路对区域市场的影响程度。金（Kim，2000）指出，经济溢出的强度随着里程的增加而逐渐衰减，高速铁路对区域市场的辐射范围在不断扩大。阿尔费尔特和费德勒森（Ahlfeldt and Feddersen，2013）分析了科隆—法兰克福高速铁路在德国的经济影响，运用 DID 模型得出产出弹性相对市场潜力为 12.5%，表明改善交通基础设施可以惠及核心区域。汉森（Hanson，2005）、穆罕默德和弗农（Mohammad and Vernon，2008）、阿尔费尔特和温德兰（Ahlfeldt and Wendland，2013）从市场潜力视角开展研究，得出高速铁路建成后城市内部的溢出效应明显低于高速铁路建设前。刘修岩等（2007）、李雪松等（2017）从高速铁路对通行时间和居民工资两方面分析其对市场潜力的影响，实证结果表明，市场潜力的提高有利于制造业集聚。张萌萌和孟晓晨（2014）、罗小梅（2015）、吕朝凤和朱丹丹（2016）、杜旭阳（2016）、姜丕军（2016）从市场潜力角度研究高速铁路对区域市场的整合影响，重点研究交通基础设施对区域市场一体化发展的影响，研究得出，交通基础设施能提高市场潜力，促进经济长期增长，最终加速区域市场整合的步伐。郭利田（2020）基于点轴理论得出建设与运营高速铁路将形成以沿线一个城市为增长极点，高速铁路沿线为发展轴线的高速铁路经济带，进而通过增长极点带动区域经济发展面，最终形成沿着高速铁路隆起的都市连绵区，进而促进区域经济一体化发展。

第二，商品市场一体化。卜茂亮和高彦彦（2010）以长三角地区为研究区域，结果表明长三角地区商品市场一体化水平呈逐渐上升趋势，外商投资与商品市场一体化呈正相关关系。龙志和等（2012）以珠三角地区为研究区域，研究表明商品市场一体化程度并不是越高越好，存在拐点，当商品市场一体化水平达到长拐点并继续增长时，会对经济增长产生副作用。崔庆波和梁双陆（2016）指出，影响国内商品市场一体化的因素主要有地方保护主义、铁路里程及各地经济发展水平，其中，地方保护主义阻碍了国内商品市场一体化的进程，铁路里程的增加和各地经济水平的提高都有利于商品市场一体化水平的提高。赵鹏（2018）研究发现，交通基础设施的扩建可以在一定程度上抑制商品价格上涨，加快商品市场一体化进程。

第三，劳动力市场一体化。吉恩等（Jin et al.，2013）以中国广东省为例，研究高速铁路的开通对空间集聚程度和生产力的影响，以就业密度为切入点，研究结果表明，城市经济发展水平的提高有利于交通基础设施的进一步完善，高速铁路开通有利于提高空间集聚程度，进一步提高经济发展水平。邓涛涛等（2017）研究指出，在 2006～2015 年长三角地区高速铁路的修建对城市服务业的集聚程度有不同影响，加剧了大城市和小城市区位条件的不均衡，以就业密度为切入点，具体量化服务业的集聚程度，研究结果指出，高速铁路引致的空间效应每提高 1%，高速铁路沿线城市服务业就业密度约提高 0.3%～0.4%。

第四，资本市场一体化。王和施（Wang and Shih，2013）从新兴欧洲市场的区域整合方向探讨，在时间变化的影响下基于经济增长的条件研究溢出效应，研究结果表明，经济增长和货币贬值可以预测这些市场的整合程度和溢出效应。图伦等（Teulon et al.，2014）采用 ICAPM 模型与 c - dcc - fiaparch 参数，研究结果指出，投资组合套期保值者对最佳投资组合分配，从事风险管理和预测股票市场未来波动几个重要影响。塞勒姆等（Salem et al.，2015）指出，风险溢价的关系对所有国家区域性股票市场具有重要意义，有利于加快资本市场一体化进程。尼古拉斯等（Nicholas et al.，2016）指出，新兴市场因素和非洲市场因素在很大程度上承担了风险溢价，非洲区域资本市场的整合也在不断加深。杨等（Yang et al.，2020）从市场一体化的角度调查了中国期货市场的金融化，发现中国商品期货市场特别是能源期货市场存在金融化现象。此外，能源期货市场在商品和股市的整合中发挥了主导作用。

2. 高速铁路对区域市场整合的影响

对于区域市场而言，高速铁路的便捷性尤其是可达性，在很大程度上对区域市场整合起到了积极作用，借鉴费恩斯特拉等（Feenstra et al.，1996）、汉森（Hanson，1997）在新经济地理学的相关理论，高速铁路对沿线二三线城市的市场影响程度更大，高速铁路沿线的开发将有助于推动房价上涨，提升城市的潜在能力。杜兰顿和普加（Durantonhe and Puga，2004）以马歇尔在 1920 年提出的三个观点，劳动力市场集中、投入分享和知识溢出为基础，利用 2000 年的人口普查数据估计高速铁路对人力资本以及空间集聚的影响程度，研究结果指出，其为正相关关系，并且随着距离增加而逐渐衰减。包括斯图尔特（Stuart，2004）在内的研究较推崇地区经济集聚，经济发达地区市场应先整合，先富带动后富，有利于劳动力市场的整合。雷丁和沃尔夫（Redding and Wolf，2007）通过分析连接科隆和法兰克福的德国高速铁路的经济影响，研究表明高速铁路对其沿线站点城市经济提升效应可达到 8.5%。罗森塔尔等（Rosenthal et al.，2008）以二战后德国为背景，研究航空枢纽和高速铁路枢纽从柏林转移到法兰克福的原因，并从公平角度提出了与既有研究相异的观点，指出经济发达地区的过度集聚会造成贫富差距的进一步拉大，不利于区域市场整合。格林斯通等（Greenstone et al.，2010）指出，高速铁路对全要素生产率产生较大的影响。卡恩等（Kahn et al.，2013）研究发现，从 2007 年开始，中国修建了特大城市间的新高速铁路，通过促进市场整合高速铁路加快了在二三线城市的发展速度，并且高速铁路站点的数量和分布位置对区域市场整合空间分布有一定影响。姚和刘（Yao and Liu，2014）以京沪高速铁路的案例研究为例，试图揭示高速铁路对地方城市内部的空间效应，研究结果表明，高速铁路站点空间影响的可达性与其地租呈正相关关系，基于演化模式，平衡高速铁路站点的节点功能不仅对其他城市高速铁路建设及站点布局有重要影响，而且能够平衡不同地区之间的资本流动，有利于资本市场整合。唐德祥等（2015）在可达性提升的基础上，利用静态面板数据、动态面板数据和 DEA - Malmquist 模型进行实证分析，得出交通基础设施的完善对出口贸易的增长有促进作用，有利于整合出口市场，这表明区域市场整合与对外直接投资具有替代作用，高速铁路可达性的提高对出口贸易和商品市场整合具有促进作用。阿尔费尔特（Ahlfeldt，2017）以中心—外围理论为基础，得出离站点枢纽城市越远，高速铁路对其辐射作用越小，并且空间集聚程度的增加可以提高地区生产力，促进地区商品市场整合。陈炀和马欣（2020）研究指出，高速铁路能加快所在区域人员、资金、信息等生产要素的流动，并对区域内资源的共享和第二产业、第三产业的发展起到促进作用，也带动了相关产业在结构和空间布局上的调整。此外，黄振宇和吴立春（2020）研究发现，京沪高速铁路对沿线城市发展同时具有溢出效应和虹吸效应，溢出效应表现为沿线一线城市的第二产业明显地向沿线其他城市溢出，虹吸效应促进了高速铁路沿线城市经济和第三产业的极化发展。

四、高速铁路对区域产业转型的影响

高速铁路主要从两个路径对区域产业转型产生影响，区域产业转型相关研究，见表 2 - 3。

表 2 - 3　　　　　　　　　　　区域产业转型相关研究

代表性文献	研究方法	研究结论
丁秋贤等（2015）	选择加权平均旅行时间分析城市可达性空间格局变化，运用时间距离引力模型测量城市经济联系强度，并依据经济联系隶属度确定城市经济联系方向	江汉平原沿线城市可达性水平显著提高，使地理时空实现了有效收敛，空间近邻效应表现更加明显
杨维凤（2011）	描述性统计分析法	京沪高速铁路的开通会强化北京、上海两个城市在铁路运输中的核心位置，使长三角地区、京津冀城市群的影响范围得到提升，最终产生更多经济增长区
王昊等（2009）	基于专业分工的互补发展理论、规模经济的极化理论	城市内部将随高速铁路产生的时空移位现象改变，并容易产生同城化转移现象
曹小曙等（2005）	描述性统计分析法	区域空间重组受高速铁路建造营运的影响，通过研究珠三角地区的空间整合，发现高速铁路对空间结构重组有正反两方面作用
张书明等（2013）	描述性统计分析法并结合实证分析	从市场格局、资源开发及旅游行为三个角度入手，为使旅游产业效益最大化，应整合资源并借助高速铁路开通带来的机遇
张岳军等（2013）	结合沪宁城际高速铁路的运行，分析高速铁路对沿线城市旅游业的影响过程和作用机制	沪宁高速铁路的开通将会推动南京旅游业的发展，应加快南京旅游目的地建设并优化南京旅游产品结构
王宏顺等（2010）	分析了高速铁路的发展与产业结构关系，从宏观角度阐述了高速铁路为产业结构优化及升级带来的强劲动力和活力	高速铁路提供的大量运力不仅推动了沿线地区各产业的快速发展，同时有利于沿线城市间形成产业互补的发展格局，并改变沿线城市产业结构趋同的情况

续表

代表性文献	研究方法	研究结论
程等（Cheng et al.，2015）	研究可达性的变化，并为主要城市及城市腹地的专业化变化提供了证据	高速铁路建设对于中国的经济增长具有促进作用，大多数城际高速铁路有助于推动旅游业发展
胡天军等（1999）	建立计算京沪站间客流量的重力模型	高速铁路建成后，能促进沿线第三产业发展，有助于推动沿线旅游业的发展并形成东部地区经济发展增长轴
王雨飞等（2016）	将高速铁路开通后城市间的最短时间距离纳入实证检验，分别用空间计量模型和超制图方法检验交通对经济发展的增长效应和结构效应	交通对经济发展产生了重大影响，改变了区域和城市的空间结构、分布结构和层级结构。东部地区、中部地区经济基础好、经济实力较强，处于中心区，但中国西部地区经济基础薄弱，且受限于地理位置等因素，发展较东部地区、中部地区缓慢，因此，处于边缘化区域
王昊等（2009）	基于专业分工的互补发展理论、规模经济的极化理论	高速铁路的产生将改变大城市内部结构，同城化转移的概率也大幅增加
施德浩等（2022）	运用多期双重差分模型估计高速铁路开通对长三角地区县级单元产业结构的影响，并借助门槛效应和中介模型检验高速铁路效应的作用机制	高速铁路显著促进了县级单元的产业结构升级，非同步地推动第二产业的分散和第三产业的聚集。对第二产业和第三产业的影响呈现不同的时间滞后性，导致县级单元产业结构转型存在两个窗口期，分别为开通当年和开通第3年

资料来源：笔者根据相关文献整理而得。

1. 高速铁路对城市空间结构的影响

里德（Reed，1991）指出，要注意城市与高速铁路系统的综合作用。胡天军和申金升（1999）指出，京沪高速铁路的建设促进了沿线旅游经济走廊的形成，同时，对于知识经济及第三产业的发展有很大助力，而沿线城市也将依托京沪高速铁路形成区域经济一体化。佐佐木等（Sasaki et al.，2000）研究表明，日本仅依靠建设新干线并不能解决人口过度集中问题，原因在于偏远地区新干线的建设增加了中心地区的可达性，可达性的提升使各城市被囊括在一个网络中，其分散程度并没有增加。金

（Kim，2000）从空间结构研究韩国的首尔和釜山间高速铁路对首尔的影响，研究发现，高速铁路的开通在一定程度上影响了人口移动的趋势。彼得（Peter，2003）指出，当交通体系在一个区域内不断完善时，高速铁路的影响会被扩散，同时区域间不平衡发展的现象也将随着交通网络的完善而减少，并且其研究发现，传统工业区因高速铁路的开通正不断向智慧化方向转型。通过分析高速铁路对沿线城市造成的集聚效应，博尔（Pol，2003）指出，高速铁路对沿线城市会产生虹吸效应，导致集聚效应的产生。威利格斯（Willigers，2008）具体分析了高速铁路发展对办公位置选择的影响，结果表明，因为高速铁路周边出行的便利性，所以，办公区更倾向于选择在高速铁路附近，尤其对于需要经常出差的公司更是如此。伍业春（2009）基于高速铁路对城市空间的影响进行研究，得出武广高速铁路的发展对沿线城市的产业聚集效应和辐射效应有较大影响。乌雷纳等（Ureña et al.，2009）研究法国北欧线的高速铁路，发现中等规模城市在高速铁路开通后受益程度高于大城市与小城市。关于高速铁路开通后城市群结构的变化，龙慧和王昊（2009）研究指出，高速铁路开通后沿线城市群将扩大，相邻区域可能出现耦合现象；大都市的内部结构会随着高速铁路产生的时空转移现象发生变化，容易导致城市内部转移现象。王姣娥（2011）对中国高速铁路网的布局和规划进行了分析，发现高速铁路网的布局和规划对城市空间有潜在影响。叶欣（2011）则从宏观角度分析得出，在高速铁路影响下交通会发生重大的结构调整，而城市空间会发生较大的结构变化。

阿西什等（Ashish et al.，2013）研究指出，高速铁路能对国家城市化进程产生影响，一方面，高速铁路建设发挥了大型城市在全国城镇结构中的作用；另一方面，也使较为偏远的小城镇成为国家的交通节点，以此推动城市化率提升。史佳璐（2015）研究发现，高速铁路建设会从各个方面作用于城市空间结构，最终使其发生变化。方大春和孙明月（2016）在中国经济整体进入新常态的背景下，研究高速铁路的开通对长三角地区的经济影响，结果表明：长三角地区的经济因高速铁路的建设得到增长，但城乡差距也因高速铁路的建设而扩大。贾和秦（Jia and Qin，2019）指出，随着高速铁路的建设，区域之间将发展不平衡，因此，政府应参与高速铁路布局调整。海恩斯（Haynes，2019）也发现，高速铁路能提升区域可达性，优化产业的空间布局，并对劳动市场产生影响。高速铁路建设不仅改善了当地的交通基础设施，也提高了运输能力，有利于促进高速铁路周边企业资源的优化配置（Martin，2019）。以人力资源为例，高速铁路建设能聚集人力资源，使人们在周边地区工作或生活，并进一步加快高速铁路沿线区域的经济发展（Kim，2019）。通过对德国高速铁路的研究，阿尔费尔特（Ahlfeldt，2019）的研究结果表明，虽然高速铁路建设不能在短期内对城市经济发展起到显著的积极作用，但从长远角度来看其积极作用不容小视。汪小琦等（2020）研究发现，高速铁路开通对东北地区交通可达性产生明显的时空压缩效应，可达性提升幅度呈现明显的空间分异特征，随距离增加而明显衰减，省际可达性提升幅度显著大于省内。同时，高速铁路产生的时空压缩格局与东北地区城市规模变化存在明显的空间耦合现象，哈大高速铁路干线及其周边城市规模变动较为明显，而由沿线向周边过渡的区域城市规模变动幅度相对有限。曾俊伟等（2022）基于中国西北地区高速铁路客运班列数据，发现西北地区高速铁路建设加强了城市间的联系，已形成分别以西安、兰州、乌鲁木齐为核心城市的稳定的多中心结构，同时，对城市中心度及城市中介度的影响较小，对列车频次优势度的影响比较明显，西北地区高速铁路建设仍需注重"量"的积累。林等（Lin et al.，2023）指出，城市高速铁路网连接对城市产业结构转型和升级有积极影响，尽管滞后但该效应在峰值后仍具有显著的长期影响机制。

2. 高速铁路对区域产业发展的影响

高速铁路对区域产业发展的影响，依托于要素流动。高速铁路的开通推动了区域间资本要素、信息要素、人力资本要素及知识要素的流动，要素流动产生了一系列经济效应，推动了区域产业发展（杨维凤，2010；张莉等，2012）。既有研究越来越多地着眼于高速铁路对服务业发展的影响。

（1）高速铁路对资源要素流动的影响。因为高速铁路带来旅行时间缩短及运输效率提升，所以，高速铁路沿线区域不同的资源要素在高速铁路建成后将会受到影响。时空距离是制约资源要素流动的重要影响因素，在高速铁路建成运营后，人力资源要素和物品要素的流动性大大加强。高速铁路的建成，大大缩短了旅行时间，时空距离在高速铁路的作用下发生改变，提高了区域连通性。许晓峰等（1996）研究发现，中国国民经济发展速度较快，而中国高速铁路却存在超负荷运转及量少质差等现象，高速铁路发展状况落后于国民经济发展状况。高速铁路的落后将限制国民经济发展过程中各种资源要素的流动，因此，发展高速铁路是促进中国交通与经济协调发展的必经之路。沈艳平等（2000）从交通运输业与经济增长之间的关系入手，探讨如何在提高区域可达性的同时促进资源的合理运用与生产要素流通。罗辉云（2011）指出，研究高速铁路与国民经济之间的协调发展是新的突破方向。杨波（2012）以长三角地区为研究对象，结合高速铁路建成后具有的空间效应，提出高速铁路的建成会推动长三角地区核心城市带的形成，加强城市之间的联系，推动各资源要素跨地区、跨部门合理流动。咸金坤等（2020）指出，高速铁路的开通推动了知识等"高端生产要素"的快速流动，促进区域间服务业快速发展。赵星等（2020）指出，高速铁路密度的提升有助于劳动力要素在区域间的流动。王梓利（2021）基于空间计量模型指出，高速铁路是区域间要素流动的重要通道。

（2）高速铁路对各产业发展的影响。中村和上田（Nakamura and Ueda，1989）通过定量分析，研究了日本新干线开通前后各产业的就业情况。博纳富斯（Bonnafous，1994）依托巴黎与里昂两个城市的相关数据进行比较分析，研究法国 TVG 对旅游业及服务业发展的影响。纵观 TVG 的发展，保罗（Paul，1995）的研究表明：里昂在开通高速铁路后，70%的企业员工选择高速铁路出差，高速铁路站点周围的办公面积增长 5%左右。小林和奥村（Kobayashi and Okumura，1997）指出，高速铁路建成后将缩短旅行时间、增加出行便利性，这将加快人才、技术在城市间的流动，相较以往，不同城市之间知识、技术的交流得到加强，知识的传播伴随高速铁路的便捷性得到提升。德默杰（Demurger，2001）采用最小二乘法研究了包括铁路、公路、航空等基础设施对产业结构及经济发展的影响。罗平（2009）以绵成乐城际客运专线为例研究高速铁路对于产业的影响，发现高速铁路除了能够促进沿线城市旅游业的发展之外，也有助于高新技术产业带的建立发展。赵丹丹（2011）通过建立回归模型，研究京沪高速铁路建成运营对沿线产业区的影响，发现高速铁路对沿线区域均有促进作用，对第二产业的提升作用最大，之后是第三产业，并且高速铁路对沿线区域整体产业结构调整起到加速作用。王杨堃（2011）指出，高速铁路的建成除了有助于沿线地区第三产业的发展外，其带来的需求增加也将使产业专业化分工水平得到进一步提高，进而优化产业内部结构，此外，高速铁路建设也有助于产业布局灵活。石海洋等（2013）将高速铁路视为

"触媒效应"，即高速铁路枢纽站从产业结构、科技水平、产业布局三个方面推动城市产业优化升级。安德烈（Andre，2019）指出，火车站站点周围的产业布局呈现圈层结构，而形成圈层结构的主要原因在于，步行距离不同。对于物流产业，朱万春等（2020）基于 DID 模型发现，高速铁路的开通有助于沿线城市物流产业的集聚。姚加林等（2021）根据湖南省部分区（县）数据发现，高速铁路短期内削减了核心区（县）第三产业结构升级的动力。张天天等（2022）对中国长三角地区上市企业绩效进行研究，高速铁路的开通对服务业企业绩效有显著的促进作用，而对于非服务业企业绩效促进效果并不显著。

五、高速铁路对区域经济增长的影响

20 世纪 40 年代，部分学者意识到基础设施建设对区域经济增长的重要性。早期关于交通设施与区域经济增长之间关系的研究大多停留在理论层面，直到 20 世纪 80 年代中后期，学者开始从实证角度进行分析。随着研究领域的细化及高速铁路在交通运输领域核心地位的显现，越来越多的研究着眼于高速铁路与区域经济增长的关系。区域经济增长相关研究，见表 2 - 4。

表 2 - 4　　　　　　　　　区域经济增长相关研究

代表性文献	研究方法	研究结论
滕飞 （2022）	系统动力学模型	高速铁路在促进区域第二产业、第三产业经济增长的同时，能加强区域内城市间经济联系强度
高志坚 （2022）	投资乘数效应	加大高速铁路方面的投资，能以乘数效应带动沿线城市区域经济增长
冯晓兵 （2022）	经济引力模型	高速铁路通过提升交通可达性，加强区域经济联系，能够改善区域内城市经济发展制约的问题
牛斐等 （2022）	PSM - DID 方法，结合实证分析	高速铁路开通对中部地区和西部地区经济增长的影响表现出不同程度的促进作用
唐可月等 （2021）	双重差分模型	高速铁路使区域资源聚集于大城市，但整体上有助于区域经济协同发展

续表

代表性文献	研究方法	研究结论
马丽黎等 （2021）	双重差分法	高速铁路开通推动区域经济整体发展与区域经济协调发展
唐升等 （2021）	GMM 模型	高速铁路对区域经济增长的作用存在异质性，对东部地区作用最为显著
牛树海等 （2021）	双重差分方法	高速铁路对未融入高速铁路网的城市经济发展影响并不显著，对节点城市的经济增长具有差异化影响
梁等（Liang et al.，2020）	PSM – DID 方法	高速铁路主要通过投资效应与产业结构效应推动欠发达地区经济增长
杨等（Yang et al.，2020）	双重差分法	城市群的经济互动与高速铁路发展对区域经济增长起到联合推动作用
卞元超等 （2018）	从流动要素角度出发，研究高速铁路对区域经济的影响	地区间经济发展差距将在高速铁路开通后进一步扩大
覃成林等 （2017）	运用核密度估计法，在加权平均旅行时间的基础上，引入城市每日高速铁路运营频次	服务业劳动者大区域分散和局部集聚状态仍然存在，但劳动者密集区逐渐收缩到高速铁路沿线区域
贾等 （Jia et al.， 2017）	在非齐次空间假设下，从经济主体和区位匹配角度构建了市场区域演化模型	高速铁路能有效地促进沿线区域的经济增长，但不同区域经济增长的促进效果存在差异性
刘莉文等 （2017）	重力模型中使用 GDP 数据测度可达性	高速铁路缩小时空距离，提升全国可达性，促进区域经济发展
董艳梅等 2016）	构建了高速铁路建设对就业、工资和经济增长空间影响的理论模型，并运用PSM – DID 方法进行实证检验	高速铁路的建设和投资将提高沿线区域就业率，进一步促进沿线区域的建设发展
李红昌等 （2016）	构建 DID 模型，计量分析高速铁路对城市集聚经济产生的影响	高速铁路对空间经济的影响具有连锁效应

续表

代表性文献	研究方法	研究结论
陈等（Chen et al.，2015）	动态联立方程建模	高速铁路的投资政策与教育政策对吸引人口、创业、增加就业水平及促进经济增长有积极作用
赵云等（2015）	在柯布—道格拉斯生产函数基础上运用广义矩阵法（GLS）和回归分析法	沿线区域经济受到高速铁路阶段性影响，发展到一定程度后会发生扩散现象，资源会从发达地区向欠发达地区扩散
贾善铭等（2015）	建立区域经济格局演变模型	高速铁路对不同区域经济增长的影响存在差异性，并打破原有的经济格局
汪建丰等（2015）	利用 DID 模型，以沪杭高铁为案例，对沿线区域经济发展的影响机制进行实证分析	高速铁路促进了专业化分工、产业转型及人才集聚，但在缩小经济差距方面的作用较为薄弱
覃成林等（2014）	构建经济集聚模型	高速铁路显著提升沿线城市的经济集聚水平
梅洛等（Melo et al.，2013）	对交通基础设施产出弹性的实证证据进行了荟萃分析	在经济衰退期间，加强交通基础设施投资可以刺激经济增长
赵庆国（2013）	根据系统论，并结合相关文献综合分析	高速铁路的开通运营能缩小区域发展差距，有利于区域性沿线经济带的形成
陈彦等（2013）	结合欧洲各国情况分析	高速铁路对区域经济的影响主要体现在对劳动力、产业发展及对区域人口流动的影响等方面，能够促进区域经济一体化的形成
陈等（Chen et al.，2013）	采用空间面板固定效应方法研究美国东北交通走廊	一般的交通基础设施对区域工业产量有显著影响，其中，大部分是溢出效应
村上等（Murakami et al.，2012）	考察了数个高速铁路车站周围的商业集聚，反映了规模、趋势、平衡和专业化的变化	高速铁路对知识密集型企业的促进作用更显著
张学良（2012）	构建交通基础设施对区域经济增长的空间溢出模型并进行实证分析	高速铁路提高了区域经济一体化水平、同城化程度和外部经济联系紧密程度

续表

代表性文献	研究方法	研究结论
阿尔费尔特等（Ahlfeldt et al.，2010）	结合新经济地理学分析德国科隆至法兰克福高速铁路对经济的影响	高速铁路站点周边区域的经济促进作用最为显著
平野卫等（Hirano Wei et al.，2001）	结合运量预测，对中国京沪高速铁路的经济效益进行分析预测	中国京沪铁路建成推动劳动力增加，就业水平得到提高，并促进区域经济发展
小林等（Kobayashi et al.，1997）	构建高速铁路与城市组成的系统模型	高速铁路有助于促进区域经济发展

资料来源：笔者根据相关文献整理而得。

高速铁路运营网络日趋完善，为区域经济发展带来前所未有的历史性机遇。相对于传统铁路运输业，高速铁路具有速度快、便捷方便、舒适度高及安全性高等优势。高速铁路发挥了显著的时空收敛效应，加强了全国各大城市间的空间联系，重塑区域经济格局，并对区域经济增长产生明显影响（崔琚琰，2023）。

具体而言，高速铁路可能对区域经济格局产生两种不同的影响。一是高速铁路对区域经济格局的极化效应。开通高速铁路的城市运输成本降低幅度大于未开通高速铁路的城市，运输成本降低能进一步增强城市对劳动力、资金等要素的吸引力，有助于提升第二产业、第三产业的就业水平，导致更多生产要素流入，使开通高速铁路的城市生产要素越来越丰裕，经济实力越来越强，这可能会进一步扩大开通高速铁路的城市和未开通高速铁路的城市之间的区域经济差距（姚亚光，2021；邵博，2020；阮杰儿，2020）。二是高速铁路对区域经济格局的扩散效应。高速铁路开通后，运输成本降低和要素流动提升可能有利于区域经济差距缩小，产生扩散效应。高速铁路的出现打破了区域经济格局现有的平衡状态，使生产要素不断向开通高速铁路的城市涌入，企业转移至开通高速铁路的城市进行生产经营，导致企业的竞争强度及土地等生产成本上升，产生市场拥堵效应。在此效应下，生产要素由开通高速铁路的城市向未开通高速铁路的城市转移，有利于推动未开通高速铁路城市的经济增长，进而缩小两类城市之间的经济差距。

高速铁路对区域经济增长的影响，主要体现在以下两方面。

1. 高速铁路对区域经济增长的直接影响

高速铁路的快速发展极大地降低了城市间的时空距离，在一定程度上推动区域可达性的提升（桂汪洋，2023）。区域可达性的提升降低了距离衰减带来的影响，对途经城市的经济起到辐射带动作用，提升沿线城市经济潜力，促进规模经济的形成（蔺茹，2023）。此外，高速铁路的开通能在一定程度上改善沿线地区的交通基础设施，优化企业的投资环境。与此同时，高速铁路建设及相关交通基础设施投资会产生乘数效应。一方面，高速铁路及相关配套交通基础设施投资会消耗大量钢铁、木材等物资，带动高速铁路沿线区域交通运输装备制造业、建筑业等相关产业的发展，产生产业关联效应并促进区域经济增长；另一方面，相关产业的发展为当地居民创造大量就业机会，增加居民收入并提升当地消费水平。消费水平的提升会进一步增加投资，从而促进经济增长。

2. 高速铁路对区域经济增长的间接影响

高速铁路对区域经济增长的间接影响较为复杂，本节在文献回顾的基础上，从要素流动视角、贸易成本视角、产业集聚视角、产业结构升级视角和知识溢出视角展开分析。

（1）要素流动视角。高速铁路的快速发展为要素在区域间流动提供便利的通道，有利于促进区域内信息、资金、劳动力等生产要素的快速流动（Ureña，2009；Chen，2017）。在要素流动过程中，通过优化区域要素禀赋结构，提高各区域的要素边际报酬、实现要素优化配置，促进各区域经济增长，提高经济增长质量。卞元超等（2018）采用2004～2017年中国287个地级市的数据，对高速铁路开通与区域经济差距的关系进行考察，研究结果表明，在考察期内高速铁路开通能通过要素流动对区域经济差距产生显著的正向影响。

（2）贸易成本视角。高速铁路导致贸易成本的变化对于区域经济增长的作用机理，通过直接效应和间接效应实现。直接效应是指，高速铁路开通有利于人与人之间的频繁交流，降低了信息收集与协调、劳动力流动等贸易成本，加速了劳动力、信息、技术等生产要素转移，并进一步对区域经济增长产生影响。间接效应是指，高速铁路开通之后可以释放普通公路和普速铁路的部分客运运力，使之转为货物运输，间接降低货运成本，加速资本流动，对中心区域和外围区域经济增长产生促进作用。

（3）产业集聚视角。高速铁路建设极大地改善了城市的交通区位条件，势必对制造业、服务业等产业集聚产生影响。产业集聚能够加速各类资源在不同产业、不同部门间的流转，重塑产业空间形态。随着产业间的联系愈加密切，产业集聚逐步向产业集群化发展。产业集群化能有效地推动区域经济增长，但集聚程度过高也将产生拥挤效应，减缓核心区经济发展速度。不同程度的产业集聚可能对区域经济发展产生不同影响，产业集聚通常伴随着较高的市场化程度，能够有效地降低资本门槛，加强投资吸引力，促进地区经济发展（Ning et al. , 2016）。也有观点认为，服务业、制造业等产业集聚能通过提高区域科技创新水平和市场潜能推动区域经济增长，但集聚程度过高将引致垄断和产业同构，最终对区域经济增长产生消极影响。

（4）产业结构升级视角。高速铁路拓展了产业辐射范围，降低了交易成本，通过提升市场潜力、优化资源配置等途径对区域产业结构转型升级产生影响。但是，不同层次的地区在地理位置、资源禀赋等方面存在差异，使得高速铁路对不同地区产业结构升级的影响存在明显差异。

（5）知识溢出视角。高速铁路的建成密切了城市间的联系，促进了人才在不同城市间的学习，推动了知识的传播和扩散。此外，高速铁路作为客运交通工具，不仅大幅降低了客运成本，提高了人口跨区域流动的便利性，并且降低了不同地区人们面对面交流的成本，增加了人们面对面交流的机会，进一步推动高层次人才跨区域流动。人口流动的增长进一步促进了技术和信息等知识跨区域传播和扩散，特别是促进了隐性知识的溢出。知识溢出有利于加快知识积累和技术更新，促进城市创新活动并提升区域创新水平，推动区域经济增长。

六、文献述评

1. 高速铁路对区域交通可达性的影响

关于高速铁路和区域交通可达性，既有研究主要集中于高速铁路对区域经济发展的影响、不同地区高速铁路可达性的差异度、高速铁路的建成对可达性的影响等方面。既有研究聚焦于高速铁路的建成对可达性的影响。随着研究深入，研究方向发展为高速铁路带来区域可达性提升对区域内企业及区域发展的影响。总体上，高速铁路对区域交通可达性影响的研究还存在以下三点不足。

（1）中国高速铁路建设起步较晚，在衡量可达性及构建可达性模型方面的创新较少。

（2）既有研究范式主要通过纵向比较，分析某区域高速铁路建立前后的影响，针对同一时期不同区域高速铁路对可达性影响横向比较的研究仍较少。

（3）中心城市及不同节点城市存在经济水平及政策等方面的区别，现有的可达性指数计算可能存在缺陷，需要进行研究创新。

2. 高速铁路对区域知识溢出的影响

高速铁路对区域知识溢出影响的相关研究增长较快，高速铁路、区域经济及知识溢出各领域的研究于 2017 年达到一个新高度。知识溢出方面的研究，主要包含技术及知识的正向溢出、逆向溢出、同时出现正向溢出和逆向溢出或考虑技术差距的正向知识溢出、逆向知识溢出，而知识溢出测量方面的研究方法主要包括技术流动法、成本函数法、生产函数法和文献跟踪法。尽管关于高速铁路和知识溢出方面的研究日渐增多，但关于高速铁路对知识溢出影响方面的理论基础仍较为薄弱。既有少量高速铁路与知识溢出的相关研究存在一定局限，具体包含以下三点。

（1）高速铁路对知识溢出影响方面的既有研究仅停留在某一条线路对一个区域的影响，而考虑到中国"八纵八横"的高速铁路网环境，难以排除其他线路的影响。因此，将研究对象由单条线路扩展成铁路网络会更加合理。

（2）既有研究多选用同一线路或同一区域，比较高速铁路建成前后的知识溢出，难以排除知识溢出受其他因素如政策、经济环境等影响的可能性。

（3）知识溢出的测度仍存在困难。

为弥补知识溢出的测度困难，本书选用经验分析法建立控制变量，从大环境切入，分析高速铁路建成后对知识溢出的影响，以避免变量考虑不周及未充分考虑其他线路的缺陷，在衡量知识溢出方法上选择较为成熟且广泛认可的生产函数法，确保数据获取和测度的精准性。

3. 高速铁路对区域市场整合的影响

高速铁路对区域市场整合影响的既有研究，主要包括区域市场整合的影响因素、高速铁路对区域市场整合的影响、量化区域市场整合的具体视角等方面。既有研究中一类倾向于研究高速铁路与其他交通运输方式的竞争与合作，进而对区域市场整合产生影响；另一类聚焦于交通运输促进区域经济发展且相互作用的角度，较少考察高速铁路对区域市场整合的影响。既有研究往往单独研究高速铁路或区域市场整合，本书将二者结合，分析高速铁路带来的可达性变化，并从市场潜力、商品市场一体化、劳动力市场一体化和资本市场一体化四个视角测度区域市场整合程度，判断高速铁路对市场整合的影响及影响程度。

4. 高速铁路对区域产业转型的影响

如前所述，高速铁路对区域产业转型的影响，主要分为对城市空间结构与区域产业发展的影响。既有研究多为高速铁路对旅游业发展的影响等，需从以下两方面进行改进。

（1）因为已建成的高速铁路运营时间较短，缺乏足够数据，所以，既有研究多侧重定性分析，定量研究文献较少且方法单一，实证研究相对缺乏。此外，宏观层面的既有研究较多，除旅游业外，涉及高速铁路对具体产业影响的内容较少。随着中国大力建设高速铁路网，服务业作为现代化产业体系建设的核心产业，两者相结合的研究也在不断增加，但服务业也存在数据可得性问题，故此类研究缺乏定量分析。

（2）目前中国高速铁路仍处于大规模建设与运营阶段，需要综合运用相关领域的理论和研究方法以客观评价高速铁路对区域经济增长的影响。

5. 高速铁路对区域经济增长的影响

近年来，该领域的研究成果快速增加，可进一步拓展以下三个研究方向。

（1）高速铁路对区域经济增长影响的研究偏向于宏观层面，多为作用机理等方面的定性研究，但随着研究视角日趋多元化，可结合多学科考虑更全面的作用机制。

（2）关于高速铁路对区域经济系统及其内部子系统影响的研究较少，而所选取的区域不同，其异质性对研究结果会有较大影响。不同区域的研究结果可能相悖，导致研究结果缺乏普适性。

（3）国外的研究结果借鉴性不强。国内环境与国外环境存在较大差别，且中国正在建设世界独有的高速铁路网，既有研究均基于本国特征或本区域特征进行研究，尚未搭建成熟的理论体系。

第二节　理论基础

一、区位理论

区位理论（location economies）是新经济地理学的重要概念。19 世纪20 年代，以马歇尔和韦伯（Marshall and Weber）为主要代表的新古典区位理论诞生。在《经济学原理》一书中对区位理论进行阐述，其中，马歇尔重点阐释区位理论中的产业集聚现象①。在《工业区位》一书中，韦伯对集聚经济现象的形成机理作了更进一步的梳理与补充。现代区位理论创立于 20 世纪末，克鲁格曼和波特（Krugman and Porter）为该理论的主要支持者，其强调的重点为规模经济、外部性及向心力。新古典区位理论以区位优势带来的产业集聚为切入点进行区位研究，此类研究侧重于分析静态区位；而处于经济大发展、大变革背景的现代区位理论，基于传统理论，以更加全面的视角动态分析区位经济发展。

在经济学中，区位是指地理资源要素与人类社会经济活动之间的相互联系和相互作用在空间位置方面的反映；而区位优势是指，与另一地区相比，该地区拥有更优越的地理位置及相联系的自然禀赋、生产条件及交通运输等。大部分早期文明都孕育自沿江沿河地区，大部分现代城市也坐落于沿海、沿江的港口附近，由此可见，区位对地区经济发展的重要性。区位对地区经济发展影响的主要优势体现在节约运输成本上，现代大城市大多集中于沿海沿江港口，不仅能够便捷运输原材料及产品，而且，其所处的区位交通优势带来快捷的信息沟通、新的投资驱动等。

现代区位优势并不局限于水运交通运输方式，除了传统的公路、铁路和航空，高速铁路因其便利性更加受到青睐。高速铁路是交通运输技术的革新，能改善城市的可达性，增强地区吸引力、辐射力。高速铁路的开通能缩短区域之间的时空距离，相对降低出行成本，提升区域集聚水平。高速铁路对区域经济发展的影响不仅体现为交通距离优势，而且体现为高速的信息交流和资金流动。因开通高速铁路，生产资源要素得到有效流动，交通便利带动了市场合理分配资源要素，有助于促进区域经济发展。

二、增长极理论

空间之间的联系不应是单一化的，佩鲁（Perroux）提出的增长极理论（growth pole theory）对均质化的抽象空间持质疑态度。佩鲁指出，地区之间的发展是不均等的，是以不同强度先出现在一些增长极或增长点上，这些增长极或增长点通过不同渠道向外扩散，最终对经济产生不同程

① Alfred Marshall, 1890；*Principles of Economics*. London：Macmillan.

度的影响。该理论首次将选择性发展的可能归入地区发展理论，即促进地方经济发展仅限于特定部门或特定区域能够充分利用地区优势的循环累积效应。1964 年，布代维尔（Boude ville）提出增长极理论的地区分析方法，以推进性产业产生的积极效应定义明确的地理边界，以致增长极理论中包含的空间要素更加精确。

增长极理论首次明确指出，存在有利于特定部门或特定地区的选择性发展，但其未必有利于区域整体发展。在增长极理论中，部门间的投入产出关联和生产活动的空间集聚被视为区域发展的关键要素，以此理论为基础，再融合其他理论，例如，中心地理论，其提供了交通成本及集聚经济两大关键指标供企业进行区位选择，这两大关键指标能产生极化效应，同时支持了地方发展理论。增长极理论不仅无法阐明推进性产业形成的初期表现，而且，只着重强调增长极带来的积极效应（扩散效应）及增长极带来的积极方面，而忽略了其带来的负面效应（回波效应）。实际上，增长极对地区经济的影响存在积极效应与负面效应。增长极理论积极效应和负面效应的演化过程，见图 2 - 1。处于发展初期时，在克服发展障碍，建立支配性企业与当地企业之间的关联后，增长极的积极效应通常需要较长时间才能显现。与此同时，在发展初期的负面效应表现更加显著，但随着地区大中型企业的集聚产生集聚规模效应，这种负面效应会随着时间推移逐步减弱。因此，在发展初期净溢出效应将以负面效应为主，积极效应不明显，到后期积极效应会更显著。

随着交通基础设施的日益完善，特别是新的交通枢纽建设，具备交通运输优势与聚集经济区位优势的大型企业初步入驻，将对周边小型企业的成本价格和工资费用带来巨大冲击。迫于不断上涨的生活成本、土地租金以及工资，小型企业将逐步远离交通枢纽聚集区。在短时间内，这种负面效应会较为明显，在长时间内将向积极方向发展。

三、虹吸效应理论

虹吸效应（syphon effect）主要是指一种物理现象，逐渐应用于经济学领域。在物理学上，虹吸效应是指，液体间引力与位能存在差异，此差异导致液体从压力较大一边向压力较小一边流动的现象。在物理虹吸实验中，实验现象主要由水、充满水的"U"型连通器和两个高差位不一致的盛水容器完成。此类位能差异引发的变化现象，不仅在物理学中发生，经济学家也在区域经济内观察到类似的现象。

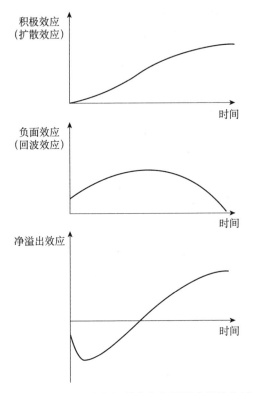

图 2 - 1　增长极理论积极效应和负面效应的演化过程

资料来源：Paul Collier. The Future of Capitalism：Facing the New Anxieties ［M］. New York：Harper Collins，1994.

　　建设高速铁路是中国迈入交通强国的必由之路，但建设高速铁路为中国带来新速度和新发展的同时也带来了新问题。高速铁路虹吸效应理论指出，随着高速铁路线路的开通，高速铁路沿线大城市将吸走沿线中小城市的资源和人才，并且吸走的要素流出多于吸入的要素流入，出现明显的要素净流出现象。假如水、充满水的"U"型连通器和两个高差位不一致的盛水容器是实现物理虹吸现象的三要素，在探讨高速铁路虹吸效应的情况下，高速铁路快速连接的特点可类比为充满水的"U"型连通器，城市规模的差异可类比为两个高差位不一致的盛水容器，高速铁路连接的地区之间要素的流动就是水的流动过程。虹吸效应的原理，可以简单归纳为作用主体借助作用媒介产生作用的过程。虹吸效应过程类比，见图 2 - 2。

　　高速铁路的虹吸效应主要受到有利虹吸因素与阻力虹吸因素的影响，

在高速铁路虹吸效应中，大城市的虹吸效应将为大城市的发展吸纳更多资源，而中小城市因资源不足会处于不利地位。为了应对上述发展阻力，中小城市必须抑制有利虹吸因素并促进阻力虹吸因素，才能在区域竞争中占据有利地位。

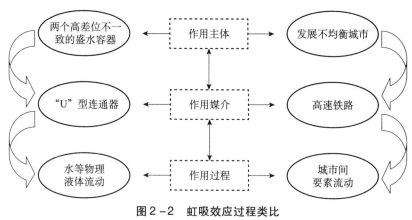

图 2－2　虹吸效应过程类比

资料来源：笔者绘制。

四、区域市场整合理论

1. 区域市场整合的内涵

区域市场整合与区域市场分割是一组相互对立的概念，区域市场整合逐渐实现的过程就是区域市场分割逐渐消失的过程。区域内各城市在消除贸易壁垒的基础上，形成了市场配置资源的机制，实现了商品和要素的自由流动。区域市场整合主要包括以下三个内涵。

第一，区域内的信息化水平是区域市场整合的载体。区域内交通基础设施的不断完善，加强了区域内各城市的联系，使商品、劳动力和资本能更好、更快地流动。不断提高的信息化水平，能提高区域内各地级市的信息共享水平，有助于合理配置区域内资源。

第二，政府合作是区域市场整合的保障。区域内的各地级市隶属于不同省（区、市），不同省（区、市）对商品与要素流动自由程度的政策存在差异，为了保障本地市场的发展，部分省（区、市）可能采用宏观调控政策，提高市场准入门槛，限制商品与要素流动，从长远来看，这不利于区域整体发展。区域内各级政府之间的合作，有利于消除贸易壁垒，弱化市场分割，为商品和要素的自由流动提供制度保障。

第三，区域市场整合的实质在于，实现商品及要素的自由流动。区域内商品流动的自由化旨在通过一致化的流通政策，缩短商品流通时间，拓宽商品流通渠道，最终提高商品流通效率。区域内要素流动的自由化是指，劳动力和资本沿着区域内的交通网络自由流动，满足不同城市的需求，实现商品及要素的自由流动，有助于减少区域内各个城市之间的不良竞争，实现区域的整体发展。

2. 区域市场整合测度方法选择

根据本书对区域市场整合的定义，市场整合也称为市场一体化，是指多个独立市场在同种供求关系下呈现出单一市场的特征。实质上，是研究区域之间的流动程度。市场整合是城市间或区域间的密切交流，使市场资源配置更加优化。区域市场整合指数，用来衡量城市间的市场整合程度。衡量市场整合程度的方法众多，不同研究主题采用的方法不尽相同。目前，学者们在衡量市场整合程度时主要采用生产法、经济周期法、贸易流量法和价格法。生产法和经济周期法计算简便，但难以体现发展水平的差异。贸易流量法的研究主要有两种方式，一种是根据 2007～2012 年中国 42 个部门投入产出表的贸易数据得到贸易流量矩阵，其方式相对可靠，但数据搜集难度较大，且缺乏连贯性，无法获取最新数据；另一种是根据《中国交通年鉴》的运输量数据估计贸易流量，但无法获取很多关于地级市的数据。价格法通过比较不同城市相对价格的变动具体衡量市场整合程度，而且价格法可以与面板数据相结合，减少计量误差。基于以上方法的优缺点，本书采用价格法测度商品市场整合程度。区域市场整合指数用来衡量一个区域的市场整合程度，描述了市场在一个区域内的集中程度，具体体现在市场潜力、市场一体化指数中的商品市场一体化、劳动力市场一体化和资本市场一体化的变化上，为了更全面地反映海峡西岸经济区市场整合程度的大小，本书选取市场潜力、市场一体化指数中的商品市场一体化、劳动力市场一体化和资本市场一体化四个因变量描述区域市场整合程度。

五、系统动力学理论

系统动力学（system dynamics）由美国麻省理工学院的福瑞斯特（Forrester）教授提出。该学科作为一门综合学科，自提出以来已历经 50 余年的发展历程，主要应用于动态系统间的信息传导机制分析（王其藩，1994）。目前，在应用研究中，系统动力学理论已经渗透到各个学科和领域内，涵盖了社会经济系统、交通系统及生态系统等各种系统。

1. 系统动力学方法特点及适用性分析

系统动力学之所以为学术界所推崇，主要是因为它以因果关系为出发点，试图借助分析不同因素间的因果反馈回路，阐释反映系统内外各种组成要素的相互作用机制，从复杂的系统中分析产生这种现象的内在原因及其形成机制，其方法论特点也解释了系统动力学的建模路径与传统建模路径的差异。首先，解析系统内各变量间的相互作用，并绘制因果图进行表述；其次，依据所分析变量之间的交互关系对系统进行动态建模，该模型可同时进行仿真模拟；最后，利用模拟结果，分析系统及其子变量的动态变化方式。此外，还可在系统内设置政策参数，并利用该参数进行政策导向分析，以此寻找最后的决策。系统动力学研究的目标系统一般为包含大量变量的复杂系统，部分数据缺乏可得性使得很多变量只能被定性描述，因此，系统动力学方法弱化了解释变量的重复，对数据的准确性要求较低。

本研究涉及的交通系统与经济系统均为复杂大系统。交通运输的发展不仅与投资及人口有关，还受到政策推动、人民消费水平等因素的影响；在此过程中，高速铁路开通运营及交通运输业的进步对很多产业都产生了影响，同时改变着人们生活的各个方面。经济是一个复杂的大系统，它由许多相互联系、共耦合关联的子系统组成。交通系统和经济系统之间存在复杂的因果关系，其牵涉要素众多。因此，用系统动力学研究交通系统和区域经济系统之间的互动关系是非常合理的。具体分析包括以下四点。

（1）交通系统和社会经济系统极其复杂。通常情况下，构建系统动力学模型，比较容易描述这些复杂系统之间的动态关系与结构功能。交通系统和社会经济系统同时受客运量、经济体量、人口数量及交通基础设施投资等众多的因素影响，并且，这些因素又是相互联系、相互影响的动态变量。这类变量不仅随时间持续变化，而且与这类变量有关的各种因素也是连续变化的。利用系统动力学建模并分析这类高度动态的系统，能更高效地研究两者间的相互关系。

（2）系统是一个具有长期性的过程。高速铁路具有投资大、建设周期长、短期回报少等特点，本书在研究高速铁路辐射范围的经济影响时，往往要历经很长的周期才能证实其准确性。但在构建系统动力学模型后能通过仿真模拟预测有关变量并作出趋势分析，有效地避免困局。

（3）数据要求低。在进行系统动力学研究时，通过采用定量和定性相结合的分析，能减少对大量基础数据的依赖，且提升了对数据精度的宽容度。因为山西省高速铁路建设起步较晚，所以，目前基础数据还不够充足，且各变量间关系极其复杂，较难进行精确量化。因此，运用系统动力学研究该复杂系统，不仅能简化模型并弱化系统缺陷，从而得到二者相互作用的机制，而且，能精确选取重要变量以预测未来发展趋势。

（4）有助于解决政策（战略）难题。系统动力学被誉为"战略与策略实验室"，为决策者提供一种有效的分析工具。它可以提取社会经济模型中的一些因素抽象为政策参数，调整该参数的值进行对比，从而对现行政策的模拟与剖析，有利于决策者调整政策、模拟政策，寻找最优政策（李旭，2009）。

2. 系统动力学建模原理与建模步骤

系统动力学建模的核心思想，是系统观与方法论。系统具有自身的内部结构和反馈机制，系统的行为特性会受到自身反馈机制的制约。对于任意一个复杂的大系统来说，因其层级性，可将该大系统分解为众多子系统。又因系统具备整体性与相关性，在掌握最基本的信息反馈回路后，各子系统又能以某种方式联结。系统动力学可从发展与变化的角度处理系统问题，有助于研究复杂系统。同时，构建系统动力学模型相当于构建一个政策模拟"实验室"，以此构建一个真实系统的简化模型，从宏观角度分析系统中各元素的关系，并分析未来发展趋势（张红波和彭焱，2009）。

系统动力学模型的构建过程可分为五步：系统分析、结构分析、建立模型、模型试验及模型使用。这五步虽有先后顺序，但也可以交叉反复进行，因此，在建模过程中通常根据具体情况确定。第一步，系统分析，主要是明确系统问题，通过大量收集相关数据、信息及资料，确定研究方向并大致划定所研究的系统边界；第二步，结构分析，主要任务包括系统结构分解、系统变量及信息反馈机制的确定，在此步骤中通常确定因果关系图；第三步，模型建立，主要目的包括量化系统结构，制作系统流程图并为变量建立动力学方程；第四步，模型试验，主要任务是不断模拟试验和调试模型，通过模型的有效性检验，对模型中的各类性能指标进行评估并不断完善所建立的模型；第五步，模型使用，主要目的是通过已经调试好的模型，定量分析（即仿真模拟）系统问题，根据需求进行政策实验。系统动力学建模步骤，见图2-3。

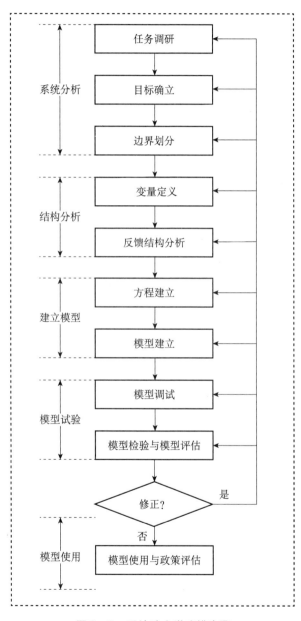

图2-3　系统动力学建模步骤

资料来源：笔者绘制。

第三节　主要研究方法

通过了解新经济地理学的相关理论，了解高速铁路对区域经济影响的既有研究，对相关研究进行梳理和归纳。针对不同问题采取不同的分析方法，用科学的方法将定性分析和定量分析相结合，理论研究和实证分析相结合，使本书在科学方法框架下得出的研究结论更具说服力，具体研究方法如下所示。

一、描述性统计分析法

本书在分析高速铁路对区域知识溢出的影响时，运用描述性统计分析法中的时间序列分析法和莫兰（Moran's I）指数分析法，分别对中国开通高速铁路以来的知识溢出历史轨迹和演变趋势、知识在中国各城市间的空间集聚状态及中国各城市的可达性进行分析，探究其规律，并结合理论基础，提出研究假设，为后续研究奠定基本框架和模型基础。地理学第一定律指出：所有事物都具有相关性，而相较于距离远的事物，距离较近的事物之间会具有更高的相关性。也就是说，因空间相互作用和空间扩散的影响，地理数据存在相互关联性。19 世纪中叶，对生物计量学的研究是空间自相关分析的起源，目前，该方法已发展成为理论地理学的基本方法之一。知识在中国各城市间的空间集聚状态，即空间自相关是指，一些变量在同一个分布区内的观测数据之间潜在的相互依赖性。空间自相关分析的主要研究目的在于，探析若干变量是否具有空间相关性及其关联程度如何。目前，经常被使用的空间自相关分析方法主要有两种，分别为莫兰指数和基尼（Geary's C）系数。但考虑到基尼系数的数学期望恒定为 1 且不受其他因素的影响，全局基尼系数针对全区域的统计性较莫兰指数要差，因此，本书选择莫兰指数分析区域知识自相关特征。

本书在分析高速铁路对区域交通可达性的影响时，运用描述性统计方法中的基于交通成本的可达性模型（accessibility model），对中国各城市间的可达性和交通成本进行分析，高速铁路的建成，将从根本上改变铁路运力不足的状况，并促进沿线知识经济和第三产业的发展，增加就业机会，使建成高速铁路的区域经济迅速发展。从空间角度来说，建成高速铁路在一定程度上能促进两点间的时空距离收缩，节约交通出行时间，改善区域可达性，推动区域经济发展并加强区域间的相互联系。可达性是对时间价值的研究，而时间是影响可达性的最直接因素，也是当前交通发展中最重要的阻碍，除了货币成本，时间成本也应当考虑在内。因此，建立可达性模型，能够量化高速铁路对区域间相互联系的改善程度，并结合理论研究提出研究假设，为进行后续研究构建基本框架，对于研究有重要意义。

二、系统动力学的方法

在高速铁路对产业转型影响的研究中，研究高速铁路对山西省沿线地区的区域经济影响采用了系统动力学的方法。该方法能基于因果关系剖析各因素之间的因果反馈环，从复杂的社会系统中分析现象的内在原因及内在机理，展示系统内外部各因素的相互作用关系。利用系统动力学，能够充分刻画交通系统和经济系统相互作用的演化机理，凸显经济、就业和交通的耦合关系，有效地解决高阶次、非线性、多重反馈与时变特性的复杂系统问题。研究涉及的交通系统和经济系统均属于复杂系统，因此，运用系统动力学方法研究该部分内容具有较强的适用性。本研究从经济、交通和就业三个角度分别对高速铁路与经济系统内各变量之间的因果关系进行剖析，构建 HSR – RE 因果关系图，并对关系图中变量之间的相互作用机制进行分析，构建山西省中南部 HSR – RE 模型。最后，利用此模型进行模拟仿真，研究高速铁路对山西省中南部地区区域经济的影响。

三、计量经济分析法

计量经济分析法作为经济结构分析、经济状况预测和经济政策评价的一种重要工具，能够从数量上研究经济关系和经济活动规律及其应用。因此，本研究使用了多种计量经济学分析模型，研究高速铁路对区域经济增长的影响。

在研究高速铁路对区域市场整合的影响时，在知识溢出的衡量方法上选择比较成熟且广泛获得学术界认可的生产函数法，使数据获取和衡量尽可能精准。采用生产函数法，在理论研究以及统计分析基础上，以 Griliches-Jaffe 知识生产函数和空间滞后模型（spatial lag model，SLM）为框架，构建空间计量模型验证研究假设。Griliches – Jaffe 模型广受学术界认可，其所需数据均能通过可靠渠道获取，且该模型经过了丰富的实证检验，可信度较大。但此模型也存在明显缺点，即没有直接体现知识溢出指标函数，且没有考虑区域知识存量对知识产出的影响。为克服这一缺陷，本书研究结合了 Griliches-Jaffe 模型与改进的区域空间滞后模型，从而产生新的空间误差知识生产函数模型，使改进后的模型对知识溢出的分析更具解释力。

在研究高速铁路对区域市场整合的影响时，了解到区域市场整合不仅受高速铁路的影响，还受可达性水平、道路基础设施水平、人均地区生产总值水平、就业人员收入水平、贸易开放度水平、第二产业就业占比和第三产业就业占比、企业数量、市场需求量、信息化水平和财政支出水平等因素的影响。通过采用双重差分模型（difference – in – difference，DID）分析法进行实证研究，双重差分模型是用于评估政策能否实施的一种有效的计量方法，21 世纪初，国内学者陆续开始使用此方法。该方法通过观察治疗数据的差异效应，模仿观察性研究数据来模拟实验研究设计，主要用来测度某项政策的影响，在区域经济学领域和统计学领域有较为广泛的应用。该模型相对简易，回归较为成熟，和静态比较法相比，双重差分模型采用具体的个体数据进行实证，而非仅对比样本在高速铁路开通前后的变化，进而判断高速铁路的影响程度。和传统方法比较，双重差分模型可以解决内生性问题，提高模型准确程度。本研究以高速铁路政策为研究对象，以各地级市为研究样本，采用具体的个体数据进行实证分析，用建模控制研究对象之间的差异，分离出政策影响的真实结果，进而评估高速铁路对海峡西岸经济区市场整合的影响及具体的影响程度。

在比较理想化的条件下评估政策效应，应当先构建实验组（treated group）和控制组（control group），比较实验前后各单位的变化程度均值。然而，在实验过程中，很难保证实验组和控制组的条件不会发生变化。对于政策实施效应的评估，应该是实验组在实验前后的变化均值减去同期控制组在没有进行政策实施时的变化均值。如式（2 – 1）所示：

$$\beta = E(y_{iA}^1 - y_{iB}^1 | D_i) \qquad (2 - 1)$$

在式（2 – 1）中，β 表示政策实施处理效应；B 表示实验前期，A 表示实验后期；0 和 1 表示样本组别，其中，0 表示控制组，1 表示实验组；D_i 的值为 1 时，代表样本属于实验组，反之，则说明样本属于控制组。基于实验组（$D_i = 1$）的政策实施效应，见表 2 – 5。从表 2 – 5 中可以看出，在实验组被实验前，$y_{iB}^1 = y_{iB}^0$；在实验组被实验后，只能观测到 y_{iA}^1 样本的具体实验结果，y_{iA}^0 无法观察得到。

表2-5　　　　　　　　　基于实验组（$D_i = 1$）的政策实施效应

情形	实验组	控制组
实验前	$E（y_{iB}^1 \mid D_i = 1）$	$E（y_{iB}^0 \mid D_i = 1）$
实验后	$E（y_{iA}^1 \mid D_i = 1）$	$E（y_{iA}^0 \mid D_i = 1）$

资料来源：笔者整理。

虽然不能保证样本既属于实验组，又属于控制组，但控制组可以引入一组其他样本，此时，实验政策处理效应如下：

$$\beta = E(y_{iA}^1 - y_{iB}^1 \mid D_i = 1) - E(y_{iA}^0 - y_{iB}^0 \mid D_i = 0) \tag{2-2}$$

式（2-2）在式（2-1）的基础上，引入了一组和实验组处于同期而未受到政策影响的控制组，避免了y_{iA}^0无法观测的问题。实验组（$D_i = 1$）和控制组（$D_i = 0$）的处理效应，见表2-6。

表2-6　　　　　实验组（$D_i = 1$）和控制组（$D_i = 0$）的处理效应

情形	实验组	控制组
实验前	$E（y_{iB}^1 \mid D_i = 1）$	$E（y_{iB}^0 \mid D_i = 0）$
实验后	$E（y_{iA}^1 \mid D_i = 1）$	$E（y_{iA}^0 \mid D_i = 0）$

资料来源：笔者整理。

除了保证引入样本和实验样本处于同一时期外，更重要的一点是实验组和控制组在实验前后都应该具有相同的平均变化值，具体见式（2-3）。

$$\beta = E(y_{iA}^0 - y_{iB}^0 \mid D_i = 1) = E(y_{iA}^0 - y_{iB}^0 \mid D_i = 0) \tag{2-3}$$

基于上述双重差分模型的基本思想，运用政策实施期实验组 y 的样本平均变化值减去同一时期内对照组 y 的样本平均变化值，即得到差分估计量（differences estimator）β^{DID}，见式（2-4）。

$$\begin{aligned}\hat{\beta} &= \left[（\bar{y}^{treatment, after}）-（\bar{y}^{treatment, before}）\right] - \left[（\bar{y}^{control, after}）-\bar{y}^{control, before}\right] \\ &= \Delta(\bar{y}^{treatment}) - \Delta(\bar{y}^{control}) \end{aligned} \tag{2-4}$$

通过更为直观的图形理解双重差分模型思想，双重差分模型原理结构，见图2-4。

从图2-4中可以看出，当不存在政策实施效应时，实验组和控制组都具有相同的运行趋势；政策实施导致了实验组的实验结果偏离了原本的共同趋势。同时，如果使用实验组的样本均值减去控制组的样本均值估计处理效应，那么，不能避免基期水平的影响。

此外，可以通过一个两期的面板回归模型估计上述双重差分模型估计

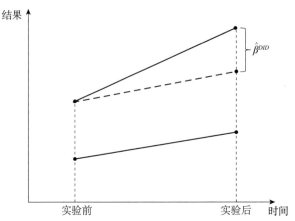

图 2 - 4 双重差分模型原理结构

资料来源：笔者绘制。

量，构建两期面板回归模型如下：

$$y_{it} = \alpha + \gamma D_{it} + \beta T_n + \delta D_{it} \times T_{it} + u_i + \varepsilon_{it} (i = 1, \cdots, n; t = 0, 1) \quad (2-5)$$

在式（2 - 5）中，D_{it} 表示政策虚拟变量（$D_{it} = 1$ 表示实验组；$D_{it} = 0$ 表示控制组）；T_n 表示时间虚拟变量（$T_{it} = 1$ 表示实验期；$T_{it} = 0$ 表示非实验期）；$D_{it} \times T_{it}$ 表示交叉项；u_i 表示不可观测的个体固定效应；ε_{it} 表示残差。相应的结果值为：

实验组（$D_{it} = 0$）：

$$\begin{cases} \alpha + \varepsilon_{it} T_{it} = 0 & (2-6) \\ \alpha + \beta + \varepsilon_{it} T_{it} = 1 & (2-7) \end{cases}$$

式（2 - 7）减去式（2 - 6），得到式（2 - 8）：

$$\Delta y_1 = \beta + \Delta \varepsilon_1 \quad (2-8)$$

控制组（$D_{it} = 1$）：

$$\alpha + \gamma + \varepsilon_{it} T_{it} = 0 \quad (2-9)$$

$$\alpha + \gamma + \beta + \delta + \varepsilon_{it} T_{it} = 1 \quad (2-10)$$

式（2 - 10）减去式（2 - 9），得到式（2 - 11）：

$$\Delta y^2 = \beta + \delta + \Delta \varepsilon_2 \quad (2-11)$$

式（2 - 11）减去式（2 - 8），得到式（2 - 12）：

$$\Delta y_{it} = \delta + \Delta \varepsilon_{it} \quad (2-12)$$

在式（2 - 12）中，δ 表示双重差分模型估计主要考虑的估计量，即政策实施效应。

对于双重差分模型估计量，也可以引入其他控制变量对被解释变量进行估计：

$$y_{it} = \alpha + \gamma D_{it} + \beta T_{it} + \delta D_{it} \times T_{it} + \theta X_{it} + u_i + \varepsilon_{it} (i = 1, \cdots, n; t = 0, 1)$$

$$(2-13)$$

在式（2-13）中，X_{it} 表示若干个控制变量的集合，其他变量与式（2-5）含义相同。

第四节　技术路线

技术路线，见图 2-5。

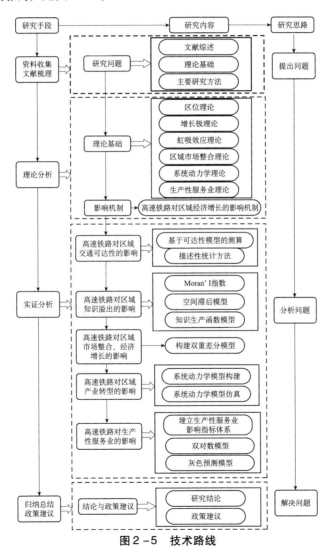

图 2-5　技术路线

资料来源：笔者绘制。

第三章　高速铁路对区域经济增长的
影响机制

第一节　高速铁路技术经济特性

高速铁路受到越来越多的青睐，与其独特的技术经济特性有关。普通铁路因运量大、速度快、票价低和受自然环境因素制约少的特点，常常是人们出行的第一选择；但随着高速公路与航空运输的飞速发展，普通铁路的速度优势明显不足，成为制约其发展的最关键因素。普通铁路在短距离方面的速度优势不如高速公路，在长距离方面航空运输速度更快，而高速铁路的出现恰恰弥补了普通铁路的这一劣势。与传统运输工具相比，高速铁路速度快、运量大、安全性高且节能环保，更具技术经济优势。

中国当前的高速铁路运输以客运为主，只承担少量货物运输。高速铁路客源构成除了自身创造的需求以外，大部分客源来自其他交通方式的客运"分流"。虽然高速铁路运输在速度上具备明显优势，但票价较高。综合考虑时间因素和费用因素，在短距离内，高速铁路的经济距离不如公路运输；在长距离内，高速铁路的经济距离不如航空运输。从既有研究看，当出行距离小于200千米时，选用汽车出行更方便，当出行距离大于800千米时，航空运输更能节省时间，而高速铁路的最佳竞争距离则介于两种运输方式之间，即200~800千米之间。

决定高速铁路运输能力的，除了运输速度，还有运输班次、定员等综合指标。以武广高速铁路为例，其运行时的最高时速为350千米/小时，运输班次平均为30分钟/次，每列列车定员1000人，预计到2030年，武广高速铁路可以实现年运送旅客1亿人次。在安全系数方面，与其他交通运输方式相比，高速铁路的安全系数更高。高速铁路在保证运输能力的情况下，同时具备较高的安全性能，竞争优势明显。

与传统运输工具相比，高速铁路几乎不会对自然环境造成污染，更为环保。有文献对汽车、飞机和高速铁路产生的环境污染程度进行了统计。三种交通运输方式对环境的污染程度，见表3-1。因为高速铁路的能源消耗为电能，所以，每项排放物质指标均为最低值，一氧化碳排放指数和二氧化硫排放指数接近0。在噪声方面，有研究统计，当运量相同时，公路噪声比铁路高2分贝。

表3-1　　　　　　　三种交通运输方式对环境的污染程度

单位（克/人·千米）

排放物质	汽车	飞机	高速铁路
CO	1.26	0.51	0.003
NO_x	0.25	0.70	0.100
CO_2	111.00	158.00	28.000
SO_2	0.03	0.05	0.010

资料来源：乔英忍，曹国炳. 世界铁路综览［M］，北京：中国铁道出版社，2001。

高速铁路的经济效益和社会效益较高，长期影响高速铁路所在地的区域经济，从高速铁路建设初期的基建投资拉动到运营期的运营资金收入，再到运营后带动区域经济发展，高速铁路对区域经济发挥着积极作用。研究发达国家高速铁路的发展过程可知，高速铁路建设成本的回收周期短，在经济发达地区和高人口密度地区建设高速铁路效益明显。虽然目前中国高速铁路线路大多处于亏损状态，但是高速铁路建设产生的社会效益是无法估量的。从更长远角度看，高速铁路产生的经济效益更不会局限于表面上的经济增长，其对知识的可达性、产业升级转型等深层次经济的影响会更加深刻。

第二节　高速铁路对区域经济增长影响路径

高速铁路对区域经济增长的作用是个复杂的问题，本节主要从高速铁路建设对区域经济增长的直接影响与间接影响两方面考察。本书着眼于间接影响，通过分析可达性，进而从知识溢出、市场整合、产业转型三个模块构建高速铁路对区域经济增长的影响机理。高速铁路开通对区域经济的影响机制，见图3-1。

1. 高速铁路对区域经济增长的直接影响

高速铁路对区域经济增长的直接影响，主要体现在高速铁路建设期产生的建设投资效应和劳动力集聚效应两方面。

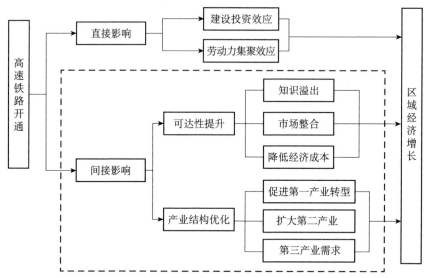

图 3 – 1 高速铁路开通对区域经济的影响机制

资料来源：笔者绘制。

（1）建设投资效应。在分析高速铁路对区域经济增长影响的过程中，容易忽略高速铁路建设前期基础设施网络建设产生的经济效应。高速铁路建设成本高，除了前期技术创新成本外，高速铁路建设所耗费的优质钢铁、电子设备和机械设备需要大量资金支持。投资乘数效应理论认为，在消费需求一定的情况下，收入和就业量将会因投资量的增加而呈倍数增长。高速铁路建设也会产生类似的投资乘数效应，即高速铁路投资增加会引起国民收入成倍增加。高速铁路建设刺激了对建材原料和高端装备的需求，促进相关行业发展，带动地区就业和人民生活水平提升。相关产业原料需求增加和员工收入水平提高反过来又刺激需求，这种循环往复的方式使经济更加活跃。

（2）劳动力集聚效应。高速铁路建设是一个庞大且漫长的过程，规划期、修建期需要投入大量劳动力，后期的运营和维护也需要投入大量劳动力。在建设初期，需要设计人员对高速铁路线路进行规划和勘探。在建设过程中，随着铁路网的不断扩大，周边各个相关企业开始增加就业岗位以满足生产需要。在高速铁路建设完成后，各站点运营管理、设施设备维护需求使劳动力向高速铁路建设区域输出。此外，结合增长极理论、生长轴理论及区位经济理论，高速铁路建设与区域中心城市相连接会形成非常有优势的区位，在一定程度上推动区域间的合作发展，促进人才流动、劳动力集聚及就业。

2. 高速铁路对区域经济增长的间接影响

高速铁路对区域经济增长的间接影响，主要有可达性提升和产业结构优化。一方面，区域内可达性提升加速了人员、资源流动，使生产部门与劳动力引进形成一种良性循环；另一方面，高速铁路通过虹吸效应、扩散效应等，使发展缓慢的产业更易于从优势地区转移到落后地区进行经济资源优化配置。此外，高速铁路沿线特别是站点配套设施的完善会吸引大量高新企业及现代制造业企业聚集，有利于培育良好的创业环境和就业环境。

（1）可达性提升。第一，高速铁路的开通引起的城市间可达性提升会加速知识溢出。高速铁路的建设使不同区域之间的时间距离、空间距离缩短，不同区域之间人才得以互相流动，增强了欠发达地区对人才的吸引力，同时，也有利于区域间劳动者获取知识和引进企业先进技术。得益于高速铁路的串联，大小城市之间通过知识溢出效应学习和合作，大量科研人才的流动促进了科技创新，通过不断积累、循环和放大知识溢出效应产生巨大的乘数效应，更好地实现产业协同互补，合作共赢。第二，高速铁路带来的交通快速便捷化加速了沿线城市一体化，有利于城市群同城化。促进不同区域间的基础设施和服务功能共享，城市的物流、信息流和人流突破了原有行政边界的限制，实现了跨城市通勤就业、跨区域共同市场的建立、资本流通和信息共享，形成劳动力市场一体化、商品市场一体化和资本市场一体化的统一大市场。第三，现代企业之间的竞争在一定程度上表现为时间竞争，高速铁路开通缩短了区域间的通勤时间，使企业在竞争中获得时间优势，降低了企业的运营成本。高速铁路开通带来的不仅是时间优势，而且通过高速铁路的交通方式，劳动力、资金等关键要素的流动也为企业发展增加了机会。生产要素的流动性加快，通过“有形的手”和“无形的手”相结合，使资源配置更加优化与合理，传统市场进一步被打破，社会分工将更加细致和专业化，有利于高速铁路邻近区域经济的发展。

（2）产业结构优化。经济结构是衡量一个地区乃至国家经济水平的关键因素。在经济结构中，三次产业的分配主导经济结构布局，而高速铁路发展对地区产业结构调整具有重要影响，不仅推动了第一产业的现代化转型，也推动了高速铁路沿线区域第二产业、第三产业的现代化转型。第一，国家城镇化水平不断提升，农村人口空心化严重，导致第一产业面临就业人数不足和耕地面积萎缩的问题。高速铁路逐渐扩大运输服务的广度和深度，使人们更多地了解和接触优质农副产品，减少农副产品产供销的中间环节，助力农业走出去，推动农业区域品牌建设和农业现代化发展。第二，中国高速铁路规划建设期间产生了大量对钢铁、矿石等能源及各类机械设备的需求，从而使建筑原料、施工器械等制造业企业蓬勃发展，这些行业的不断升级显著改善了区域第二产业的结构。第三，高速铁路开通并持续运营，周边住宅区和商业区增多，来往游客随之增加，带来了大规模基础设施建设，有利于沿线城市旅游业、餐饮业、医疗业等第三产业的发展，经济欠发达地区也能够实现从传统行业向新兴行业转变，能对区域产业布局产生一定影响。

第三节　高速铁路对区域经济增长影响路径的内在关系

高速铁路建设带来最显著的变化是缩短了不同城市间的时间距离，使区域可达性得到提升。集聚效应是指，各种产业活动和经济活动在空间上集中产生的经济效果及吸引经济活动向一定地区靠近的向心力，是导致城市形成和不断扩大的基本因素，能够使经济效益得到显著提升，从而提高区域经济影响力。高速铁路的开通可进一步打破区域间的时空限制，使各个区域间经济要素的流通速率显著提升，不仅优化了资源配置效率，也使区域间的经济联系更加紧密。与此同时，高速铁路与其他交通基础设施联系日益紧密，使知识与技术的获得成本显著降低。高速铁路可将不同地理位置的人连接在一起，加快人才流动，实现了人们面对面的交流，促进了知识经济与商业、服务业等第三产业的发展和产业结构转型。高速铁路发展提高了沿线城市的可达性，降低了区域间的运输成本，促进各类经济要素聚集到该区域，增强其区位优势，使其成为更具吸引力的经济聚集地，促进区域市场整合。

克鲁格曼（Krugman，1998）通过严密的理论推导得出结论：一个地区能否发展成经济中心或经济格局最终的演化方向如何，取决于规模经济、运输成本及制造品消费在支出中所占份额。当这三个条件均得到满足时，该地区会迅速吸引大量经济要素流入从而发展成经济中心。高速铁路建设提高了区域可达性，可达性促进了人流、信息流、物流。区域之间的人才流通促进了知识和技术的流通，也促进了区域内第三产业的发展。区域间的信息流通也促进了知识技术流通，加速知识溢出，而物流使区域间的运输成本降低，促使经济要素整合，联结上游和下游，持续细化同类企业的产业聚集和行业内分工,实现了产业关联效应,从而推动产业、产能发展。无论是产业聚集还是产业扩散,都会调整和优化区域产业结构。高速铁路能推动技术和生产方到有利于其发展的区域,并使其沿着铁路不断传播,从而实现区域知识溢出,这是产业聚集和产业扩散的一个有效途径。因此,可达性与区域市场整合及知识溢出之间是相辅相成的关系,三者相互促进、相互连接,共同对区域经济增长起到促进作用。高速铁路对区域经济增长的影响路径内在关系,见图3-2。

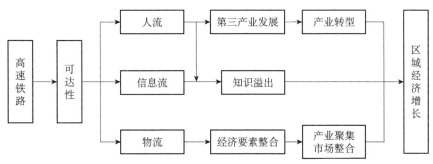

图3-2　高速铁路对区域经济增长的影响路径内在关系
资料来源:笔者绘制。

第四节　高速铁路的区域经济增长效应

一、高速铁路对区域经济的波及效应

高速铁路对区域经济增长的波及效应,主要指高速铁路在促进区域经济增长方面的贡献。吴晖(2014)指出,高速铁路的区域经济增长拉动效应包括直接效应和间接效应两方面,直接效应主要是指,在建设高速铁路过程中带动相关产业发展产生的收益及在高速铁路开通运营后直接产生的经济效益,其中,包括相关产业发展带来的经济效益。而间接经济效益为高速铁路开通后因交通运输条件改善带来的经济效益,包括运输成本降低带来的经济效益、交通运输网络完善带来的经济效益、交通拥挤程度降低带来的经济效益及节约时间带来的价值效益等。

高速铁路创造的产出增加会直接对国民财富增加造成影响,对区域经济有直接拉动作用,是国民经济的重要组成部分,并且,随着科技进步和社会经济发展,高速铁路拉动经济增长的作用将会日益显著。此外,高速铁路开通后加快了产品流动、服务流动和人口流动,使资源配置方式发生了改变。高速铁路建设在刺激相关产业市场需求的同时，还带动了相关产业的技术发展并提高了产品质量。丁冬梅（2012）指出，高速铁路对地区经济发展的带动效应也会影响其网络效应，即地区经济增长会因高速铁路建设的成本与收益规模扩大而更加突出，进而对高速铁路沿线区域的经济社会发展形成深远影响。

1. 高速铁路对区域经济的前向波及效应

高速铁路对区域经济的前向波及效应是指，在经济发展过程中，高速铁路可作为区域经济发展的一种投入变量，对区域经济发展产生积极影响。高速铁路的开通推动了相关产业发展，保障了国民经济发展，是一种先进的交通设施。与其他运输方式相比，最大的区别在于客运在高速铁路运输中占比较高，而货物运输占比较低。高速铁路的开通对区域经济的影响在于，其有利于客运和货运分流，降低其他运输方式的客运压力，且具有更高的客运效率。高速铁路客运专业化能力的提升能使货运线路的运输效率显著提高，特别是在专业化、规模化等方面，可以缩短运输时间，降低运输成本，为企业发展提供良好的条件。近年来，高速铁路也在增加新的快运业务，例如，与顺丰快递联合推出高速铁路快运业务，不仅能提升物流运输效率，还能减轻高峰期快递压力。在货物运输方面，高速铁路的开通实现的客运与货运分流效应显著促进了生产运输的发展。

虽然部分研究将重点放在高速铁路开通后带来的区域可达性，但是，不能忽略区域间的知识可达性。影响区域知识溢出的主要因素，包括知识距离、知识存量和知识主体之间相互作用的频率。高速铁路的开通缩短了区域间的通勤时间，使区域间交往频率提高，其通过增加区域间的人员沟通与人员交流次数，促进了知识主体之间的外溢，显著提高了区域知识可达性。高速铁路开通扩大了客流量，带来了企业在生产过程中不可或缺的生产资料，如信息、技术和先进的管理经验等。知识溢出加快区域间发展要素的流动速度，有利于质量发展和资源优化配置。

2. 高速铁路对区域经济的后向波及效应

高速铁路与为其提供运输生产所需中间产品的相关部门相联系而产生波及效应，对区域经济发展具有后向波及效应。高速铁路的发展将会扩大市场需求和增加就业，也会为传统的钢铁、建材、机械和电子设备制造业转型提供机会。以2009年中国铁路投资为例，中国铁路工程完成的6000亿元投资总额，创造了600万个就业岗位，对中国国内生产总值的提高产生了1.5%的拉动效应。与此同时，高速铁路建设还将带动智能制造和信息产业研发，刺激冶金、机械、建筑、合成材料、橡胶等产业的需求，极大地推动高速铁路产业链间的发展。

高速铁路建设在提升高速铁路产业链产量的同时，也提高了高速铁路带动的相关产业产品的质量，使其相关产业在市场上更具竞争力。中国的高速铁路建设，从引进加拿大、日本、德国和法国的高速铁路技术到自主研发生产，完成和谐号到复兴号各系列的升级改造，从技术完全依赖于进口到形成国产的高速铁路技术，经历了从无到有的过程。中国高速铁路不仅技术先进，而且建造成本低，受到很多国家的青睐。随着"一带一路"建设的推进，中国获得了马来西亚、泰国、俄罗斯等众多国家的高速铁路建设订单，越来越多的国家认可中国高速铁路。高速铁路在建设过程中不断强化，如致力于提升高速铁路运行速度、改善稳定性技术，升级研发装备材料及客车网络信号升级等。高速铁路在建造、运行过程中的质量优化，显著提升了高速铁路产业链的整体水平。

二、高速铁路对区域经济的正负效应

溢出效应是指，事物在某方面发展的同时，带动该事物其他方面的发展，高速铁路建设对区域经济的影响不仅有正溢出效应，还有负溢出效应，特别应警惕负溢出效应带来的后果。

1. 高速铁路建设正溢出效应

以高速铁路为媒介的经济活动因其独特的技术经济等方面的优势，得以较顺利展开，高速铁路主要是通过要素流动对区域经济造成影响。投资乘数理论认为，国民经济会因投资活动的增加而产生连锁变化，高速铁路建设投资会促进地区资本要素流动，合理分配区域资源要素，提升社会就业水平和国民收入水平，实现良性的经济循环。经济发展的基本要素是以矿产和土地等为代表的生产资料，随着科技发展进步，以人才和技术为代表的高级要素在经济发展中的作用日益显著。虽然高速铁路"运客不运货"的特点，使其对基本要素流动造成的直接影响甚微，但高速铁路缩短了区域之间的通勤时间，加快了区域人力资本要素的流动速度，显著提升区域间知识可达性，使高级要素间的流动更加方便。与此同时，高速铁路还使地理区域间的边界弱化，使高级生产要素的配置合理化。高新产业园集聚区通常分布在高速铁路站点周边，企业劳动力的获取途径也因交通基础设施的完善而更加多样。

高速铁路的区域正溢出效应也体现在交通技术的革新促进区域产业集聚与区域产业扩散方面，传统企业往往重点关注交通运输费用的降低，而现代企业则更加重视交通运输服务质量。高速铁路的开通推动了区域之间的专业化分工，有利于发挥区域优势。经济发展规律表明，随着发达地区的生产成本增加，相关产业尤其是制造业有向经济落后地区和生产资料成本较低地区转移的趋势，而高速铁路建设催化了产业转移，产业转移促进了新产业带的形成。就产业角度而言，高速铁路可达性的提升和区域时间距离的缩短，将更加有益于旅游业发展，不仅降低了旅客出行成本，而且拓宽了空间出行半径，促进了观光旅游业的发展。高速铁路速度快、方便的特点还可以减轻中心城市压力，向外扩散非中心城市功能，使城市群得以发展。

2. 高速铁路建设负溢出效应

凡事都具有两面性，高速铁路建设会对沿线经济产生正溢出效应，同时也会产生负溢出效应，如占据发展资源。既有研究大多对高速铁路对于区域经济增长的作用持肯定态度，但这种正面作用程度甚微，而部分研究对高速铁路对于区域经济增长的作用持否定态度，认为高速铁路投资巨大，且回收周期长，容易影响其他产业的发展。此外，高负债诱发高速铁路"灰犀牛"现象发生的风险也很大。

中国铁路建设资金包括铁路建设基金、中央预算内投资、铁路建设债券、专项建设基金、银行融资、地方政府出资和部分社会投资。其中，主要的融资方式是债务融资，虽然中国铁路总公司的客运收入在 2018 年上半年达到 1693 亿元，全年达到 3400 亿元，但是，大规模高速铁路建设导致中国铁路总公司的负债从 2005 年的 4768 亿元增长到 2018 年的 5.28 万亿元，① 再将地方政府投资建设高速铁路的债务（目前缺乏这方面的统计数据）考虑在内，已经形成巨额高速铁路债务，还有可能引发国家层面的金融风险。

中国各地区之间的经济发展差异显著，各个地区受到新建高速铁路开通的影响各不相同。高速铁路连接的发达地区对欠发达地区造成的虹吸效应，将影响欠发达地区的发展。从高速铁路规划角度而言，目前许多高速铁路站点设置在城市郊区，配套的交通基础设施亟须完善，没有明显改善出行成本，对于地区经济带动作用甚微。

三、高速铁路的城市空间极化效应

高速铁路的城市空间极化效应是指，高速铁路开通运营后，将会影响高速铁路沿线城市功能区和城市空间的内部结构，将以高速铁路为轴线进行不断调整和改善。格林斯通（Greenstone，2010）指出，节点、梯度、

---

① 中国国家铁路集团有限公司（www. china‑railway. com. cn）。

通道、网络和环境这五个城市内部空间结构要素自下而上紧密联系并结合城市物质要素，最终形成了城市空间结构系统。若系统内某个要素发生变化，则其他相关要素也将发生相应改变。作为新的城市空间通道，高速铁路的开通运营将会使可达性发生变化，进而改变城市的空间结构。城市原有功能分区和梯度等级会因高速铁路的变化而发生变化，进而使城市的内部空间结构发生变化，形成该城市新的发展轴线。因为高速铁路具有经济技术优势，所以，产业集聚将围绕高速铁路、高速铁路车站、城市内部经济活动及与其相关的经济要素形成，进而产生城市新的极核和网络通道。

高速铁路带来的城市空间极化效应包括高速铁路车站的节点极化、通道和城市网络极化、城市梯度重构和城市功能区优化。沿线城市的区位条件变化，将会影响区域经济发展。高速铁路是区域内首要的区位影响因素，其产生的影响也存在正面性和负面性。张楠楠和徐逸伦（2005）指出，高速铁路的开通运营可能会产生新的区位优势，但如果某些区域无法享受到新建网络的服务，那么，其可能会给该区域带来负面影响。

四、高速铁路的可达性效应及带动就业效应

高速铁路建设主要从供给和需求两方面对就业造成影响，体现在高速铁路的可达性效应。从供给角度而言，格林菲尔德（Greenfield，1966）研究发现，可达性的提高能缩短通勤时间，因而员工可以去更远的地方寻找工作，使员工工作可选择区域扩大，通过提高地区劳动力就业参与率的方式影响就业。从长远发展来看，高速铁路的通车运营可以使其周边地区的便利性得到显著提升，能使居民居住的舒适性得到改善和提升。威利格斯（Willigers，2005）指出，一些员工会被更舒适的居住环境和更低的价格吸引而搬迁到这些地方，也有一些员工会在目前工作环境不发生变化的情况下被吸引而搬迁至此，这些行为都能够增加地区人口数量，产生劳动力池效应。目前，中国主要以高速铁路的发展建设带动新区发展，因此，许多城市的高速铁路站点建在还未发展的新区，高速铁路建设通过增加就业劳动参与率、扩大地区人口规模的方式推动就业发展。

在需求方面，高速铁路的建成开通不仅降低了运输成本，而且提高了商品的可选择性，在缩短地区之间旅行时间的同时，间接增加了商品的有效供给。无论生产者还是消费者，其目的都是希望以较低的价格获取较高质量的商品和服务，因此，高速铁路开通后可以实现从更远的地区运来商品，从而刺激企业及社会对劳动力需求的增长。此外，运输成本降低也提高了企业可获取的利润，使企业能在更大的市场上寻找合作伙伴，提升生

产效率，吸引更多企业加入并提供更多新的就业岗位。而且，高速铁路的开通也吸引了更多企业和居民来到这个地区，在增加对当地商品需求的同时也增加对服务的需求。董艳梅和朱英明（2016）指出，吸引投资，即在需求的刺激下供给增加，这会带来乘数效应，从而推动区域经济稳步增长。郑海燕（2014）指出，在高速铁路开通运营后，运输成本降低和可达性提高会不断扩大地区的市场供应范围，为企业提供更多发展机会，同时，对企业吸引力的提升也会促进区域劳动力需求增加，这就是交通成本降低带来的就业效应。

区域就业率的提高将进一步反作用于区域相对可达性，持续不断地改善就业条件，形成良性循环。因此，高速铁路建设在增加区域劳动力供给时也会增加区域劳动力需求，最终通过对供需平衡的不断调整使区域就业水平得到提升。

五、高速铁路的知识溢出效应

1. 高速铁路对知识溢出的影响机理

科学技术作为第一生产力，在经济发展中发挥着重要作用。然而，中国区域发展不平衡，南北差距较大，区域间知识传播路径复杂多样，区域间的知识溢出渠道也多种多样。基于孙兆刚（2006）提出的传导路径、对流路径和辐射路径三种知识溢出路径，本节梳理了各省（区、市）之间的知识溢出行为。知识溢出路径，见图3-3。

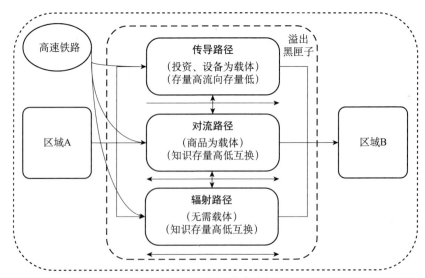

图3-3　知识溢出路径

资料来源：笔者绘制。

（1）高速铁路对于传导路径的影响。与热量从高温区通过载体向低温区传递的物理热传导类似，知识溢出的传播路径代表了知识从高存量企业或高存量地区流向低存量企业或低存量地区的过程。这一路径主要取决于国家投资或引进高知识含量的高科技设备。该路径是从特定载体（如设备和投资工厂）获得溢出效应的传导路径。其中，知识存量高的地区与知识存量低的地区之间的差距称为潜在差异。一般而言，当潜在差异扩大时，区域间的知识溢出效应也会增加。

高速铁路网的快速发展改变了现有的时空结构，大大缩短了现有的空间-时间效应，缩短了两地之间的旅行时间，缩短了地区之间的空间距离。空间距离已不再代表地理间隔的限制，区域之间出现了异地投资、异地就业情况，跨地区投资和设备转入加速了两地之间的知识溢出。因此，高速铁路网的建设，加速了区域间的知识传导。

（2）高速铁路对于对流路径的影响。热传递中的对流路径是指，通过分子在高温部分和低温部分之间的运动达到温度平衡的过程。知识溢出的对流路径类似于热传递的热对流，是指知识存量高的区域与知识存量低的区域之间的知识交换。这种交换通过非特定载体的循环流实现两个区域之间的交换，最终实现平衡。这种非特定载体通常是指商品。区域之间的商品流动，推动了两个区域之间知识的相互渗透。

因为高速铁路的出现缩短了地区之间的时间距离，所以，异地就业的普及改变了不同城市的消费人口和就业机会。对于大规模人员流动的地区，消费群体扩大，就业机会增加，商品单位成本降低，商品成本优势使商品从该地区流向其他地区。因此，区域以货物为载体带来知识溢出，而货物流动的区域则带来知识流入。相反，在劳动力损失的地区，将导致商品成本增加，不可避免地导致外地商品和知识的流入。通过商品流入和流出，知识将在区域之间逐渐流动，最终实现知识平衡。高速铁路的建设，导致了区域间知识对流路径的知识溢出。

（3）高速铁路对辐射路径的影响。物理传热中的热辐射，不依赖于任何介质。无论温度多少，具有温度的物体必然向外界辐射热量。同样，无论知识存量如何，知识创新的成果将继续传播到其他区域。创新成果的价值越大，传播范围越广。此外，这种类型的传播方式不依赖于任何载体，而是通过接收者或模仿者的观察与学习传播。

高速铁路客运量大、速度快的特点极大地提高了区域铁路的运输能力。高承载能力加速了区域间的人员流动，提高了两个知识存储单元之间的人员流动速度，加快了沟通频率，加快了原始主体之间的知识传播速度，实现了更大的知识溢出效应，高速铁路建设也带动了跨区域的知识从中心向外围辐射。

区域间知识溢出的类比物理热传导，可分为三条溢出路径。然而，在现实生活中，知识溢出往往涉及多个地区和多个因素。通常，区域间的知识溢出，同时受到三条溢出路径的影响。在实践中，既有研究无法验证三条溢出路径各自所占的比例。虽然按照这种分类可以将知识溢出分为三种溢出途径，但在现实问题分析中，高速铁路如何及在多大程度上影响知识溢出仍是研究人员的黑箱。

2. 高速铁路影响下知识溢出效应的演变

"时空收缩"效应大大加速了区域间的交流，促进了区域间企业网络的发展和知识共享，极大地激发了原有的经济活力，改变了原有的知识创新投入产出模式，增强了区域间的知识溢出效应，扩大了知识溢出的辐射范围。

从理论上推测，高速铁路网的发展将加速远距离知识溢出（本研究将基于知识溢出的地理邻近性，邻近所产生的知识溢出称为邻近知识溢出，通过改变交通工具，由区域间造成的知识溢出称为远距离知识溢出，下同）的效应，本研究从高速铁路建设前、高速铁路局部开通和高速铁路网建设完成三种情况下，分析知识溢出由邻近到远距离的演变轨迹。

在高速铁路建设之前，省际运输的主要方式是普通铁路运输和公路运输。然而，对于长途省（区、市），普通铁路运输和公路运输时间长、运输效率低。此时，依靠运输推动远距离知识外溢效率低。知识溢出的主要形式是相邻省（区、市）之间的知识溢出。在高速铁路建设初期，中部省与周边省（区、市）之间的知识溢出效应频繁发生，周边省（区、市）之间知识交流频率较高。然而，中部省（区、市）与偏远省（区、市）之间的知识溢出效应较低，偏远省（区、市）之间的知识交流相对不足。这种跨省（区、市）知识溢出的主要限制因素是距离。随着两省（区、市）之间的距离增加，知识溢出效应降低。

部分省（区、市）间高速铁路开通后，开通高速铁路的省（区、市）[尤其是偏远省（区、市）]之间的通行效率将大幅提升。两省（区、市）之间的人力资源、资金和知识项目交流比以往更加频繁。拥有高速铁路的省（区、市）之间知识交流的远距离效应得到改善。在高速铁路开通阶段，这表明中部省（区、市）之间的远距离知识溢出已经出现，而拥有高速铁路的其他省（区、市）之间的知识共享已经显著增加。随着两省（区、市）间高速铁路线路的快速发展和完善，预计两省（区、市）之间的知识溢出效应的远距离效应将继续增强，并将逐渐超过相邻省（区、市）的知识溢出效应。届时，高速铁路开通省（区、市）的知识溢出辐射效应将更强，传播范围将更广。远程知识溢出的重要性将继续上升，而相邻知识溢出的影响将更小并继续减弱。

在中国大规模高速铁路网建成后，网络交通效率有了很大提高。跨省（区、市）的通信频率将因地理因素和空间因素而降低，时空距离将成为区域间要素流动的新障碍。这种状态下的知识溢出效应，表现在高速铁路网建成后的阶段。此时，由地理距离引起的相邻知识溢出不再占主导地位。中部省份可以对所有邻近省（区、市）和偏远省（区、市）产生远距离知识溢出，且总体远程知识溢出效应强于邻近省（区、市）。在世界范围内，基于地理空间距离的知识溢出效应不再显著，基于铁路旅行时间的知识溢出效应的显著性将继续增加。

高速铁路具有运量大、安全性高和运行速度快的优点，高速铁路网的快速扩张改变了当前存在的区域空间结构，产生了"时空收缩"效应。这种效应不仅使区域之间的交流加快，还加速了区域间的知识交流与商贸往来，增大了邻近区域异地就业和异地消费的可能性，使原有的经济活力被极大地激发，原有的知识创新投入产出方式也发生了改变，使区域间的知识溢出效应加速，知识溢出的辐射范围也在逐渐扩大。

从理论上来说，高速铁路网的发展，可能会加快远距离知识溢出效应的速度（本书所称邻近知识溢出是指，依靠地理邻近产生的知识溢出；所称远距离知识溢出是指，由交通工具改变而导致的区域之间的知识溢出，下同），本研究分别从高速铁路建设前，高速铁路局部开通和高速铁路网建设完成三种情况下，分析知识溢出由邻近到远距离的演变轨迹。高速铁路对省（区、市）间知识溢出影响发展动态，如图 3-4 所示。

在高速铁路建设前，普通铁路和公路是各省（区、市）之间的主要通行方式，但对距离较远的省（区、市）之间，普通铁路和公路所需通行时间较长，因此，这些省（区、市）之间的交通效率较低。

此时，依靠交通带动远距离知识溢出的发生效率也很低，主要是在距离较近的省（区、市）之间产生知识溢出，如图 3-4 中高速铁路建设前的阶段所示，中心省（区、市）到相邻省（区、市）之间的知识溢出效应发生频次较多，而相邻省（区、市）之间的知识交流频次也相对较高，但在中心省（区、市）和偏远省（区、市）之间，知识溢出效应较低，而偏远省（区、市）之间则更加缺乏知识交流。距离是省际知识溢出的主要限制因素，并且，随着两省（区、市）之间距离的增加，知识溢出效应会逐渐减弱。

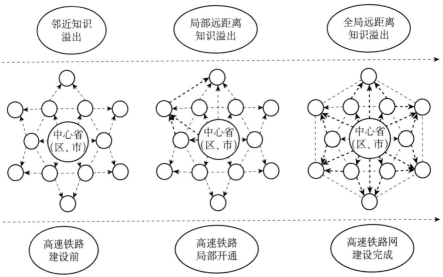

图3-4　高速铁路对省（区、市）间知识溢出影响发展动态
资料来源：笔者绘制。

当高速铁路在部分省（区、市）开通后，会极大地提升开通高速铁路的省（区、市）［尤其是距离较远的省（区、市）］之间的通行效率，使两个省（区、市）之间的"时空效应"大大减少，异地置业、双城生活等现象逐步出现。这使各省（区、市）之间的人力、资本和知识等要素交流频次更高，此时，已开通高速铁路的省（区、市）之间的远距离知识交流能得到提高，如图3-4中高速铁路局部开通阶段所示，已开通高速铁路的中心省（区、市）之间，逐渐开始出现大规模、远距离的知识溢出，并极大地提高了已互相开通高速铁路的省（区、市）之间的知识交流。随着高速铁路不断发展与完善，可以预计，两省（区、市）之间的远距离知识溢出效应将会超越相邻省（区、市）之间的邻近知识溢出效应，并得到逐步提高。这将增强开通高速铁路的省（区、市）知识溢出辐射效应，扩大范围，同时不断增强远距离知识溢出效应的显著性，但有可能会不断减弱邻近知识溢出效应的影响。

当中国高速铁路网建设完成之后［理想情况下，所有省（区、市）和地级市之间均有覆盖］，相较于过去而言，交通效率得到极大提高，此时，地理空间因素不再成为各省（区、市）之间交流频率的主要制约因素，空间的时间距离将会成为区域间要素流动的新障碍。此时，知识溢出效应如图3-4中高速铁路网建设完成阶段所示，地理距离导致的邻近知识溢出的主导地位已经不复存在，中心省（区、市）对相邻省（区、市）和偏远省（区、市）均能产生远距离知识溢出效应，但就全局而言，此时，基于地理空间距离的知识溢出效应已经开始逐渐降低，而基于铁路旅行时间的知识溢出效应开始逐渐增强。尽管"高速铁路网建成后"是一种理想状态，然而，中国高速铁路网整体发展将继续接近这一趋势。因此，对高速铁路网建成后的研究具有理论意义和现实意义。

六、高速铁路的市场整合效应

20 世纪 80 年代以来，世界经济呈现经济全球化和区域经济一体化的发展态势，其中，市场一体化是区域经济一体化的前提和基础，有利于要素之间的自由流动，促进资源的有效配置。改革开放后，中国经济快速发展，但随着社会主义市场经济的不断发展出现了一系列问题。中国坚持可持续发展战略，加强政府宏观调控，优化产业结构，促进内需，将中国经济从出口导向型转变为消费导向型，这需要一个自由统一的大市场为前提。

高速铁路是近半个世纪以来世界客运史上的重大突破之一。高速铁路的开通与完善加强了区域市场的不断联系、交融，对区域市场发展的影响更是不可小觑。

1. 高速铁路对区域市场整合的影响路径

高速铁路建设改变了城市间的时空距离，增加了可选择的出行方式，有利于提高沿线城市的可达性。可达性的衡量方式多种多样，主要有时间和费用两个指标。通过对不同交通方式的时间和费用加权计算，可得出最优出行方式。高速铁路速度快、安全性高及受自然条件影响较小等特点，极大地提高了其在交通运输市场中的地位。以徐兰线和京广线为例，研究河南省 12 个地级市的可达性水平，论证了高速铁路建设有利于该区域可达性水平的提高，对加强该区域内各地级市的联系，促进经济的整体发展有重要意义（孟德友和陆玉麒，2011）。以 2009～2013 年中国高速铁路为研究对象，采用加权平均旅行时间衡量可达性，在此期间，高速铁路将中国城市的可达性提高了 12.11%，但高速铁路对不同城市可达性的影响程度不同（Diao，2018）。经济水平和整体交通网络水平存在差异，高速铁路对中国东部沿海地区可达性的影响明显高于中西部地区，并对中小城市产生虹吸效应。以 2003～2014 年中国高速铁路为研究对象，主要研究高速铁路对城市交通网络连通性和结构的影响，基于列车时刻表得出三个结论，第一，高速铁路使城市间的可达性大幅度提升；第二，高速铁路可以改变沿线城市的等级大小，研究区域内的核心城市主要位于主干高速铁路线路上；第三，高速铁路建设有利于人员流动和资本流动（Jiao，2017）。基于旅行时间和城市潜力两个指标测度沪宁地区高速铁路城市比非高速铁路城市的可达性更高。离核心城市越近，可达性越高。高速铁路建设对区域外城市可达性的提升，也产生了一定作用（罗鹏飞等，2004）。

高速铁路开通具有市场一体化效应（杜茂宝等，2018）。高速铁路开通提升了城市的可达性和便捷性，加快了区域内商品和要素的自由流动，促进了商品市场、劳动力市场和资本市场的一体化。高速铁路影响城市可达性，进而对区域市场整合产生影响。高速铁路开通与区域市场整合作用机理，见图3-5。图3-5中虚线的多少，表示城市可达性的强弱水平。当高速铁路发展水平较低时，核心城市与周边中小城市联系较少，会阻碍商品和要素在各城市之间的自由流动，制约区域的整体发展，这对应区域市场整合初级阶段。当扩建高速铁路时，核心城市与周边中小城市联系逐渐增多，呈现多样化态势，这对应区域市场整合推进阶段。当高速铁路网逐渐完善时，区域内各城市的可达性有了明显提升，加速了商品和要素在区域内各城市间的流动，这对应区域市场整合成熟阶段。从整体上看，城市可达性的提高，有利于商品流通和要素流通的自由化、整合资源、促进区域市场整合由初级阶段向成熟阶段转变。

2. 区域市场一体化分析

商品市场一体化、劳动力市场一体化和资本市场一体化，是区域内统一市场形成的标志。以区域内各城市间的交通基础设施为载体，区域内统一的政策为制度保障，促进商品、劳动力和资本的自由流动。

（1）商品市场一体化。区域内商品市场一体化，具体表现在降低了城市间的市场分割程度并提升城市间的分工水平。降低市场分割程度，形成统一的商品市场，有利于商品沿着交通基础设施在区域内自由流动，加强了核心城市的吸引力和竞争力，促进了劳动密集型产业向区域内的中小城市转移，技术密集型产业向区域内的核心城市转移。产业化分工与市场分割程度对商品市场一体化的作用机理，见图3-6。图3-6从下至上为高速铁路开通前、高速铁路开通后、高速铁路网逐渐完善后三个阶段。从右边的市场分割程度看，在区域发展初期，市场处于分割状态，区域市场辐射范围较小，区域内各城市市场缺乏联系，商品只能在所属城市市场内流动，此时，商品市场一体化水平较低。在高速铁路开通后，区域内各城市的市场联系逐渐加强，区域内商品流动加快，区域内各城市的市场开始整合。在高速铁路网逐渐完善后，商品市场整合程度进一步加快，区域内形成了完整统一的市场，商品可以在区域内自由流动，区域市场整合程度大幅度提升。从左边的产业专业化分工来看，当产业专业化分工程度较低时，区域内各子系统独立存在，缺乏联系，整合程度较低，此时，对应市场一体化发展的初级阶段。当产业专业化分工程度提高时，高速铁路的开通改善了区域内城市的区位条件，对核心城市的影响尤为显著，区域内各城市发展各自的优势产业，促进了区域经济的发展，此时，对应市场一体化发展的推进阶段。当产业专业化分工达到高级阶段时，区域内各子系统之间联系紧密，子系统的个体特征减弱，区域内各城市的产业不断调整升级，提高效率，实现了产业集聚的规模经济效应，此时，对应市场一体化的成熟阶段。

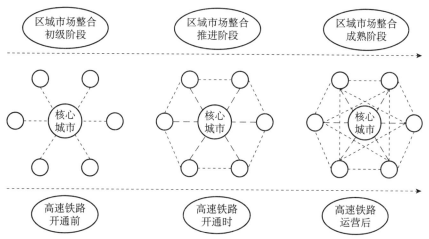

图3-5　高速铁路开通与区域市场整合作用机理

资料来源：笔者绘制。

（2）要素市场一体化。按照流通对象的不同，要素市场主要分为劳动力市场和资本市场，本书研究的要素市场一体化主要考察劳动力市场一体化和资本市场一体化。随着高速铁路网的完善，劳动力和资本在区域内沿着交通基础设施流动，向区域内的核心城市集聚，实现区域整体效应最大化。在要素市场整合发展初级阶段，交通基础设施不便捷，区域内各级政府联系较弱且为了保护本地产业的发展，阻碍了劳动力和资本在区域内流动。区域内各城市的发展水平不一，劳动力保障政策不同及户籍制度的存在，导致要素在区域内流动缓慢。在要素市场整合发展的推进阶段，高速铁路的开通极大地提高了区域内城市的可达性，区域内要素市场相关政策趋于统一，提高了劳动力和资本的流动性。在要素市场发展的成熟阶段，区域内要素市场相关政策统一性达到最高，高速铁路网的完善降低了流动费用，促进了劳动力和资本在区域内的完全自由流动。

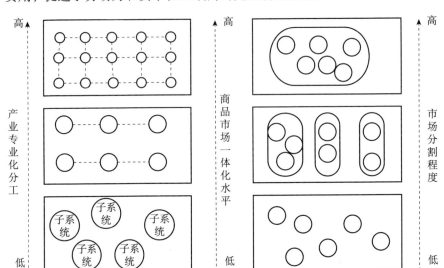

图 3-6　产业化分工与市场分割程度对商品市场一体化的作用机理

资料来源：笔者绘制。

七、高速铁路的产业集聚与转型效应

纪良纲和陈晓永（2005）指出，产业集聚是指，在某一专业领域内，许多企业因其紧密的产业联系及相关支撑机构在空间上的集聚效应而形成重要的、可持续的竞争优势的现象。孙健韬（2012）指出，产业集聚遵循一定的机制而形成，交通运输费用是促进产业集聚的初始因素，从交通运输成本最小化角度出发，许多企业为了节约交通运输成本，在选址时会倾向于选择邻近的地方，这些企业聚集在一起便形成了产业集聚。高速铁路的开通能够提高区域可达性，这使得中心城市对企业的吸引力增强，很多周边城市的企业为了更好的发展机会和发展条件开始向中心城市集聚。因此，在高速铁路沿线区域不仅可以形成高速的物流和人流，伴随而来的还有信息流和资金流，从而在高速铁路沿线地区形成集聚效应。同时，大量相同产业的企业聚集在同一城市（地区），不仅可以节约交通运输成本，而且能产生规模经济效应，这种规模经济效应可以满足大量需求，同时，可以使企业获得成熟劳动力以生产出高质量的产品。村上和塞韦罗（Murakami and Cervero，2012）研究发现，运输成本随着规模经济效应显著性的增加而降低，规模效应越高，产业集聚效应越显著。李亚琼（2005）指出，开通高速铁路能降低企业的信息成本，与运输成本类似，信息成本也和距离有关。距离成本随距离的增大而提高，相应的运输成本和信息成本

也随距离增大而提高；反之，运输成本和信息成本则降低。周平和刘清香
（2012）研究发现，高速铁路产业集聚效应的产生也会影响城市空间结构
及区域产业结构调整，引导地区经济更好地发展。

产业转型是指，在某一专业领域内，将资本、劳动力等生产要素从衰
退产业向新兴产业转移的再配置过程。陈春阳等（2005）指出，高速铁路
通过提高沿线的客货运输能力促进交通运输业发展，并进一步降低了交通
运输成本，使第三产业结构得到完善。汪建丰和翟帅（2015）研究高速铁
路对沿线区域发展的促进作用时发现，沪杭高速铁路能推动沿线区域经济
发展、促进产业转型、吸引高科技人才等，但在推动区域经济差距缩小方
面作用较小。来逢波等（2016）指出，投资、运营高速铁路，能促进区域
经济增长和产业结构升级，但具有一定滞后性。各产业都将受到高速铁路
发展带来的推动作用，但第三产业的增长幅度较为平缓且具有持续性。

第五节　高速铁路对区域经济增长影响的模型构建

基于前述高速铁路对区域经济增长影响路径与机制的分析，本节构建
高速铁路对区域经济增长的模型。在研究高速铁路对区域经济增长的影响
之前，先对经济增长的概念进行界定，经济增长可以认为是一个国家（地
区）的人均产出（或人均收入）水平的持续增长，通常可以通过 GDP 增
长体现。根据现代经济增长理论，影响一国（地区）经济增长的因素有资
本、劳动、资源、技术、制度、知识创新等，其中，技术、制度、知识创
新等难以被准确测量的因素统称为广义技术进步。目前，衡量经济增长的
模型很多，其中，柯布—道格拉斯生产函数是研究经济增长各影响因素的
经典方法，由美国经济学家柯布和道格拉斯基于美国制造业增长的规律总
结而成，在后续研究的不断优化下，目前该方法已经被广泛运用于多个领
域测度经济增长水平。在研究中其常见的表达式为：

$$Y = A_0 e^{\lambda t} K^{\alpha} L^{\delta} \tag{3-1}$$

在式（3-1）中，Y 为区域经济增长，A 为综合技术水平，K 为资本
投入，L 为劳动力投入，α、δ 为常数，分别代表资本影响系数和劳动力
影响系数，该模型可以用来衡量技术进步、劳动力投入及资本投入对经济
增长的作用。

而由前述分析可知，大量研究认为，高速铁路能通过知识溢出、市场
整合等多种方式对区域经济产生显著影响。为了测定高速铁路对区域经济

的具体影响，本书研究在柯布—道格拉斯生产函数的基础上，将高速铁路建设纳入经济增长模型，提出一个考虑高速铁路的区域经济增长的基础模型，测量高速铁路对不同区域经济增长的影响。根据这一思路，将区域经济增长模型设定为包括资本、劳动、高速铁路建设影响的柯布—道格拉斯生产函数：

$$Y = A_0 e^{\lambda t} K^{\alpha} L^{\delta} G^{\beta} \tag{3-2}$$

　　为了得到精确的参数值，方便对参数进行估计，在计算时通常将指数形式转化为对数形式，可得到式（3-3）。

$$Y = A + \alpha K + \delta L + \beta G \tag{3-3}$$

　　在式（3-3）中，Y 为区域经济增长，K 为区域资本投入，L 为区域劳动力投入，G 为区域高速铁路的建设效应，α、δ、β 为常数，分别代表资本、劳动力及高速铁路建设的影响系数。

　　与劳动力投入和资本投入不同，高速铁路建设的影响是一个复杂的、难以量化的指标，因此，需要对其进行进一步分析与度量。根据第三章第四节高速铁路对区域经济增长影响路径分析，高速铁路对区域经济增长的影响主要有两种，一种是高速铁路建设导致的投资效应和劳动力聚集效应，直接促进了经济增长；另一种是高速铁路建成后带来的区域间可达性提升与产业结构优化及进一步引起的知识溢出、市场整合等作用，对经济增长带来的间接影响。因此，将高速铁路影响因素 G 划分为直接影响因素 G_{direct} 和间接影响因素 $G_{mediate}$。而经典的柯布—道格拉斯生产函数已考虑到代表直接影响的劳动力投入和资本投入，因此，在该改进模型中，高速铁路建设因素只需考虑其间接效应，可以将模型修改为式（3-4）。

$$Y = A + \alpha K + \delta L + \beta \, G_{mediate} \tag{3-4}$$

　　在式（3-4）中，$G_{mediate}$ 为高速铁路建设对经济增长的间接影响，再根据上文分析，高速铁路对经济增长的间接效应主要包括区域间可达性的提升带来了人员流动及进一步引发的知识溢出，还有高速铁路通过虹吸扩散等效应造成的产业转移和市场整合及其引发的产业结构优化等。基于上述分析和既有研究，可以进一步将间接影响因素分为可达性、知识溢出、市场整合、产业结构优化以及产业转型升级五个子因素，得出本书研究构建的高速铁路对经济增长模型，如式（3-5）所示。

$$Y = A + \alpha K + \delta L + \beta_1 Ac + \beta_2 Ks + \beta_3 Mi + \beta_4 It + \beta_5 Ds + \varepsilon \tag{3-5}$$

　　在式（3-5）中，Ac 为高速铁路开通所带来的区域可达性，一般表示为平均旅行时间或加权旅行时间（Shi and Zhou，2013）；Ks 和 Mi 分别表示可达性提升造成的知识溢出效应和市场整合效应，知识溢出效应可以通过知识生产函数计算而得（Griliches，1979），市场整合效应可以通过测算商品市场一体化指数而得（范爱军等，2007；杨林等，2017）；It 为高速铁路开通后的区域产业优化，可以用沿线地区的各产业占比表示（陈春阳等，2005），Ds 为产业转型升级的效果，可以用第三产业的产值表示（肖雁飞等，2013）。$\beta_1 \sim \beta_5$ 分别代表五种间接效应的影响系数，ε 为残差。其余解释变量和式（3-4）的基本含义一致。

式（3-5）是基于柯布—道格拉斯生产函数构建的考虑高速铁路建设的经济增长模型，其在传统柯布—道格拉斯生产函数的基础上，通过考虑高速铁路对经济增长的直接影响因素与间接影响因素，提出了可达性、知识溢出、产业整合、产业优化和产业升级五个代表高速铁路对经济增长造成影响的因素。本书后续章节将重点针对以上五个影响因素，分章对各因素的影响机制、影响效果和计量回归结果进行具体分析和讨论。

第四章 高速铁路对区域交通可达性的影响

从各国高速铁路的发展可以看出，如果仅以运营期间的收入衡量高速铁路的经济效益显然是比较片面的。高速铁路对区域经济的影响主要来自加快生产要素配置和市场资源配置，同时推动区域经济增长。高速铁路建成后，将如何影响区域经济增长？基于高速铁路开通后提高可达性这一重要前提，本章以武广高速铁路途经区域、海峡西岸经济区的沿线城市为例，分析高速铁路对区域经济、经济增长率和区域产业结构的影响。

第一节 可达性模型构建

可达性是衡量交通网络结构和分布的一个重要指标，在本书研究中，可达性是评估高速铁路服务的时间优势对沿线城市发展影响的重要手段，本书从不同的时间角度、空间角度和经济角度分析了交通基础设施的运行效率。从理论上讲，交通便利的地区，如原材料生产区和消费市场，比周边地区更具活力和竞争力，并与流动性、经济发展、社会福利和环境影响等因素密切相关（Gutiérrez，2010）。

一、可达性含义与特征

可达性是指，使用某种交通方式从出发地到目的地的难易程度，通常以旅行时间衡量（与旅行时间成反比）。沃尔特和汉森（Walter and Hansen，1959）首次提出了可达性概念，认为可达性对交通方面的研究具有一定意义，将其定义为交通网络中各节点相互作用的概率。可达性不仅与总的旅行时间有关，还与目的地的综合吸引力有关，例如，目的地的经济发展和总体生态环境，也被视为吸引游客的重要因素和参考点。从理论上讲，一个地区的经济越发达，吸引力越大。高速铁路的开通为区域经济发展创造了条件，交通便利性的提高使区域间的商业、物流和信息流等资源流入增多，优化了生产要素和居住要素，吸引制造商进入该地区，改善该地区消费者的生活条件，促进了人口、就业和产业等各个方面的区域整体发展。因此，可达性在区域经济发展中发挥着重要作用。

区域之间的空间关系通过可达性反映，区域内不同实体联系的难易程度取决于区域和空间之间的联系，而异质空间会影响可达性之间的差异。总而言之，交通基础设施在提高可达性方面发挥着重要作用。可达性是对时间价值的考察，时间是影响可达性最直接的因素，也是交通出行最重要的衡量指标和制约因素；货币成本很重要，但时间成本也不应忽视。同时，可达性在社会和经济上都很重要，改善可达性对提高人们的生活质量、增加区域间的吸引力和为区域经济发展创造有利条件都起着重要作用。影响可达性的关键因素有三个：起点、终点和交通基础设施。合理规划车站和路线，改善交通基础设施，对区域间的可达性也具有积极作用。

二、可达性的测量方式

沃尔特和汉森（1959）描述了可达性测量的两个重要因素："活动的空间分布"和"克服空间隔离的能力/愿望"。在评估交通战略和土地使用之间的关系时，试点研究确定了计算可达性的四个方面：

（1）基于设施的指标，如正常车速和交通拥堵水平。

（2）基于地点的指标，如产品从产出地到目的地的总旅行时间。

（3）基于人的指标，如一个人在实践中可以完成的活动。

（4）基于效用的计算，如一组总的目的地选择的总效用获得。

在计算高速铁路的可达性时，还必须考虑其他因素，如其承载能力。否则，评估的标准措施会高估交通基础设施对可达性的贡献。计算可达性的模型有三种：日常可达性、加权平均旅行时间和经济潜力（Shi and Zhou，2013）。一些研究采用加权平均旅行时间或广义加权平均旅行时间，计算京广高速铁路沿线城市的可达性（Shi and Zhou，2013）。在计算高速铁路的可达性时，通过考虑区域经济发展、人口和票价等因素对该指数进行了模型完善（李洪昌等，2016）。此外，高速铁路之外的旅行时间也不应被忽视。高速铁路服务水平和站外网络的支持，是影响旅行效率的重要因素（Pan et al.，2017）。

测量可达性的方式，主要有以下四种。

1. 平均旅行时间

该节点与各节点之间的均值，被称为平均旅行时间。其计算模型为：

$$A_{it} = \sum_j^n T_{ijt} / n \tag{4-1}$$

在式（4-1）中，A_{it}为第 t 年该地区内节点 i 的可达性，T_{ijt}为通过某种交通方式和网络节点 i 到达经济中心或活动目的地 j 的最短时间，n 为可到达的节点数量。

该模型考虑了节点与所有经济中心之间的联系，但没有考虑不同地区、不同经济中心的发展质量、区域经济发展状况，如该区域的人口和区域经济，对于区域经济中心而言，高速铁路对其的作用可能并不相同。因此，考虑这些因素，该模型不太可能单独评估某个地区的可达性情况。

2. 加权平均旅行时间

相较于只考虑各节点之间的通勤时间，加权平均旅行时间会更注重考虑区域经济发展水平。一般来说，经济发达地区更有吸引力，可达性指数较低，相对来说更容易到达。加权平均旅行时间的计算方法为：

$$A_{it} = \sum_j^n (T_{ijt} \times M_{jt}) / \sum_j^n M_{jt} \tag{4-2}$$

在式（4-2）中，A_{it}为节点 i 在 t 年的区域内的可达性，T_{ijt}为某种交通工具从节点 i 到节点 j 的最短通勤时间，M_{jt}为反映节点 j 对区域经济总量、就业机会、市场潜力等吸引力的加权值。

在计算加权平均旅行时间时，考虑到区域之间的异质性问题，引入权重 M_{jt}进行区别计算。对于权重的计算，一般考虑地区生产总值和人口两个指标反映地区吸引能力的差异。具体计算方法如下：

$$M_{it} = (GDP_{jt} \times POP_{jt})^{1/2} \tag{4-3}$$

在式（4-3）中，GDP_{jt}为城市 j 在 t 年的地区生产总值，POP_{jt}为城市 j 在 t 年年底全市的人口总量，反映了该地区市场的吸引力，并在一定程度上可以考察该地区的就业机会。

虽然旅行时间的大幅减少是高速铁路吸引人们关注的重要原因，但高速铁路票价也是重要因素。在考虑时间因素的基础上，广义的加权平均旅行时间和票价作为其考虑的关键指标。高速铁路在通勤时间方面具有相对优势，但较高的票价往往会影响旅行者选择出行方式。同时考虑时间和价格的加权平均旅行时间的计算方法如下：

$$G(A_{it}) = \min \left[\frac{M_{jt} \times T_{ijt,k}}{\sum_j^n M_{jt}} + \frac{\dfrac{F_{ijt,k}}{TV_{jt}}}{\sum_j^n \left(\dfrac{1}{TV_{jt}} \right)} \right] \tag{4-4}$$

在式（4-4）中，G（A$_{it}$）为城市 i 在 j 年的广义加权旅行时间；T$_{ijk}$ 为选择 k 种交通方式时，从城市 i 到城市 j 的最短通勤时间；M$_{jt}$ 为与式（4-4）相同意义上的权重；n 为研究城市的样本量；TV$_{jt}$ 为城市 j 在 t 年的广义加权旅行时间；F$_{ijt,k}$ 为选择 k 种交通方式时，从城市 i 到城市 j 的通勤费用。

3. 日常可达性

日常可达性是指，在一定时间内可以到达的城市空间范围，换而言之，日常可达性是指，在一定时间内将物流或人流从起点移动到终点的能力，可以表明一个节点城市对该地区城市的辐射作用和扩散作用。具体计算方法如下：

$$D(A_{it}) = \sum_{j=1}^{n} T_{ijt,k}/d_{ij} \qquad (4-5)$$

在式（4-5）中，$0 \leqslant T_{ijt,k} \leqslant 4$。

在式（4-5）中，D（A$_{it}$）为节点城市 i 在 t 年的日常可达性；T$_{ijt,k}$ 为选择交通方式 k 时，节点城市 i 到节点城市 j 的最短通勤时间（时间最大值为 4 小时）；d$_{ij}$ 为通过节点 i 到节点 j 的节点数。

4. 经济潜力

经济潜力是指，衡量一个节点城市前往经济活动中心的时间成本的机会大小。每个节点城市的空间吸引力随着距离的增加而衰减，表明节点城市的经济水平越高，与测量点距离越短，该测量节点城市的可达性水平越高。具体来说，这个指标可以用潜力模型来计算，其计算公式如下：

$$EP_i = \sum_{j}^{n} \frac{M_{ij}}{T_{ijt}^{\alpha}} \qquad (4-6)$$

在式（4-6）中，EP$_i$ 为节点城市 i 的经济潜力指数，M$_{ij}$ 为加权值，即节点城市 j 对于节点城市 i 到达节点城市 j 的吸引力；T$_{ijt}^{\alpha}$ 为在 t 时期从节点城市 j 到节点城市 i 的通勤时间，α 为距离衰减指数，通常 α 等于 1。

通过对比四种不同的可达性计算方法，对每种计算方法的优缺点进行总结，可达性指数计算方法比较，见表 4-1。

表4-1　　　　　　　　　　可达性指数计算方法比较

计算方法	优点	缺点
平均旅行时间	考虑所有站点之间的关系，便于计算与解释	没有考虑不同站点之间关系重要性的差异，也没有考虑不同经济中心的质量

续表

计算方法	优点	缺点
加权平均旅行时间	基于重点经济中心的质量，如 GDP 或人口，考虑与所有站点之间的关系	没有考虑距离衰减
日可达性	可以明确当天的活动范围、通勤往返的节点数	节点与所有经济中心之间的关系没有被考虑在内，也不能反映按时间半径计算的可达性变化
经济潜力	以重点经济中心的吸引力为基础，基于空间的相互作用，考虑了与所有站点之间的联系	经济中心的内部可达性对可达性的计算有影响，结果较难理解与解释

资料来源：笔者根据相关资料整理而得。

节点城市对周边地区的辐射效应和扩散效应，同时考虑了日常可达性和经济潜力，但没有考虑节点城市和所有经济中心之间的联系；平均旅行时间虽然考虑了所有站点之间的关系，但没有反映所有站点的城市之间的差异。鉴于武广高速铁路的站点范围很广及海峡西岸经济区高速铁路网的逐步发展，本章研究了武广高速铁路对沿线城市的影响及海峡西岸经济区高速铁路的经济增长，考虑了高速铁路的效益，之后是距离衰减因素。相比之下，应更加关注每个站点沿线城市之间的差异，本章以武广高速铁路和海峡西岸经济区的沿线城市为例，选择了加权平均旅行时间，可以更好地反映沿线城市之间的经济差异和站点之间的连接，并计算了两者的可达性指数。

第二节　高速铁路对其沿线城市可达性影响的实证分析

一、武广高速铁路

以武广高速铁路沿线的 10 个城市，即武汉、咸宁、长沙、岳阳、株洲、衡阳、韶关、郴州、清远和广州为测量对象，计算了可达性指数，采用加权平均旅行时间法构建可达性指数模型。客运仍是中国高速铁路的主导方式，因此，可达性指数的计算以人口指数为重点。为了测量旅行时间，根据高速铁路开通前武广铁路沿线各城市间最短旅行时间（见表 4 - 2）和高速铁路开通后武广铁路沿线各城市间最短旅行时间（见表 4-3），确定城市间的最短通勤时间。

表 4-2　　高速铁路开通前武广铁路沿线各城市间最短旅行时间　　单位：小时

城市	武汉	咸宁	岳阳	长沙	株洲	衡阳	郴州	韶关	清远	广州
武汉	—	0.78	2.25	3.75	4.62	5.87	7.65	9.40	12.60	12.25
咸宁	0.88	—	1.63	3.17	4.03	5.55	7.58	9.50	11.35	12.23
岳阳	2.28	1.50	—	1.43	2.27	3.55	5.35	7.10	9.22	9.78
长沙	3.87	3.00	1.38	—	0.63	2.00	3.77	5.50	7.62	8.00
株洲	4.80	3.83	2.17	0.63	—	1.38	3.17	4.87	6.60	7.38
衡阳	6.35	5.40	3.53	2.00	1.40	—	1.67	3.37	5.07	5.88
郴州	8.20	7.38	5.53	3.82	3.23	1.73	—	1.63	3.28	4.10
韶关	10.00	9.40	7.23	5.53	4.85	3.35	1.62	—	1.53	2.32
清远	12.88	11.92	9.88	8.00	7.05	5.32	3.47	1.62	—	1.00
广州	12.45	11.98	9.75	8.00	7.27	5.72	4.00	2.30	0.75	—

注："-"表示无数据。

资料来源：笔者根据 12306 列车时刻表计算整理而得。

表 4-3　　高速铁路开通后武广铁路沿线各城市间最短旅行时间　　单位：小时

城市	武汉	咸宁	岳阳	长沙	株洲	衡阳	郴州	韶关	清远	广州
武汉	—	0.40	0.82	1.30	1.60	1.97	2.47	3.00	3.55	3.68
咸宁	0.40	—	0.50	1.00	1.32	1.65	2.13	2.78	3.12	3.42
岳阳	0.83	0.50	—	0.55	0.87	1.22	1.73	2.27	2.80	3.05
长沙	1.28	0.97	0.55	—	0.25	0.62	1.08	1.58	2.07	2.32
株洲	1.75	1.45	0.92	0.28	—	0.45	0.92	1.47	2.00	2.15
衡阳	2.12	2.67	1.27	0.65	0.45	—	0.53	0.97	1.42	1.67
郴州	2.55	2.38	1.85	1.15	0.92	0.55	—	0.52	0.95	1.08
韶关	3.10	2.77	2.32	1.63	1.47	0.98	0.52	—	0.52	0.65
清远	3.72	3.52	2.88	2.25	2.03	1.43	0.97	0.53	—	0.20
广州	3.68	3.65	3.17	2.78	2.23	1.75	1.28	0.85	0.40	—

注："-"表示无数据。

资料来源：笔者根据 12306 列车时刻表计算整理而得。

　　为了追溯武广高速铁路开通前后对沿线城市间总通勤时间的影响，本节计算了武广高速铁路开通前后沿线城市间总通勤时间的对比情况。武广高速铁路开通前后沿线城市间通勤时间总和对比，见图 4-1。武广高速铁路沿线城市之间的总通勤时间从开通前的 60 小时左右下降到 20 小时以内，总体降低 60% 以上，特别是清远、咸宁和长沙，总体上降低 70% 以上。数据显示，武广高速铁路的开通大大缩短了沿线城市之间的通勤时间，而沿线城市之间的地理距离优势则使其改善得更加明显。

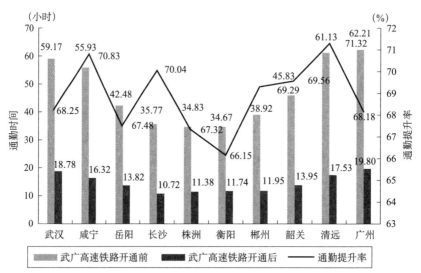

图 4 - 1　武广高速铁路开通前后沿线城市间通勤时间总和对比

资料来源：笔者绘制。

　　为了计算每个城市的加权平均旅行时间，本节选择了高速铁路开通前 2008 年高速铁路沿线各城市的生产总值、高速铁路开通后 2010 年高速铁路沿线各城市的生产总值及各年的对应人口。2008 年、2010 年武广高速铁路沿线各城市生产总值与人口总量，见表 4 - 4。将平均旅行时间、GDP总量和人口总量纳入可达性指数模型中，以计算每个城市的加权平均旅行时间。武广高速铁路可达性指数测算结果，见表 4 - 5。

表 4 - 4　　　　2008 年、2010 年武广高速铁路沿线各城市生产总值与人口总量

城市	城市生产总值（亿元）		人口总量（万人）	
	2008 年	2010 年	2008 年	2010 年
武汉	5565.93	3960.08	836.73	833.24
咸宁	520.33	359.19	290.96	288.21
岳阳	1539.36	1105.74	565.62	551.51
长沙	4547.06	3000.98	652.40	645.14
株洲	1275.48	909.57	390.27	383.04
衡阳	1420.34	1000.09	791.62	731.14
郴州	1081.76	734.06	502.07	471.00
韶关	683.10	545.87	328.10	323.09
清远	1088.18	746.62	413.47	405.80
广州	10748.28	8215.82	806.14	784.14

资料来源：笔者根据相关资料整理而得。

表 4 - 5　　　　　　　武广高速铁路可达性指数测算结果

城市	开通前	开通后	可达性变动率（%）
武汉	6.24	1.94	68.96
咸宁	6.11	1.76	71.16
岳阳	4.77	1.53	67.94
长沙	4.08	1.21	70.38
株洲	4.06	1.29	68.24
衡阳	4.04	1.27	68.62
郴州	4.38	1.31	70.14
韶关	4.87	1.48	69.57
清远	6.09	1.74	71.53
广州	5.90	1.88	68.14

资料来源：笔者根据相关资料整理而得。

　　武广高速铁路的开通，极大地改善了沿线城市的可达性。变化最大的是清远的可达性指数，为 71.53%，之后是咸宁，为 71.16%，长沙为 70.38%，郴州为 70.14%。作为中国重要的交通枢纽，武汉和广州在武广高速铁路开通前后的可达性提高了 60% 以上。

二、海峡西岸经济区

　　除了 2009 年开通的温福铁路，海峡西岸经济区内的高速铁路都是在 2010 年及以后开通的，2007～2009 年，海峡西岸经济区内开通高速铁路的城市过少，样本量过小，故本书研究选取 2010 年为时间节点。考虑到数据的时效性和变异性，本书研究时间段为 2007～2016 年，共 10 年。因京福铁路—合福段于 2015 年 6 月开通，故将上饶和南平两个城市加入控制组。在海峡西岸经济区 20 个地级市中，作为实验组的有：温州、宁德、福州、莆田、泉州、厦门、龙岩、漳州、抚州、三明、潮州、汕头、揭阳；作为控制组的有：丽水、衢州、鹰潭、赣州、梅州、上饶、南平。

　　本节利用加权平均旅行时间法构建各城市的可达性指数模型，以海峡西岸经济区 20 个地级市样本为测算对象，得出各城市对应的可达性指数。因为客运是目前中国高速铁路的主要运营方式，所以，本研究可达性指数的计算重点是考虑人口指数。在计算加权平均旅行时间权重时，根据 2008～2017 年《中国城市统计年鉴》中的各地区生产总值、人口规模及国家铁路局的相关数据得到城市间的最短距离，将这些指数代入可达性指数模型，计算出实验组和对照组的加权平均旅行时间和可达性指数。

2007～2016 年实验组与控制组可达性的变化情况，见表 4－6。从表 4－6
中可知，总体上看 2007～2016 年，海峡西岸经济区各地级市的加权平均
旅行时间有所减少，可达性水平呈上升趋势，且实验组可达性平均水平上
升幅度大于控制组。

表 4－6　　　　2007～2016 年实验组与控制组可达性的变化情况

年份	加权平均旅行时间A_{it}（小时）		可达性指数C_{it}	
	控制组平均值	实验组平均值	控制组平均值	实验组平均值
2007	3.941893	4.529602	0.984854	1.131689
2008	3.941384	4.527836	0.984984	1.131543
2009	3.930233	4.518619	0.985101	1.132578
2010	3.931896	4.518057	0.985372	1.132269
2011	3.916927	4.502290	0.985780	1.133099
2012	3.913110	4.498747	0.985911	1.133463
2013	3.911466	4.496817	0.985884	1.133421
2014	3.908204	4.494303	0.985863	1.133710
2015	3.906701	4.494968	0.985541	1.133943
2016	3.906306	4.496254	0.985589	1.134437

资料来源：笔者根据 2008～2017 年《中国城市统计年鉴》中的相关数据计算整理而得。

　　可达性水平对市场整合程度有显著影响。高速铁路开通有助于提升海
峡西岸经济区的可达性水平，这是影响区域市场融合的先决条件。高速铁
路凭借其快捷性、运量大、受自然条件影响小、安全性强等优势，使海峡
西岸经济区内部城市间及区域与周边城市间的时空距离变短，货物与各要
素间的流动加快、成本降低且效益提高，并最终推动了海峡西岸经济区的
市场融合。

第三节　可达性提升对区域经济增长的影响

　　可达性与区域经济的关系一直是经济学的热门研究话题，可达性作为
衡量交通系统便利程度的重要参考依据，被广泛运用于各项交通运输与区
域发展研究中。区域可达性增强，可以吸引大量资本要素和劳动要素。可
达性增强，在要素集聚、国际分工和产业关联的共同影响下，加强了区域
间经济协调发展。同时，可达性增强也可能导致经济发展失衡。本节将从

宏观角度与微观角度阐述区域可达性对区域经济的有利影响和不利影响。

一、可达性提升对区域经济增长的有利影响

1. 可达性提升可以带动整体经济增长

第一，区域中心可达性的提升带来了时空压缩效应，可作用于劳动力、资本、技术等资源流动，不仅能够促进要素流动通道变得更加顺畅，而且，可以促进要素之间的优化配置。时空压缩理论是一种研究因交通运输和通信技术进步而引起人际交往在时间和空间方面变化的理论。这一理论认为，一定地域范围内人际交往所需的时间和距离，会随着交通与通信技术的进步而缩短。

区域间的要素流动，是城市经济增长的关键因素。就劳动力而言，区域可达性提升了人们的出行率，扩大了人口流动规模，有利于企业获得优质劳动力，进而对经济产生积极影响；就资本而言，区域可达性提升大幅降低了区域间资本流动的障碍，促进企业间合作与交流，优化企业资本配置效率，改善的投资环境可以吸引更多资本，进一步促进区域经济发展；就技术而言，可达性的改善可以降低学习成本，提升技术进步速度，从而对本地企业创新起到直接的促进作用，有利于带动所在区域的经济增长。

第二，可达性的提升对区域经济发展的影响具有溢出效应，使城市之间的经济联系明显得到加强，对经济发展具有正向影响。溢出效应，又可称为外部性，是指一个组织在进行某项活动时，不仅会产生活动预期效果，而且会对组织之外的人或社会产生影响。简而言之，就是某项活动要有外部收益，而且是活动主体得不到的收益。溢出效应研究主要集中在知识溢出效应、技术溢出效应和经济溢出效应等方面，且广泛存在于经济活动的各个环节。

可达性的提升不仅会影响本城市经济发展，还会对附近城市的经济发展产生影响。可达性提升了经济中心区域城市的吸引力和辐射力，总体上带动了区域周围城市的经济联系，并呈现出层次分布特征，演化上呈现出非均衡性特征。可以得出，可达性的提升对区域中心及其周围地区的经济发展产生促进作用。从综合可达性来看，交通可达性每提升1%，经济发展水平提升1.24%。其中，可达性水平每提升1%，本城市经济发展水平提升0.93%，附近城市经济发展水平提升0.32%，即可达性提升对经济发展的影响74.4%作用于本城市，25.6%作用于附近城市。

综上所述，区域可达性提升可以降低资本在区域间流动的障碍，可以产生较广泛的经济辐射效益和产业关联效应，最终带来区域经济总体提升。

2. 可达性提升可以促进企业进步

第一，可达性提升促进企业间的交流与合作，加快生产要素的流动速度，通过优化企业资本配置效率促进区域经济增长。在区域要素流通顺畅的情况下，资本和劳动力会向回报率高的区域转移，资本家会寻找最有利的区位及工厂，工人会被吸引到工资最高的区域。另外，较高的可达性可以吸引更多高新技术人员，促进企业在创新产品、创新服务方面实现突破，提升企业综合水平，进一步扩大市场规模。即企业为了提供更多市场供给及应对激烈的区域竞争，需要通过优化选址、提高员工个人素质及改进技术等增强核心竞争力，提高劳动生产率，促进区域经济增长。

第二，区域可达性提升，可以在一定程度上缩减各个区域之间的交通时间、交通费用。在当下，人们的生活需求提高，不仅追求物质满足，更追求精神满足。因此，区域可达性提升促进了地区旅游业发展水平和国民生活水平。如德国的霍耶尔曼和施米德（Heuermann and Schmieder, 2019）指出，交通通勤时间每减少1%，地区之间的通勤人数会增加0.25%。

综上所述，可达性提升可以促使企业提高其综合水平，优化管理模式，引导不同企业合作，还可以满足人民的高层次需求，发展地方旅游业，最终提升区域经济。

二、可达性提升对区域经济增长的不利影响

1. 可达性提升可能加剧区域贫富差距

第一，区域可达性提升可能会产生马太效应，扩大地区贫富差距。不可否认，可达性提升在一定程度上可以促进区域经济发展，但不同地区受可达性的影响不同，其经济发展水平也有所区别。马太效应，又称作两极分化效应，指存在两极分化现象，即强者愈强、弱者愈弱。

在区域可达性提高的情况下，相对落后地区的资源和生产要素纷纷流向周边区域的中心城市，促进区域中心城市的经济发展，但其周边城市的经济发展相对受到了抑制，从这方面说，可达性提升会对非区域中心地区的经济增长产生不利影响，且距离区域中心城市越近，这种不利影响越大。区域可达性提升，人才、资源等要素会加速向经济发达地区流动，而

经济相对落后地区生产要素的流出会给这些区域带来负面影响，拉大各区域的经济差异。在马太效应影响下，最终会造成富地越富，穷地越穷的悲惨局面。

第二，区域可达性提升可能导致传统铁路经济下滑。传统铁路运输的优点是运载量大、运费低、安全性高等，但缺点是运输速度较慢、设施修建成本高、占地多、灵活性较差等。与公路运输、水路运输相比，传统铁路运输的速度较慢，但铁路网覆盖面较广，综合区域可达性适中，传统铁路运输也是企业运输大宗商品的优先选择。然而，在高速铁路发展下，区域可达性明显提升，对传统铁路发展造成一定影响。

第三，区域可达性提升初期可能会占用部分经济资源，导致经济周转灵活性下降。一般而言，提升可达性需要投入一定资源用于交通基础设施的建设与优化，这导致原本可灵活应用于其他资源建设、应急管理等方面的资源被占用，可能引起经济周转不及时，耽误其他工程。另外，短期内可达性提升可能对经济增长没有显著影响，因此，在可达性提升初期，对区域经济提升的作用效果不大甚至可能导致经济萎缩。

综上所述，区域可达性提升可能加剧地区贫富差距，影响传统铁路经济，制约其他产业发展。

2. 可达性提升制约企业发展、影响城市交通

第一，区域可达性提升给企业生存带来新的挑战。在要素流通顺畅的情况下，区域中心优质企业的进入将加剧竞争，迫使现有企业进一步转型升级和提质增效。而新兴企业和非优质企业可能面临资源、技术水平不足等问题，最终被逐出竞争市场。此外，区域周边企业还可能面临要素资源流失等问题，导致区域企业发展受阻。

第二，区域可达性对城市交通"最后一千米"提出新的要求。在区域可达性提升的条件下，城市交通"最后一千米"的阻塞不畅会延长行程链的交通时间，进而无法有效地承接区域可达性带来的时空压缩效应。

综上所述，区域可达性提高为企业发展提出新的挑战，也对城市交通"最后一千米"提出新的要求。

三、小结

可达性提升既可能促进区域经济集聚，可能导致区域经济扩散。因此，在提升区域可达性的同时应当注意促进优势发展，也要防止劣势影响总体经济，促进区域经济稳定、平衡发展。

第四节　本章小结

高速铁路在中国交通运输网络中占据举足轻重的地位，本章以武广高速铁路途经区域与海峡西岸经济区的沿线城市为例进行测算和分析，可知高速铁路建设显著改善了城市之间的可达性。区域间的可达性水平因高速铁路开通而提高，可达性提高使区域间要素流动通道变得更加畅通，区域经济因高速铁路开通迎来新的发展机遇。

第五章　高速铁路对区域知识溢出的影响

　　科技是 21 世纪最大的生产力，创新则是企业的主旋律。在中国，自主创新能力表现出良好的发展趋势。2021 年 11 月 8 日，世界知识产权组织（WIPO）在瑞士的日内瓦发布了《世界知识产权指标》报告，报告显示，中国拥有 310 万项有效专利，在全球众多知识产权指标中位居前列。①尽管中国拥有大量专利，但在专利整体质量方面与发达国家、新兴工业化国家之间仍存在较大差距。此外，中国幅员辽阔，各省（区、市）之间的经济发展水平差距很大，东西部地区发展不平衡。东南沿海地区经济发展水平较好，生产力水平较高，中部地区、西部地区和东北地区发展相对落后，导致地区间知识创新差距较大。封闭和有限的知识积累，已不能满足创新、发展的需要。创新与发展的不平衡，进一步拉大了经济发展差距。因此，各地区迫切需要引进外部知识，激发创新活力。

　　国务院发展研究中心在 2018 年 9 月发布的《区域创新：推进机制与路径选择》中强调，中国要走出一条以科技创新为核心，促进区域协同发展的创新之路，必须要建立健全区域创新体系，促进创新资源高效配置和开放共享。②从实践角度看，提高区域创新能力有两种途径：一是区域知识积累和研发投入；二是知识溢出。随着中国人口红利的消失、资源和环境的约束及要素利用带来的经济效益受到限制，知识溢出效应成为中国区域知识创新的另一个源泉。然而，中国幅员辽阔、交通不便、东西部地区发展不平衡的地理条件和经济条件，使区域间的知识溢出效应没有得到充分利用。

　　在中国高速铁路快速发展的情况下，覆盖全国的高速铁路网已基本形成，这将直接导致省际旅行时间缩短。与航空出行成本相比，高速铁路出行成本将大大降低，时间和成本的双重减少将直接推动客流增加，并推动

---

① 世界知识产权组织 . http：//www. wipo. int。
② 国务院发展研究中心 . http：//drc. @ drcgov. cn。

地区之间的人流。在这种情况下，笔者认为，高速铁路的建成导致全国省际客流大幅增加，人与人之间交流频率增加将产生更多知识交流，并直接影响各省（区、市）之间的知识溢出。然而，国内外鲜有研究能充分解释高速铁路运输如何影响区域间的知识溢出，目前，尚不清楚高速铁路运输是否会对知识溢出产生影响以及对知识溢出有何影响。本章分析建成后的高速铁路将如何影响中国的 30 个省（区、市）① 之间的知识溢出，并进一步探讨高速铁路具有何种程度上的跨省（区、市）知识溢出影响力。

第一节　知识溢出空间模型

一、莫兰指数模型

空间自相关是指，同一分布区域内某些变量的观测数据之间的潜在相互依赖性。任何事物都是与其他事物相关联的，只不过相近事物的关联更紧密（Tobler，1970）。空间自相关的目的是，分析某些变量是否存在空间关联性及其关联程度如何。有两种主要的空间自相关分析方法：莫兰指数和基尼系数。考虑到基尼系数的数学期望值为 1 且不受其他因素的影响，全局基尼系数在区域的统计性能不如莫兰指数，因此，本研究选择莫兰指数分析区域知识的自相关特征。

一般而言，莫兰指数共分为全局莫兰指数（global moran's I）和安瑟伦局部莫兰指数（Anselin local moran's I），在本研究中，因为空间知识分布不是重点，不必进行局部分析，所以，本研究选用全局莫兰指数。其具体公式如下：

$$I = \frac{n \sum\limits_{i=1}^{n} \sum\limits_{j=1}^{n} w_{ij}(x_i - x)(x_j - x)}{\sum\limits_{i=1}^{n} \sum\limits_{j=1}^{n} w_{ij} \sum\limits_{i=1}^{n} (x_i - x)^2} \tag{5-1}$$

在式（5-1）中，I 为莫兰指数分析值，值为 [-1，1]，值越接近 1，表示空间集聚度越高值越接近 -1，表示空间分散度越高，值越接近 0，

---

① 中国的 30 个省（区、市）包括北京市、天津市、河北省、山西省、内蒙古自治区、辽宁省、吉林省、黑龙江省、上海市、江苏省、浙江省、安徽省、福建省、江西省、山东省、河南省、湖北省、湖南省、广东省、广西壮族自治区、重庆市、四川省、贵州省、云南省、西藏自治区、陕西省、甘肃省、青海省、宁夏回族自治区、新疆维吾尔自治区。

表示空间随机性越高；n 为样本总体数量，本研究样本 n 为 30；w_{ij} 为区域 i 到区域 j 的权重，为权重矩阵 W 中的一个元素；x_i、x_j 为指标观测值，$x = \frac{1}{n} \sum_n^l x_i$。

针对莫兰指数，利用标准化的统计量Z_i检验区域间是否存在自相关关系，其计算公式为：

$$I Z_i = \frac{I - E[I]}{\sqrt{V[I]}} \qquad (5-2)$$

$$E[I] = -1/(n-1) \qquad (5-3)$$

$$V[I] = E[I^2] - E[I]^2 \qquad (5-4)$$

在式中，$E[I]$ 和 $V[I]$ 分别为理论期望和理论方差。当Z_i为正且显著时，区域间存在正相关，知识呈现空间集聚特征；当Z_i为负且显著时，区域间存在负相关，知识以分散方式分布；当Z_i为 0 时，知识在区域之间随机分布。若Z_i不显著，则表明区域之间没有显著的空间关系。

二、空间滞后模型

本章借鉴大多数区域交通经济学家常用的研究方法，并结合空间计量经济学模型和知识生产函数构建分析框架。

当各地区间的知识分配呈现显著的地域特性时，常规的预测模型会出现较大误差。本章以区域间的知识溢出为前提，假定各地区之间的知识溢出作用是显著的。在进行区域间的知识分析时，应该采用空间计量经济学模式。常用的空间计量模型有空间滞后模型、空间误差模型、空间杜宾模型。

空间滞后模型的表达式为：

$$y = \rho W y + X\beta + \varepsilon$$
$$\varepsilon \sim (0, \sigma^2 I_n) \qquad (5-5)$$

空间误差模型的表达式为：

$$y = X\beta + \mu$$
$$\mu = \lambda W \mu + \varepsilon$$
$$\varepsilon \sim (0, \sigma^2 I_n) \qquad (5-6)$$

空间杜宾模型的表达式为：

$$y = \rho W y + X \beta_1 + W X \beta_2 + \varepsilon$$
$$\varepsilon \sim (0, \sigma^2 I_n) \qquad (5-7)$$

在式（5-5）~式（5-7）中，相关变量解释如下：

y 为知识，用专利数据表示；

ρ 为知识空间溢出系数，当 ρ 为正且呈现显著性时，表示知识对该地区具有虹吸效应，当 ρ 为负且呈现显著性时，表示知识对该地区具有溢出效应；

W 为空间权重矩阵，本章研究将从四个维度构成一个权重矩阵，即直线、邻近、旅行时间、经济距离；

X 为知识创新投入变量，分别用研发基尼系数经费和研发人员表征；

β 为对应指标回归系数；

μ 为空间误差变量；

ε 为随机误差。

其中，空间滞后模型更注重对区域间相互作用的同时考察，适合对有无空间相互作用和空间相互作用强度进行估算，从而体现潜在的本质空间影响。空间误差模型则主要用于研究区域内部的随机干扰项相关性问题。空间误差模型通过随机干扰项体现结构或者区域间的相互作用关系，但相互作用关系并不是重点研究对象，无法体现到回归中。

因此，本章选择空间滞后模型作为区域知识溢出的空间测度模型。然而，该模型没有考虑知识积累对现有知识输出的影响。本章参考村田（Murata，2014）的研究模型，对空间滞后模型做了一定改进，使其更能说明对实际知识溢出的分析状况，并充分利用历史数据以避免截面数据的片面性。改进后的公式如下：

$$Q_{it} = \rho \sum_{j=1}^{n} w_{ij} \times S_{it} + X_{iT}\beta + \varepsilon$$
$$S_{it} = Q_{it-1} + S_{it-1}(1 - \alpha) \qquad (5-8)$$

式（5-8）中的变量解释如下：

w_{ij} 为省（区、市）i 到省（区、市）j 的距离权重，即上述公式中的 W；

Q_{it} 为第 t 年 i 省（区、市）的知识产出，用该省（区、市）当年专利申请量表示；

S_{it} 为 i 省（区、市）知识水平，用 i 省（区、市）截至 t 年考虑折旧的知识存量表示。

因为本章研究时段为 2003～2017 年，所以，选择 2003 年为专利初始增长年，同时，使用李佾忆（2017）的估计方法对 2003 年前的知识基础进行估计。估算公式如下：

$$S_{i2003} = Q_{i2003}(1 + k)(k + \alpha) \qquad (5-9)$$

k 为该地区 2003～2017 年专利的平均年增长率；α 为知识折旧率，本研究取 15%，解释如下：在现实条件下，其他区域对本区域知识溢出并不一定是已有的知识溢出，而历史产出同样会对本区域造成溢出效应。

因此，本章运用累积折旧法计算各省（区、市）历史知识产出，将历史产出指数与权重之积视为控制变量考察知识溢出问题。其中，α 为累计折旧值，并参考大久保等（Okubo et al.，2006）和曼库西（Mancusi，2008）等的相关文献，年折旧率设定为 15%，故本章 α 的值为 15%。

三、知识生产函数模型

本章以高速铁路在知识溢出中的影响为研究对象，其中，不可避免地要涉及如何度量知识溢出问题，知识溢出问题研究中最大的障碍为知识溢出度量问题（Kuznets，1962）。1991 年，克鲁格曼提出了无法对知识溢出进行度量的观点，原因在于知识溢出没有留下可度量的印记。实践中，知识溢出现象的存在已被理论界普遍接受，国内外学者一直在对测度知识溢出问题进行不懈努力。尽管迄今为止并无直接测量方法，但既有研究试图利用另外几种方法间接对知识溢出进行度量，包括知识生产函数法、全要素生产率法、极值边界分析法及专利引用测度法等四种学术界较公认的方法。

通过对四种方法综合比较，发现知识生产函数法（knowledge production function，KPF）涉及多种类型和形式，但不难发现其中一些 KPF 方法仅适用于中国各地区知识溢出的研究。全要素生产率法（Fotal factor productivity，TFP）对国际知识溢出问题的研究具有适用性，主要填补了 KPF 方法对国际大区域问题研究的空白，是度量国际知识溢出对本国经济发展作用的有力武器，但并不适合本国知识溢出问题的相关研究。相对于 KPF 方法，极值边界分析方法（extreme bounds analysis，EBA）的鲁棒性更强、显著性更高，能避免指标之间的共线性问题，但 EBA 方法没有清晰的指标体系，这种方法测度到的知识溢出仅能作为代理变量和研究变量。此外，这种方法的计算比较复杂，缺乏通用性。最后，在总结全部研究工作的基础上，对未来进一步的研究进行了展望。相较于前三种方法，专利引用测度方法（patent citation analysis，PCA）以专利引用的方式，更为客观、直接地度量了知识溢出的具体次数。但鉴于国内相关数据匮乏和知识流动属于知识溢出，这种方法并不适合在本章使用。经过对比，最后选取 KPF 方法测度知识溢出。

KPF 方法作为一种强有力的知识溢出分析工具，格里利切斯（Griliches，1979）最早提出知识生产函数概念并经贾菲（Jaffe，1986）完善后被学术界归纳为格里利切斯 – 贾菲（Griliches-Jaffe）知识生产函数。在此基础上，本节对 KPF 方法中使用到的一些重要参数重新定义，并给出了相应的计算公式和表达式；最后，还探讨了该方法在实际应用过程中应注意的问题。常见五种知识生产函数模型，见表 5 - 1。

格里利切斯模型是最早的 KPF 模型，具有不可克服的缺陷且不易获取企业数据。虽然罗默 - 琼斯（Romer-Jones，1990）将地区知识存量纳入考量，但是，并未将地区的研发投入计算在内。另外，对这一模型的可靠性有待进一步检验。费歇尔（Fisher）模型是一种适合于探讨学校与公司研发之间关系的模型。格伦茨（Greunz）模型要求的数据量很大，运算非常复杂且无法实现。格里利切斯 - 贾菲（Griliches-Jaffe）模型在学术界已被普遍接受，需要的资料可以从可靠途径获取。另外，模型可靠性也得到了较好的验证。在本章中，选取了 KPF 模型中的 Griliches-Jaffe 知识生产函数模型。

表 5 - 1　　　　　　　　　常见五种知识生产函数模型

作者	模型	参数含义	适用性
格里利切斯（Griliches）	$\begin{cases} Y = F(X, K, \mu) \\ K = G[W(B)R, \nu] \end{cases}$	Y 为产出，X 为生产投入，K 为技术水平，μ 为随机误差，W(B) 为滞后多项式，R 为研发费用，ν 为随机误差	存在一定理论性，实际运算时需要企业数据，较难获取
格里利切斯-贾菲（Griliches-Jaffe）	$Q_i = A K_i^{\alpha} L_i^{\beta} \varepsilon$	Q_i 为研发产出，K 和 L 分别为研发费用投入和研发人力投入，ε 为随机误差项	适用于研究区域间溢出，需要收集研发投入和专利数据
罗默-琼斯（Romer-Jones）	$A = \delta L_A^{\lambda} A^{\Phi}$	A 为研发产出，δ 为常数，L_A 为研发人力投入，A 为知识积累量，λ 和 Φ 为待估参数	没有考虑研发费用但考虑了区域存量，适合资金影响不大的分析
费歇尔（Fisher）	$K_{i,t} = A U_{i,t-q}^{\alpha 1} S_{i,t-q}^{\alpha 2U} R_{i,t-q}^{\alpha 3} S_{i,t-q}^{\alpha 4R} Z_{i,t-q}^{\alpha 5} \varepsilon$	A 为常数，q 为研发投入滞后期，i 为区域，t 为时间，U 和 R 分别为高校研发投入和企业研发投入，S 为溢出源	适合于研究高校与企业对区域的影响层面，不适合整体分析

续表

作者	模型	参数含义	适用性
格伦茨 （Greunz）	—	—	需获取区域间技术相邻指数，同时，需要各区域研发、专利等数据，计算复杂

注:"—"表示无内容。

资料来源:笔者整理。

但是，Griliches-Jaffe 模型有一个较大的问题，即该模型不能直接反映知识溢出的指数函数及区域内的知识存量对知识产出的影响。因此，本书将 Griliches-Jaffe 模型与改进后的区域空间误差模型结合，构造了一种新的空间误差知识生产函数模型。具体表达式为:

$$\ln Q_{it} = \rho \ln W \times S + \alpha \ln K_{it} + \beta L_{it} + \rho \ln S_{it} + \varepsilon \qquad (5-10)$$

在式（5-10）中:

S 为研究省（区、市）之外的其他省（区、市）内的知识存量;

K_{it} 为第 t 年 i 省（区、市）的研发资金投入数据;

L_{it} 为第 t 年 i 省（区、市）的研发人员全时当量数据;

S_{it} 为第 t 年 i 省（区、市）的知识累计存量。

四、变量设置及数据获取

本章选取了基于空间计量学与知识产出函数相结合的指标。在知识生产函数与空间滞后模型的基础上，选择知识产出、研发成本投入、研发人员投入三个因素，对 Griliches-Jaffe 知识产出函数模型的选取进行了探讨。基于知识产出函数模型，因为只可以对专利进行直接测量，且已建立了国家专利数据库，所以，本章选取该年度的专利申请数作为知识产出的依据。

本章选择专利申请数而不是授权专利数，从知识输出的一般实践来看，专利申请数可以更真实地反映一年的知识产出。根据豪普特曼和罗伯茨（Hauptman and Roberts，1987）、贾菲和帕尔默（Jaffe and Palmer，1997）、皮克曼（Pickman，1998）等的研究结果，本章选取了研发经费内部支出、研发人员全时当量及省（区、市）的知识存量表示异质性变量。同时，在分析框架的基础上，本章构建了空间直线距离权重、时间距离权重和经济距离权重，并选择各区域的空间权重矩阵和累积知识存量多次构造控制变量。研究变量解释，见表 5-2。

表 5 - 2　　　　　　　　　　　研究变量解释

变量名		符号	单位	定义	数据来源
因变量 自变量	专利申请数	KS	件	各省（区、市）某年专利申请数量	国家专利局
	资金投入	K	亿元	某省（区、市）研发经费内部支出总和	《中国科技统计年鉴》
	人力投入	L	万人	某省（区、市）研发人员全时当量总和	各省（区、市）科技统计年鉴
	知识存量	S	件	考虑累计折旧的历年专利总和	国家专利局
权重 变量	空间邻近距离矩阵	$W_L \times S$	件	W_L 为以省（区、市）之间邻近距离0-1构成的权重矩阵	《高速铁路列车时刻表》
	空间旅行时间矩阵	$W_T \times S$	件	W_T 为以省（区、市）之间高速铁路通行所需时间构成的权重矩阵	国家专利局、大为专利检索
	空间经济距离矩阵	$W_G \times S$	件	W_G 为以省（区、市）之间人均GDP差距构成的权重矩阵	《中国城市统计年鉴》
	空间直线距离矩阵	$W_D \times S$	件	W_D 为省（区、市）之间直线距离所构成的权重矩阵	地理信息系统地图数据包
异质性 变量	经济水平	RGDP	万/人	省（区、市）人均GDP	《中国统计年鉴》
	产业结构	TI	%	地区城市第三产业占比	《中国工业统计年鉴》
随机 误差	时间效应	ε_t		i 地区随时间变化的其他因素	
	空间效应	ε_d		t 时期随地区变化的其他因素	

资料来源：笔者整理。

　　鉴于研究基期为 2003 年，研究末期为 2017 年，且受研发投资与高速铁路的影响，本书对 2002～2017 年的所有指标数据进行了收集。此外，本章的研究主题为"高速铁路对中国省际知识溢出的影响"，因此，研究对象为省级单位。受高速铁路网的限制，目前，还无法从铁路角度对我国海南省以及我国港澳台地区的知识溢出进行研究。因此，本章的研究对象为除了上述四个省级行政区域外的 30 个省（区、市），并收集了这 30 个省（区、市）的相关数据。为获取高速铁路建设前后对比变化的知识溢出效应，本章分别选取高速铁路建设完成之前和完成之后两个截面进行分析。为了充分体现高速铁路建设前后效应的影响，本书选择 2003 年与

2008 年高速铁路建成前和 2012 年与 2017 年高速铁路建成后进行相关分析。

2012~2017 年的专利数据来源于专利检索官方网站，为较好地体现该年度的知识产出，专利数据为各省（区、市）历年专利申请量，包括发明专利、实用新型专利、外观设计专利等。而研究开发成本的投入，是根据历年《中国科技统计年鉴》中选取的省（区、市）研发经费内部支出，研究人员的投入则是根据《中国科技统计年鉴》中选取的各省（区、市）的研发人员全时当量体现，与研究人员的工作时间总量比较，可以更科学地反映当年的知识创新情况。

各省（区、市）之间的权值由四个维度度量，即直线距离权重、邻近距离权重、经济距离权重、旅行时间权重。根据相邻省（区、市）为 1，不相邻省（区、市）为 0 的原则，将相邻省（区、市）的相邻距离进行排序。省会（首府）城市往往是一个省（区、市）的政治中心、经济中心，因此，本章采用了省会（首府）城市之间的几何中心直线距离来表示省际直线距离，并运用 ArcGIS 软件进行了数据处理。省际旅行时间可以用省会（首府）城市间的旅行时间代替，省会（首府）城市间的旅行时间由两部分组成，一是在国铁集团公司网站上查找各大省会（首府）城市之间的铁路运输距离；二是在国家铁路局官网确定中国高铁的开通时间，并在铁路网上绘制不同的铁路线路，从而得出省际高速铁路的开通时间和额定速度，最后，得出的省会（首府）城市之间旅行时间如下：

$$铁路旅行时间 = \frac{省会（首府）城市之间货运铁路里程}{\delta \times 铁路额定运行速度}$$

其中，若所研究的年份开通了两省会（首府）城市之间的高速铁路，则以高速铁路的运营速度为铁路的额定运行速度；若高速铁路未开通，则以普通列车的运行速度 110 千米/小时作为额定运行速度。因为列车不能一直以额定速度运行，所以，选择 δ 作为额定运行速比。参考相关文献，将 δ 设定为 75%，以更好地满足列车时刻表中时间的实际情况。经济差距是根据两省（区、市）的人均 GDP 差异计算的。各省（区、市）的 GDP 数据来源于《中国统计年鉴》，人口为 2010 年人口普查数据。异质性变量主要考虑各省（区、市）的经济差异。为了控制差异，减少研究误差，并考虑到数据可得性，最终使用人均 GDP 指标进行衡量。

2002~2017 年，中国的 30 个省（区、市）的专利申请量（KS）、资金投入（K）、人力投入（L）、知识存量（S）、经济水平（PGPD）和产业水平（TI）分别有 480 条数据，总计 2880 条数据。空间旅行时间矩阵

（W_T）与空间经济距离矩阵（W_G）分别为 30×30 矩阵，每个矩阵有14400 条数据，空间邻近距离矩阵（W_L）与空间直线距离矩阵（W_D）为恒定 30×30 矩阵，每个矩阵有 900 条数据，空间矩阵总计 30600 条数据。

第二节　高速铁路对省际知识溢出影响的实证分析

一、知识溢出发展现状

1. 中国专利和研发投入发展现状

人口红利的消失、资源环境的限制，使中国的要素投资经济效益日益受到限制。党的十九大报告中明确提出，创新是引领发展的第一动力，是建设现代化经济体系的战略支撑。[①] 根据世界知识产权组织（WIPO）发布的《2021 年世界知识产权指标》，2021 年中国的发明专利申请数量位居世界第一，拥有超过 158.6 万项发明专利。[②] 从这点来看，中国已初步形成了以科技进步为主导的经济发展的基本条件。《知识产权强国建设纲要（2021—2035 年）》明确指出，到 2025 年，中国专利密集型产业增加值占GDP 的比重达到 13.0%，版权产业增加值占 GDP 比重达到 7.5%，知识产权使用费年进出口总额达到 3500 亿元，每万人口高价值发明专利拥有量达到 12 件；到 2035 年，知识产权促进创新创业蓬勃发展。[③]

本章以知识溢出为研究重点，但前文已经指出，知识溢出是一个不可跟踪、不可量化的"黑匣子"，无法将知识溢出直接定义为研究对象。因此，本章从各省（区、市）年度专利申请量入手，运用空间滞后模型和知识生产函数构造知识溢出变量并对其进行深入研究。本章对 2002～2016年中国的 30 个省（区、市）的研发投入进行了归纳分析。2002～2016 年中国研发人员全时当量及增长率，见图 5-1。2002～2016 年中国研发费用投入及增长率，见图 5-2。鉴于当年的研发投入无法达到预期效果，存在一定滞后性，因此，本章采用了专利投入产出研究中的常规做法，将滞

[①] 习近平：决胜全面建成小康社会 夺取新时代中国特色社会主义伟大胜利——在中国共产党第十九次全国代表大会上的报告. [EB/OL]. https：//www. gov. cn/zhuanti/2017 - 10/27/content_5234876. htm.
[②] 《世界知识产权指标》报告发布——中国多项知识产权指标居全球首位（知识产权报）[EB/OL]. [2021 - 11 - 17]. https：//www. cnipa. gov. cn/art/2021/11/17/art_55_171469. html.
[③] 《知识产权强国建设纲要（2021—2035 年）》. [EB/OL]. https：//www. gov. cn/zhengce/2021 -09/22/content_5638714. htm.

后期定为一年。例如，2002 年的研发人员全时当量和研发费用投入在本研究中将被滞后一期，作为 2003 年的研发投入。基于这一滞后定理，本章选择 2002～2016 年的研发人员全时当量和研发费用的投入，同理也可将其作为 2003～2017 年的研发投入因素。

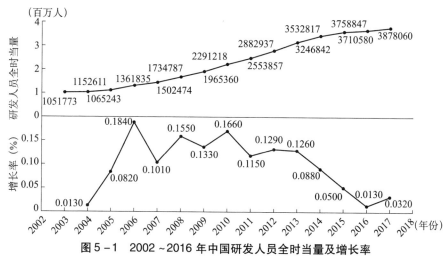

图 5-1　2002～2016 年中国研发人员全时当量及增长率

资料来源：笔者绘制。

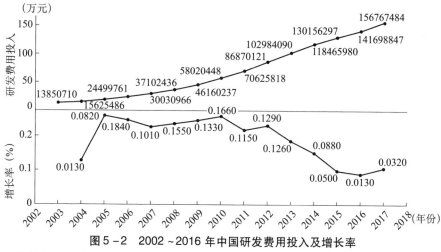

图 5-2　2002～2016 年中国研发费用投入及增长率

资料来源：笔者绘制。

因为中国企业在研发上投资滞后，导致当年研发投入无法达到预期效果，所以，采取了专利投入产出的常规方法，将延迟时间定为一年，2003 年数值为 2002 年研发人员的全时当量和研发费用投入。在此基础上，本章选取了 2002～2016 年研发人员的全时当量和研发费用投入。

　　如图 5 - 1 所示，中国各地研发人员的全时当量数据显示出持续增长的趋势，且总体增幅很大。2003 年，全国研发人员数量只有 1051773 人，2009 年有 196360 人，之后，研发人员数量从 2013 年的 3246842 人上升到 2017 年的 3710580 人，中国科研队伍不断壮大，说明中国在基础教育普及过程中培养了越来越多的高素质人才。通过对其增长率进一步分析可知，中国研发人员数量连续 8 年（2006～2013 年）保持两位数增长，这与中国科教兴国战略的实施密不可分。虽然中国研发人员在 2013 年以后增长率下滑，但是，中国科研人才规模持续增长，而且，每年净增长率仅有小幅下降，预计中国的专利产量在今后仍会保持一定增长。

　　从图 5 - 2 可以看出，中国的研发费用投入快速增加，相较于 2003 年，2017 年科研费用增长超 10 倍，2017 年的研发费用总额达到 141698847 亿元。研发人员全时当量与研发费用投入于 2006～2013 年保持高速增长态势。因此，本章推测中国科研成本最大的一项，是人才成本。在高素质人才逐渐普及的今天，依靠大规模研究经费可以培养更多科研人员，与此同时，充分发挥知识的外溢作用，能促进各地区人才交流，实现区域创新的最大收益。

　　2. 知识产出空间结构分析

　　当前，发达国家、新兴工业化国家（地区）创新的整体质量仍遥遥领先，同时，中国的知识创新区域差异较大，东部地区经济发展态势较好，远超中部地区、西部地区和东北地区的发展水平，造成各区域创新发展水平参差不齐的局面。知识积累的封闭与局限性已不能适应创新发展的需求，而创新发展的不平衡又使得中国的经济发展差距进一步扩大，通过知识溢出激发创新活力刻不容缓。

　　本章对 2003～2017 年中国的 30 个省（区、市）专利产出进行研究后发现，截至 2017 年末，已有 8 个省（区、市）的专利年申请总量达到 10 万件，其中，广东省的专利年申请总量第一，为 519259 件，而西藏自治区的专利年申请总量仅有 1365 件，相比于广东省相差约 380 倍。除此之外，包含西藏自治区在内，当前有四个省（区、市）的专利数量仍未达到 1 万件。中国 30 个省（区、市）之间的知识发展程度存在很大差异，30 个省（区、市）之间的研究领域也不尽相同。高速铁路网的建成将在地区间产生"时空收缩"效应，促使人力、资本、技术等要素在 30 个省（区、市）间进行最佳布局，实现区域间协同发展。

　　本章采用塔布楼（Tableau）平台对 2003 年、2008 年、2012 年、2017 年中国的 30 个省（区、市）专利的截面数据进行知识区位历史演变分析。

分析可知，在高速铁路建设前，2003年，中国30个省（区、市）专利申请数量均较低，仅有广东省、浙江省、江苏省和北京市专利申请数量相对较多，除此之外，伴随2012年高速铁路开通，安徽省专利水平得以快速发展。本章进一步发现，安徽省、山东省的可达性在2012年已经处于国内领先地位，而北京市、山东省、安徽省、江苏省和上海市因京沪高速铁路的开通而连接，因此，推测安徽省等省（区、市）知识发展水平的迅速提高在一定程度上源于京沪高速铁路的开通，实现了北京市、山东省等知识发达地区向知识发展水平相对落后地区的知识溢出。

　　为了更好地了解中国专利产出的空间布局情况，本研究采用全局莫兰指数分析中国的30个省（区、市）的空间集聚性，所采用的分析模型为式（5-1）。中国知识产出空间莫兰指数分析，见表5-3。

表5-3　　　　　　　　中国知识产出空间莫兰指数分析

年份	2003年	2004年	2005年	2006年	2007年	2008年	2009年	2010年	2011年
莫兰指数	0.109	0.103	0.118	0.148	0.186	0.220	0.251	0.272	0.267
Z分数	1.056	1.012	1.123	1.343	1.630	1.877	2.108	2.262	2.224
年份	2012年	2013年	2014年	2015年	2016年	2017年	2018年	2019年	2020年
莫兰指数	0.262	0.271	0.269	0.277	0.263	0.211	0.198	0.201	0.187
Z分数	2.190	2.257	2.240	2.302	2.193	1.814	1.732	1.781	1.647

资料来源：笔者根据相关资料整理而得。

　　进一步分析发现，随着2008年高速铁路的逐步开通，中国30个省（区、市）的专利产出在2008~2015年呈不断增强的空间集聚性，具体表现为以东部邻近省（市）的区域为代表的邻近省（市）区域时空距离得到快速改变，同时，为原有的知识空间集聚带来了正向加速效果。而2015年后，该增长态势不断缩小，但30个省（区、市）之间仍存在高度的知识创新集聚现象，原因在于，中国"四纵四横"铁路网络的铺开使远距离空间的时空效应得以发挥，而原本空间集聚的正向作用机制则不断减弱，空间集聚性不断减弱。

二、研究假设的提出

　　从对中国高速铁路分布和中国的30个省（区、市）知识产出增量、研发投入和知识产出空间布局的历年发展轨迹探索可以较为清晰地发现，高速铁路的发展和知识产出数量增长之间有明显的协同关系。根据本章讨论的高速铁路对知识溢出的影响机理，笔者认为，高速铁路的发展促进了中国省际知识溢出。为进一步证实这一现象，本章提出第一个假设。

H5 - 1：高速铁路对省际知识溢出具有显著促进作用。

截至 2017 年底，除 2012 年已进入知识发展水平前列的省（区、市）外，湖北、河南、陕西、湖南、河北等处于高速铁路重要枢纽省份的知识发展水平均较高。研发人员人均专利拥有量，见表 5 - 4。进一步通过表 5 - 4 分析 2003 ~ 2017 年研发人员人均专利拥有量发现，安徽、江西、广西和贵州的研发人员人均专利拥有量大体上呈逐年增加态势，因此，本研究推测由其他省（区、市）向安徽、江西、广西和贵州产生的知识溢出同样影响了该省（区、市）的专利产出。然而，这一传导现象并未发生在其他省（区、市），进一步推测，即这种强知识溢出效应的存在主要归因于安徽、江西、广西和贵州的经济发展水平与其他省（区、市）存在较大差异。因此，本章提出第二个假设。

H5 - 2：高速铁路对省际知识溢出效应受省（区、市）间经济差距的影响。

表 5 - 4　　　　　　　　　　研发人员人均专利拥有量　　　　　　单位：件/人

省（区）	2003 年	2005 年	2007 年	2009 年	2011 年	2013 年	2015 年	2017 年
安徽	0. 093	0. 125	0. 184	0. 286	0. 622	0. 712	0. 879	1. 113
江西	0. 125	0. 115	0. 115	0. 159	0. 244	0. 363	0. 738	1. 001
广西	0. 142	0. 131	0. 157	0. 168	0. 224	0. 515	0. 970	1. 135
贵州	0. 116	0. 246	0. 206	0. 291	0. 382	0. 693	0. 658	1. 125

资料来源：笔者根据相关资料整理而得。

本章已阐述了安徽、江西、广西和贵州存在强知识溢出效应的原因，同时进一步发现，具备相同条件的云南的研发人均专利拥有量却并未因高速铁路的开通带来正向影响。因此，本研究推测，云南与知识发展水平较高的广东、北京、江苏、浙江等省（市）相隔甚远，并不在高速铁路的影响距离范围内，不受高速铁路的影响。因此，本章提出第三个假设。

H5 - 3：高速铁路对省际知识溢出效应的影响限定于有效距离。

三、中国省际面板数据的构建

1. 溢出权重变量的设置

本章将采用空间权重矩阵衡量"时空收缩"效应这一重要中间变量的

变化，并分别从空间邻近距离矩阵、空间直线距离矩阵、空间经济距离矩阵、空间时间距离矩阵和空间门槛距离矩阵五个维度，对空间权重矩阵进行分析。

一阶邻近矩阵通常采取 0-1 的表述方式，其表达式为：

$$w_{ijl} = \begin{cases} 1 & \text{当区域 i 和区域 j 相邻时；} \\ 0 & \text{当区域 i 和区域 j 不相邻时；} \end{cases} \quad (5-11)$$

通常，一阶邻近矩阵分为"车"相邻矩阵、"象"相邻矩阵和"后"相邻矩阵，常见的三种一阶相邻矩阵，见图 5-3。若区域 i 和区域 j 有共同边界，则称区域 i 和区域 j 为"车"相邻，记为 $w_{ij}=1$；否则，记为 $w_{ij}=0$；若区域 i 和区域 j 有共同顶点但没有共同边界，则称区域 i 和区域 j 为"象"相邻，记为 $w_{ij}=1$；否则，记为 $w_{ij}=0$；若区域 i 和区域 j 有共同顶点或共同边界，则称区域 i 和区域 j 为"后"相邻，记为 $w_{ij}=1$；否则，记为 $w_{ij}=0$。因为省（区、市）之间的邻近一般为"车"相邻模型，所以，本研究选择一阶邻近矩阵为"车"相邻矩阵。

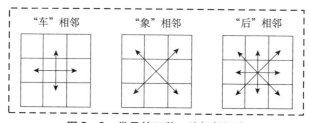

图 5-3　常见的三种一阶相邻矩阵

资料来源：笔者绘制。

通过 GIS 平台的中国地图数据，构造中国省际空间相邻权重矩阵 W_A。空间邻近权重矩阵 W_A，见表 5-5。

表 5-5　　　　　　　　　　空间邻近权重矩阵 W_A

序号	1	2	…	16	17	…	29	30
1	0	1	…	0	0	…	0	0
2	1	0	…	0	0	…	0	0
⋮	⋮	⋮	⋮	⋮	⋮	⋮	⋮	⋮
16	0	0	…	0	1	…	0	0
17	0	0	…	1	0	…	0	0
⋮	⋮	⋮	⋮	⋮	⋮	⋮	⋮	⋮
29	0	0	…	0	0	…	0	0
30	0	0	…	0	0	…	0	0

资料来源：笔者根据相关资料整理而得。

　　而空间直线距离权重矩阵则采用省（区、市）间的直线距离衡量其权重，本章以省会（首府）城市几何中心距离为省会（首府）间的直线距离，随着区域距离增加，相互作用的强度因通勤成本上升而减弱，本章采用东宇和桑迪（Dongwoo and Sandy）论证的逆指数衰减函数反映权重矩阵，并且，其衰减系数取取 -0.17（Varga，2006）。其表达式为：

$$w_{ijd} = \exp\ (-0.17, d_{ij}) \qquad (5-12)$$

　　在式（5-12）中，d_{ij} 为区域 i 到区域 j 之间的直线距离，对最终权重归一化后得到空间直线距离权重矩阵 W_D，见表5-6。

表5-6　　　　　　　　　空间直线距离权重矩阵 W_D

序号	1	2	…	16	17	…	29	30
1	0	0.4401	…	0.3287	0.3008	…	0.2999	0.2523
2	0.4401	0	…	0.3275	0.3002	…	0.2949	0.2519
⋮	⋮	⋮	⋮	⋮	⋮	⋮	⋮	⋮
16	0.3287	0.3275	…	0	0.3401	…	0.3001	0.256
17	0.3008	0.3002	…	0.3401	0	…	0.2894	0.252
⋮	⋮	⋮	⋮	⋮	⋮	⋮	⋮	⋮
29	0.2999	0.2949	…	0.3001	0.2894	…	0	0.2722
30	0.2523	0.2519	…	0.256	0.252	…	0.2722	0

资料来源：笔者根据相关资料整理而得。

　　空间时间距离权重采用省（区、市）之间所需铁路通行时间衡量其权重，本章选取省会（首府）城市间第一铁路站点（最早修建的火车站）间所用时间表示省（区、市）之间的通行时间。当两个区域之间旅行时间越长，其所占权重越小。空间时间矩阵采用负指数权重矩阵，其表达式为：

$$w_{ijtt} = \frac{e^{(-\beta d_{ijt})}}{\sum_{j=1}^{n} e^{(-\beta d_{ijt})}} \qquad (5-13)$$

　　不同于直线距离和邻近矩阵，旅行时间是随着铁路发展而变化的。

　　w_{ijtt} 为第 t 年区域 i 到区域 j 占区域 i 的比重；

　　d_{ijt} 为第 t 年区域 i 到区域 j 的通行时间；

　　β 为逆指数系数，本研究发现取取 0.1 时数据波动较小，故 β 为 0.1。

　　由此可得历年空间时间距离权重矩阵 W_{Tt}，本章截取的 2012 年空间时间距离矩阵 W_{T2012}，见表5-7。

表5-7　　　　　　　2012年空间时间距离权重矩阵W_{T2012}

序号	1	2		16	17		29	30
1	0	0.9408	…	0.7371	0.5810	…	0.1993	0.0108
2	0.9408	0	…	0.6921	0.5455	…	0.1690	0.0091
⋮	⋮	⋮	⋮	⋮	⋮	⋮	⋮	⋮
16	0.7371	0.6921	…	0	0.7890	…	0.1959	0.0248
17	0.5810	0.5455	…	0.7890	0	…	0.1029	0.0130
⋮	⋮	⋮	⋮	⋮	⋮	⋮	⋮	⋮
29	0.1993	0.1690	…	0.1959	0.1029	…	0	0.0896
30	0.0108	0.0091	…	0.0248	0.0130	…	0.0896	0

资料来源：笔者根据相关资料整理而得。

空间经济距离权重矩阵，用两个省（区、市）人均 GDP 衡量。中国各省（区、市）之间的经济差距较大，为了数据标准化，本章采用 min-max 标准化方法归一化经济距离权重，表达式为：

$$w_{ijtg} = \frac{|\Delta g_{ijt} - min|}{max - min} \qquad (5-14)$$

w_{ijtg} 为第 t 年区域 j 对区域 i 的经济距离权重；

Δg_{ijt} 为省域 i 和省域 j 的第 t 年人均 GDP 之差的绝对值；

min、max 分别为 Δg_{ijt} 中的最小值和 Δg_{ijt} 中的最大值。

历年空间经济距离权重矩阵为 W_{Gt}，本章截取 2017 年空间经济距离权重矩阵 W_{G2017}，见表5-8。

表5-8　　　　　　　空间经济距离权重矩阵W_{G2017}

序号	1	2	…	16	17	…	29	30
1	0	0.1004	…	0.8213	0.6717	…	0.7811	0.8384
2	0.1004	0	…	0.7209	0.5713	…	0.6807	0.7380
⋮	⋮	⋮	⋮	⋮	⋮	⋮	⋮	⋮
16	0.8213	0.7209	…	0	0.1496	…	0.0402	0.0171
17	0.6717	0.5713	…	0.1496	0	…	0.1094	0.1667
⋮	⋮	⋮	⋮	⋮	⋮	⋮	⋮	⋮
29	0.7811	0.6807	…	0.0402	0.1094	…	0	0.0572
30	0.8384	0.7380	…	0.0171	0.1667	…	0.0572	0

资料来源：笔者根据相关资料整理而得。

本章运用空间邻近距离、空间直线距离和空间旅行时间距离，验证高速铁路对知识溢出是否存在影响；利用空间经济距离，验证经济差距对知识溢出的影响。

在假设 5 - 1 成立的前提下，本章将采用空间直线距离门槛的空间时间距离矩阵，分析不同有效距离下高速铁路对知识溢出的影响。门槛效应下的空间时间距离矩阵将按照切割后的溢出区域，在（0，500）（0，1000）（0，1500）（0，2000）（0，2500）（0，+∞）的切割半径下构建铁路旅行时间距离矩阵，当两省（区、市）之间的距离在门槛半径之内，其时间距离值为W_{Tt}中旅行时间的权重值，当两省（区、市）之间距离大于门槛半径时，其时间距离权重为 0，其表达式为：

$$W_{ijtM(limit)} = \begin{cases} w_{ijtt} & (0 < d_{ij} \leq M) \\ 0 & (d_{ij} \geq M) \end{cases} \quad (5-15)$$

$W_{ijtM(limit)}$ 为第 t 年区域 j 对区域 i 的直线门槛 M 下的空间时间距离权重；

M 为切割的溢出有效区域的最大标准半径值。

历年门槛效应下的空间时间距离权重矩阵为W_{MTt}，本研究截取 2008 年（0，1000）半径下的空间时间距离权重矩阵$W_{1000T2008}$，直线门槛 M 的空间时间距离权重矩阵 $W_{1000T2008}$，见表 5 - 9。

表 5 - 9　　　　直线门槛 M 的空间时间距离权重矩阵$W_{1000T2008}$

序号	1	2	⋯	16	17	⋯	29	30
1	0	0.9408	⋯	0.4369	0	⋯	0	0
2	0.9408	0	⋯	0.3686	0	⋯	0	0
⋮	⋮	⋮	⋮	⋮	⋮	⋮	⋮	⋮
16	0.4369	0.3686	⋯	0	0.5252	⋯	0	0
17	0	0	⋯	0.5252	0	⋯	0	0
⋮	⋮	⋮	⋮	⋮	⋮	⋮	⋮	⋮
29	0	0	⋯	0	0	⋯	0	0
30	0	0	⋯	0	0	⋯	0	0

资料来源：笔者根据相关资料整理而得。

2. 综合面板模型的构建

前文提到知识溢出无法直接衡量，因此，本研究利用空间滞后模型与知识生产函数结合构造溢出变量的方法，衡量知识溢出随着高速铁路变化而变化的程度。为验证本章提出的三个假设，本章分别运用空间直线距离权重矩阵、空间经济距离权重矩阵、空间时间距离权重矩阵和直线距离门槛下的空间时间距离矩阵构建控制变量，采用空间滞后模型研究受高速铁路影响下不同门槛阈值情况和知识溢出效应的发生情况。

为验证假设 5 - 1，本章分别选择空间直线距离权重矩阵、空间经济距离权重矩阵和空间时间距离权重矩阵三个维度，在空间滞后模型中分析知识溢出效应的显著性。空间直线距离权重模型为：

$$\ln Q_{it} = \partial_1 \ln S_{it} + \partial_2 \ln K_{it} + \partial_3 \ln L_{it} + \partial_4 \ln W_t \times S_t \qquad (5-16)$$

在式（5 - 16）中，新变量解释如下：

Q_i 为知识产出，用专利数据表示；

S_{it} 为第 i 个省（区、市）截至第 t 年考虑了累计折旧的知识存量；

W_t 为第 t 个省（区、市）间权重矩阵，本模型中分别采用空间邻近距离矩阵 W_L、空间直线距离矩阵 W_D、空间时间距离矩阵 W_{Tt} 三种权重变量，分别构建基于邻近、直线和高速铁路的知识溢出分析模型；

S_t 为各省（区、市）截至第 t 年考虑了累计折旧的知识存量。

为验证假设 5 - 2，本章仍然采用空间滞后模型，基于中国的 30 个省（区、市）2003 ~ 2017 年的面板数据，用新变量代表目标省（区、市）从周围省（区、市）接受的知识溢出，在本书研究的基础上，引入经济基础变量和省（区、市）间经济差距变量，衡量省（区、市）间不同经济发展水平是否影响高速铁路对不同省（区、市）间的知识溢出效应。本节同时将空间经济距离权重模型分别对比知识投入产出模型、空间邻近距离模型和空间时间距离模型，分析经济差异相对于地理邻近、时空效应对省际知识溢出的影响程度。基于此，本章将运用如下模型分析各省（区、市）接受的溢出效应：

$$\ln Q_{it} = \alpha_1 \ln K_{it} + \alpha_2 \ln L_{it} + \alpha_3 \ln S_{it} + \alpha_4 \ln W_{Gt} \times S_t + \alpha_5 \ln RPGD_{it} + \varepsilon_t$$
$$(5-17)$$

在式（5 - 17）中，将上述三种距离权重矩阵换成经济距离矩阵 W_G，衡量省（区、市）之间的经济差距对知识溢出的影响，同时，构造空间邻近距离矩阵 W_L 和空间时间距离矩阵 W_T，对比分析不同经济差异下高速铁路对省际知识溢出的影响。

$RPGD_{it}$ 为 i 省（区、市）第 t 年人均 GDP 数据；α_n、ε_t 为 α 为变量系数，ε_t 为省（区、市）误差变量。

通过 Pearson 相关性分析发现，2003 ~ 2017 年专利和研发费用、研发人员、溢出知识存量之间均存在显著相关关系，并在经共线性检验后证实指标之间不存在明显共线性关系。2003 年空间模型计算结果，见表 5 - 10。由表 5 - 10 可以看出，2003 年简单邻近距离矩阵中的知识溢出效应在三种距离矩阵中最为显著，之后为直线距离矩阵。说明空间交互因素对 2003 年的知识产出增长不可忽视，但此时普通铁路对省际知识溢出的影响并不显著，原因在于当年高速铁路运输效率较差，省际空间邻近距离在知识溢出中占据了主导作用。

表 5 - 10　　　　　　　　　2003 年空间模型计算结果

系数	直线距离	简单邻近距离	空间时间距离
Intercept	- 5. 1646 (0. 118)	- 1. 6554 (0. 0000) ***	- 1. 4318 (0. 0001) ***
lnk	0. 3244 (0. 137)	0. 3391 (0. 1673)	0. 3468 (0. 1646)
lnL	0. 3894 (0. 173)	0. 3191 (0. 1800)	0. 3140 (0. 1932)
lnW	0. 0588 (0. 0824) ·	0. 0502 (0. 0068) **	0. 0226 (0. 4209)
lnS	0. 4349 (0. 000) ***	0. 4149 (0. 000) ***	0. 9214 (0. 000) ***
R^2	0. 3461	0. 4695	0. 2325
P-value	0. 0154	0. 0093	0. 0527

注：本表的计算由 R 软件完成。表中括号内数值为 p 值，括号内数值为回归系数。 *** 、** 、* 和 · 分别表示在 0.1% 、1% 、5% 和 10% 的水平上显著。

资料来源：笔者根据相关数据运用 Stata 12. 0 软件计算整理而得。

通过表 5 - 11 中 2008 年的数据发现，简单邻近距离矩阵和空间时间距离矩阵的知识溢出效应均在 10% 的水平上显著正相关，而后者在 2003 年并未通过显著性检验。虽然中国 2008 年才开始建设高速铁路，但其对铁路网络效率提升，使空间压缩作用开始对区域间知识溢出产生了一定影响，因此，铁路网络对知识溢出的影响非常显著。

进一步对比 2003 年与 2008 年的数据可知，空间邻近因素对知识溢出的影响程度逐渐降低，其矩阵系数从 2003 年的 0. 0502 降低到 2008 年的 0. 0408；铁路效应对知识溢出的影响程度逐渐增大，2008 年空间时间距离因素系数是 0. 0984。中国高速铁路的开通，使远距离省（区、市）之间的知识溢出速度大大提高，邻近省（区、市）之间的知识溢出效应作用呈现出越来越小的趋势。然而，中国省际交通方式是以普通铁路为主，高速铁路建设仍处于初步阶段，其对于省际知识溢出的作用仍然较小。2008年空间模型计算结果，见表5-11。

表5-11　　　　　　　　　　2008年空间模型计算结果

系数	直线距离	简单邻近距离	空间时间距离
Intercept	-7.1999 (0.323)	-1.3463 (0.0124)*	-1.8031 (0.0049)**
lnk	0.2299 (0.187)	0.3032 (0.1877)	0.2495 (0.1121)
lnL	0.2798 (0.195)	0.2692 (0.1188)	0.3464 (0.1521)
lnW	0.1805 (0.399)	0.0408 (0.0635)·	0.0984 (0.0817)·
lnS	1.1021 (0.000)***	1.0592 (0.000)***	1.0829 (0.000)***
R^2	0.2333	0.4848	0.3364
P-value	0.0843	0.0136	0.0185

注：·、***、**和*分别表示在0.1%、1%、5%和10%的水平上显著。
资料来源：笔者根据相关数据运用Stata 12.0软件计算整理而得。

进一步分析发现，2012年空间时间距离矩阵和空间直线距离矩阵对知识溢出的影响均在90%以上，其影响程度系数分别为0.1021和0.1220，而简单邻近距离矩阵对知识溢出的影响不显著。通过对比2003年、2008年、2012年三年的截面数据发现，高速铁路对知识溢出的影响越来越大，而邻近距离矩阵对其影响逐渐减小。除此之外，省（区、市）之间的直线距离对知识溢出的影响较高速铁路更大，成为主要影响因素，说明高速铁路对空间的时空收缩效应已经对空间经济产生了显著影响，远距离的知识溢出在中国已大规模出现。2012年空间模型计算结果，见表5-12。

表5-12　　　　　　　　　　2012年空间模型计算结果

系数	直线距离	简单邻近距离	空间时间距离
Intercept	-10.9707 (0.0634)·	-1.4159 (0.0136)*	-1.1068 (0.0564)
lnk	0.2990 (0.1052)	0.2896 (0.1446)	0.2093 (0.1083)
lnL	0.2921 (0.0500)*	0.3250 (0.1473)	0.2390 (0.1332)

续表

系数	直线距离	简单邻近距离	空间时间距离
lnW	0.1220 (0.0916) ·	0.0316 (0.2773)	0.1021 (0.0863) ·
lnS	1.0317 (0.000) ***	0.9717 (0.000) ***	0.9777 (0.000) ***
R^2	0.3997	0.3848	0.3094
P-value	0.0056	0.0155	0.0293

注：·、***、** 和 * 分别表示在0.1%、1%、5%和10%的水平上显著。

资料来源：笔者根据相关数据运用 Stata 12.0 软件计算整理而得。

2017年空间模型计算结果，见表5-13。由表5-13中的截面数据可知，2017年三种矩阵的知识溢出因素均具有一定程度的显著性，其中，高速铁路因素的知识溢出在5%的水平上显著，简单邻近距离的知识溢出在10%的水平上显著。且2017年高速铁路因素的知识溢出程度较前三个截面数据有显著提高，为0.3327。随着高速铁路网的不断发展，区域间的地理距离已不再是限制区域发展及知识溢出的唯一因素，此时，省际知识溢出受高速铁路的影响，在一定程度上趋于平衡。

表5-13　　　　　　　　2017年空间模型计算结果

系数	直线距离	简单邻近距离	空间时间距离
d	-9.8551 (0.1190)	-0.4888 (0.4112)	-0.1840 (0.2055)
lnk	0.2950 (0.1162)	0.2633 (0.1203)	0.2916 (0.1297)
lnL	0.3658 (0.0207) *	0.2757 (0.0495) *	0.3327 (0.0363) *
lnW	0.1969 (0.1046)	0.0810 (0.0053) **	0.3327 (0.0363) *
lnS	1.0400 (0.000) ***	0.9571 (0.000) ***	0.0538 (0.000) ***
R^2	0.3485	0.5185	0.4021
P-value	0.0469	0.0067	0.0102

注：***、** 和 * 分别表示在1%、5%和10%的水平上显著。

资料来源：笔者根据相关数据运用 Stata 12.0 软件计算整理而得。

3. 经济发展水平对知识溢出影响分析

基于对假设5-2的分析，笔者进一步推测中国省际知识溢出程度与省际经济发展水平的差异有一定关系。本章运用波士顿矩阵法（BCG ma-trix），将中国 2015 年各省（区、市）研究人员人均专利增长率（当年专利数量与当年该省（区、市）研究人员数量比率较上年该数值的增长百分比）和人均 GDP 绘制成四象限图，2015 年专利溢出水平及经济发展水平分析象限图，见图 5-4。图 5-4 以全国研究人员人均专利增长率为纵轴，以全国人均 GDP 为横轴，建立了研究人员人均专利—人均 GDP 象限图。中国的高新技术产业大都建立在经济较为发达的省（区、市），因此，主要集中呈现于省（区、市）经济发展水平高、专利增长率高的第一象限，产生这类经济发展水平与专利增长率同步增长的强强组合。

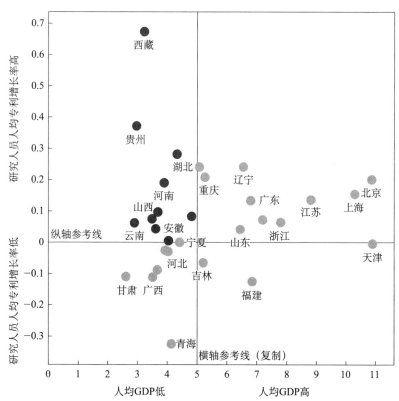

图 5-4 2015 年专利溢出水平及经济发展水平分析象限图
资料来源：笔者绘制。

第四个象限表示专利增长率高但经济发展水平低的地区，这种现象似乎与第一象限、第三象限的强强结合违背，本章推测主要由两个原因导致：第一，这些省（区、市）专利基数少，大力发展后便呈现较大幅度增长率；第二，高速铁路迅速发展使企业能在发展相对落后的区域具有较大就业可达性，使企业逐渐向发展较差的地区转移，这一过程加强了经济发达省（区、市）和经济落后省（区、市）之间的知识溢出，但究竟是前者的影响还是二者共同作用，需要进一步证实。

本章继续运用 Pearson 相关分析，探讨不同区域间的经济差异与专利数量之间的相关性。通过分析模型中涉及的变量知识存量（S）、专利全时增量（Q）、研发人员（L）、研发费用（K）、空间邻近效应知识溢出（$W_L \times S$）、空间时间距离效应知识溢出（$W_T \times S$）和空间经济距离效应知识溢出 $W_G \times S$ 之间的相关关系。因为 2003 年、2008 年、2012 年和 2017 年四年间相关性结果差异较小，所以，本章仅展示 2003 年的相关性分析结果。2003 年回归变量 Pearson 相关性分析，见表 5 - 14。

表 5 - 14　　　　　　　　2003 年回归变量 Pearson 相关性分析

变量	S	Q	L	K	$W_L \times S$	$W_T \times S$	$W_G \times S$
S	1.00 (0.00) ***	1.00 (0.00) ***	0.92 (0.00) ***	0.92 (0.00) ***	0.35 (0.06) *	0.35 (0.06) *	-0.33 (0.08) *
Q	1.00 (0.00) ***	1.00 (0.00) ***	0.92 (0.00) ***	0.93 (0.00) ***	0.38 (0.04) **	0.36 (0.05) *	-0.33 (0.08) *
L	0.92 (0.00) ***	0.92 (0.00) ***	1.00 (0.00) ***	0.97 (0.00) ***	0.37 (0.04) **	0.43 (0.02) **	-0.24 (0.21)
K	0.92 (0.00) ***	0.93 (0.00) ***	0.97 (0.00) ***	1.00 (0.00) ***	0.34 (0.07) *	0.38 (0.04) **	-0.20 (0.30)
$W_L \times S$	0.35 (0.06) *	0.38 (0.04) **	0.37 (0.04) **	0.34 (0.07) *	1.00 (0.00) ***	0.79 (0.00) ***	-0.07 (0.71)
$W_T \times S$	0.35 (0.06) *	0.36 (0.05) *	0.43 (0.02) **	0.38 (0.04) **	0.79 (0.00) ***	1.00 (0.00) ***	-0.05 (0.81)
$W_G \times S$	-0.33 (0.08) *	-0.33 (0.08) *	-0.24 (0.21)	-0.20 (0.30)	-0.07 (0.71)	-0.05 (0.81)	1.00 (0.00) ***

注：***、** 和 * 分别表示在 1%、5% 和 10% 的水平上显著。
资料来源：笔者根据相关数据运用 Stata 12.0 软件计算整理而得。

通过 Pearson 相关性分析可知，本章模型中自变量 Q 与因变量 S、L、K 之间均在 1% 的水平上显著正相关，与空间邻近矩阵溢出知识存量（$W_L \times S$）和空间时间距离矩阵溢出知识存量（$W_T \times S$）之间在 5% 的水平上显著正相关，与空间经济距离矩阵溢出知识存量（$W_G \times S$）之间在 10% 的水平上显著正相关，但是，通过该相关性分析发现，Q 与 $W_G \times S$ 之间的相关并非预想的正相关，通过相关性分析发现该相关性关系为负相关，与假设 5 - 2 之间存在一定差异。而 2008 年、2012 年和 2017 年的相关性分析基本上与 2003 年的相关性分析保持一致，故本章研究中省略该相关性分析结果。

根据 Pearson 相关分析，初步判断 Q 与 $W_G \times S$ 呈现负相关，通过 W_G 衡量两省（区、市）之间经济差距，由此初步判断省（区、市）之间经济差距与知识溢出效应呈反向关系。为了进一步证明这一假设，本研究将式（5-17）的分析模型作为研究模型，仍然选取 2003 年、2008 年、2012 年和 2017 年作为截面数据，W_D 为恒定值，W_T 和 W_G 分别选取四年数值构建权重矩阵，对中国的 30 省（区、市）间的知识溢出的溢出系数进行显著性分析，分析结果如表 5-15～表 5-18 所示。

2003 年经济水平空间计量估计，见表 5-15。

表 5-15　　　　　　　　　2003 年经济水平空间计量估计

变量	投入因素	经济投入因素	简单邻近距离	空间时间距离	空间经济距离
Intercept	-1.2218 (5.08e-07) ***	-1.3488 (1.93e-07) ***	-1.7363 (8.96e-09) ***	-1.7086 (3.52e-05) ***	-0.8057 (0.5451)
lnS	0.9194 (0.0000) ***	0.9719 (0.0000) ***	0.9576 (0.0000) ***	0.9844 (0.0000) ***	0.9173 (0.0000) ***
lnL	0.0629 (0.301)	0.0320 (0.2807)	0.0565 (0.0888) ·	0.0602 (0.123)	0.0720 (0.0618) ·
lnK	0.0072 (0.891)	0.0257 (0.4307)	0.0278 (0.1153)	0.0141 (0.1934)	0.0140 (0.100) ·
lnPGDP	—	0.0949 (0.0398) *	0.0761 (0.0633) ·	-0.1069 (0.0438) *	0.0904 (0.0852) ·
$\ln(W_L \times S)$	—	—	0.04685 (0.0073) **	—	—
$\ln(W_T \times S)$	—	—	—	0.0362 (0.1879)	—
$\ln(W_G \times S)$	—	—	—	—	-0.0439 (0.6454)
R^2	0.5991	0.5005	0.4985	0.2602	0.3328
P-value	0.0024	0.0357	0.0186	0.0433	0.0457

注：·、***、** 和 * 分别表示在 0.1%、1%、5% 和 10% 的水平上显著。"—"表示无数据。

资料来源：笔者根据相关数据运用 Stata 12.0 软件计算整理而得。

2008 年经济水平空间计量估计，见表 5-16。

表 5 - 16　　　　　　　　2008 年经济水平空间计量估计

变量	投入因素	经济投入因素	简单邻近距离	空间时间距离	空间经济距离
Intercept	-1.0805 (0.0222)*	-1.5294 (0.0074)**	-1.5283 (0.0013)**	-2.1814 (0.0007)***	0.5355 (0.7987)
lnS	1.0560 (1.92e-13)***	1.0981 (3.66e-13)***	1.0975 (2.74e-13)***	1.1212 (5.79e-14)***	1.0926 (8.03e-13)***
lnL	0.0547 (0.0932)·	0.2482 (0.3073)	0.0986 (0.2421)	0.1309 (0.1159)	0.0978 (0.251)
lnK	0.0124 (0.1467)	0.1429 (0.1962)	0.0793 (0.1253)	0.0050 (0.1815)	0.2299 (0.3135)
lnPGDP	—	0.1576 (0.1406)	0.1146 (0.2123)	0.1459 (0.1009)	0.2062 (0.0824)·
$\ln(W_L \times S)$	—	—	0.0339 (0.3246)	—	—
$\ln(W_T \times S)$	—	—	—	0.0941 (0.0633)·	—
$\ln(W_G \times S)$	—	—	—	—	0.0328 (0.5499)
R^2	0.5842	0.4732	0.4390	0.3444	0.2780
P-value	0.0016	0.0022	0.0389	0.0167	0.0425

注：·、***、** 和 * 分别表示在 0.1%、1%、5% 和 10% 的水平上显著。"—" 表示无数据。

资料来源：笔者根据相关数据运用 Stata 12.0 软件计算整理而得。

2012 年经济水平空间计量估计，见表 5 - 17。

表 5 - 17　　　　　　　　2012 年经济水平空间计量估计

变量	投入因素	经济投入因素	简单邻近距离	空间时间距离	空间经济距离
Intercept	-1.4030 (0.0011)**	-1.7733 (3.72e-05)***	-1.9949 (6.95e-05)***	-1.8309 (0.0006)***	-1.8717 (0.2543)
lnS	1.0135 (7.53e-15)***	1.0015 (8.54e-16)***	0.9949 (2.62e-15)***	1.0022 (3.08e-15)***	1.0015 (3.08e-15)***
lnL	0.2091 (0.1996)	0.0696 (0.1511)	0.0600 (0.1973)	0.0696 (0.1572)	0.0860 (0.1131)
lnK	0.0090 (0.1960)	0.0646 (0.3114)	0.0611 (0.3382)	0.0615 (0.3576)	0.0649 (0.3202)

续表

变量	投入因素	经济投入因素	简单邻近距离	空间时间距离	空间经济距离
lnPGDP	—	0.2344 (0.00498)**	0.2249 (0.0073)**	0.2353 (0.0058)**	0.2327 (0.0095)**
ln(W_L×S)	—	—	0.0257 (0.3219)	—	—
ln(W_T×S)	—	—	—	0.0071 (0.0842)·	—
ln(W_G×S)	—	—	—	—	0.0064 (0.9503)
R^2	0.5966	0.5425	0.3505	0.4364	0.3004
P-value	0.0182	0.0313	0.0416	0.0356	0.0422

注：·、***、** 和 * 分别表示在 0.01%、1%、5% 和 10% 的水平上显著。"—" 表示无数据。

资料来源：笔者根据相关数据运用 Stata 12.0 软件计算整理而得。

2017 年经济水平空间计量估计，见表 5 - 18。

表 5 - 18　　　　　　　　　2017 年经济水平空间计量估计

变量	投入因素	经济投入因素	简单邻近距离	空间时间距离	空间经济距离
Intercept	-1.0910 (0.0221)*	-0.5911 (0.0954)·	-1.3972 (0.0015)**	-1.0261 (0.0633)·	1.8717 (0.4256)
lnS	0.9776 (1.7e-13)***	1.0164 (2.65e-12)***	1.0133 (1.05e-14)***	1.0529 (6.4e-14)***	1.0570 (5.51e-14)***
lnL	0.2091 (0.1996)	0.2132 (0.292)	0.1686 (0.3382)	0.2082 (0.303)	0.1585 (0.264)
lnK	0.1379 (0.3006)	0.2369 (0.165)	0.0606 (0.3279)	0.0900 (0.2177)	0.0792 (0.0791)
lnPGDP	—	0.1327 (0.088)·	0.1683 (0.0437)*	0.1541 (0.1089)	0.1969 (0.0473)*
ln(W_L×S)	—	—	0.0811 (0.0045)**	—	—
ln(W_T×S)	—	—	—	0.0472 (0.0914)·	—
ln(W_G×S)	—	—	—	—	0.1536 (0.2915)
R^2	0.6177	0.5029	0.4697	0.4780	0.2680

续表

变量	投入因素	经济投入因素	简单邻近距离	空间时间距离	空间经济距离
P-value	0.0114	0.0124	0.0052	0.0420	0.0382

注：·、***、** 和 * 分别表示在 0.1%、1%、5% 和 10% 的水平上显著。"—"表示无数据。

资料来源：笔者根据相关数据运用 Stata 12.0 软件计算整理而得。

对比分析计量估计结果可得，2003 年、2008 年、2012 年和 2017 年在考虑经济因素投入产出模型的基础上，均在经济基础 lnPGDP 与全时知识增量 lnQ 之间显示强烈的正向关联。具体而言，2003 年和 2008 年均在 10% 的水平上显著正相关，2012 年和 2017 年分别在 5% 和 1% 的水平上显著，经济基础与专利增长具有正向关系。且除 2008 年以外，其余 3 年的该影响系数数值依次为 0.094、0.2327、0.1969。因此，2003 ~ 2017 年中国的经济增长和知识增长之间存在较强的正效应，这与中国强调经济转型升级和大力发展富有创新力的知识经济的宏观背景保持一致。

本章进一步研究发现，2003 年、2008 年、2012 年和 2017 年省际空间经济距离与全时知识增量之间均未显示显著相关关系，因此，各省（区、市）之间的经济差异与知识溢出效应不存在显著的相关关系。除此之外，Pearson 相关分析也证实了省际经济距离的知识溢出与省（区、市）全时知识增量之间呈反向相关，总体上与假设 5 - 2 不一致。因此，无法证实中国的 30 个省（区、市）之间的经济差距对高速铁路知识溢出效应产生了何种影响。然而，本章研究表明，中国的 30 个省（区、市）的专利数量增加与其经济基础呈显著正相关。

4. 高速铁路对省际知识溢出的有效距离分析

尽管高速铁路会对省际知识溢出产生影响，但其辐射距离通常有限，当距离过远时，知识溢出效应就会有所减小甚至不存在。因此，本章以不同阈值作为标准半径，以某一省（区、市）为中心，将其按照半径分为（0，500）、（0，1000）、（0，1500）、（0，2000）、（0，2500）和（0，+∞）六大溢出区域，并在 2012 年、2017 年作为截面数据的基础上通过式（4 - 7）论述的模型，选取中国的 30 个省（区、市）为研究对象，在六大溢出区域构造空间距离矩阵，在空间滞后模型内比较每个阈值范围内的知识溢出显著性和系数大小，通过模型分析，找到高速铁路影响下的知识溢出有效显著的最大范围区域（0，b_{min}），选取该范围与其临界的更大范围（0，

b_{max}），在这两个范围内采用二分法原则，找到更精确的知识溢出效应的临界区域，即高速铁路对省际知识溢出效应影响的最大有效距离，判断知识溢出在该阈值区域内是否有效。知识溢出的有效距离验证（1），见表5–19a。知识溢出的有效距离验证（2），见表5–19b。

表5–19a 知识溢出的有效距离验证（1）

变量	(0, 500)		(0, 1000)		(0, 1500)	
	2012 年	2017 年	2012 年	2017 年	2012 年	2017 年
Intercept	− 0.8820 (0.105)	0.8366 (0.1383)	− 0.6748 (0.187)	0.5036 (0.3883)	− 0.6522 (0.1960)	0.5046 (0.3883)
lnS	0.9850 (0.000) ***	0.9842 (0.000) ***	1.0382 (0.000) ***	1.0397 (0.000) ***	1.0461 (0.000) ***	1.0367 (0.000) ***
lnL	0.2487 (0.151)	0.4464 (0.0121) *	0.1748 (0.269)	0.2482 (0.1930)	0.1696 (0.2801)	0.2565 (0.1777)
lnK	0.1903 (0.209)	0.4493 (0.0036) **	0.2025 (0.137)	0.3414 (0.0289) *	0.2076 (0.1246)	0.3449 (0.0278) *
ln (W$_T$ × S)	0.0060 (0.439)	0.0028 (0.6041)	0.0206 (0.101)	0.0166 (0.1137)	0.0217 (0.0781) ·	0.0157 (0.0994) ·
R^2	0.4046	0.5144	0.4406	0.5506	0.4392	0.5559
P-value	0.0382	0.0068	0.0094	0.0133	0.0403	0.0157

注：·、***、** 和 * 分别表示在 0.1%、1%、5% 和 10% 的水平上显著。
资料来源：笔者根据相关数据运用 Stata 12.0 软件计算整理而得。

由此回归分析结果可见，2012 年在（0，1500）、（0，2000）溢出区间内，ln（W$_T$ × S）分别在 10%、5% 的水平上显著正相关，但在（0，2500）的溢出区域内，ln（W$_T$ × S）并不显著。2012 年，高速铁路在 2000 千米范围内对省际知识溢出具有显著的正向影响，但在 2500 千米范围内对省际知识溢出并不显著，2017 年同理。即 2000 千米为 2012 年与 2017 年高速铁路对省际知识溢出的有效距离范围，到 2500 千米时已不再有效。

表5–19b 知识溢出的有效距离验证（2）

变量	(0, 2000)		(0, 2500)		(0, +∞)	
	2012 年	2017 年	2012 年	2017 年	2012 年	2017 年
Intercept	− 0.7224 (0.1106)	0.2850 (0.6174)	− 1.1111 (0.020) *	0.0719 (0.9060)	− 1.1068 (0.0561) ·	− 0.1846 (0.8049)
lnS	1.0806 (0.000) ***	1.0450 (0.000) ***	1.0026 (0.000) ***	1.0205 (0.000) ***	0.9777 (0.000) ***	0.9963 (0.000) ***

续表

变量	(0，2000)		(0，2500)		(0，+∞)	
	2012 年	2017 年	2012 年	2017 年	2012 年	2017 年
lnL	0.1517 (0.3129)	0.2435 (0.0229)	0.1998 (0.220)	0.2664 0.1604	0.2093 (0.2084)	0.2914 (0.1299)
lnK	0.2474 (0.0638)·	−0.3531 (0.0036)**	0.1746 (0.207)	0.3414 (0.0294)*	0.1390 (0.3126)	0.3326 (0.0364)*
ln (W_T×S)	0.0563 (0.0213)*	0.0417 (0.0744)·	0.0290 (0.297)	0.0457 (0.1239)	0.0020 (0.9599)	0.0539 (0.2270)
R^2	0.4688	0.5668	0.4145	0.4887	0.3295	0.3732
P-value	0.0105	0.0257	0.0044	0.0147	0.0422	0.0630

注：·、***、** 和 * 分别表示在0.1%、1%、5%和10%的水平上显著。

资料来源：笔者根据相关数据运用 Stata 12.0 软件计算整理而得。

本章进一步将临界值确定在（2000，2500）的区间内，重新构建新溢出区间（0，2250），代入模型继续验证。知识溢出空间有效距离计量结果，见表 5 – 20。可以看出，ln（W_T×S）在该模型中与 Q 之间并无显著相关关系，因此，可进一步确认临界值在（2000，2250）区间范围内。再次使用二分法重新选择溢出区间（0，2125）构建研究模型，代入验证发现，2012 年 ln（W_T×S）与 Q 在该模型中并无显著关系，而 2017 年 ln（W_T×S）与 Q 在（0，2125）的溢出范围内，在 10% 的水平上显著正相关。

2012 年高速铁路在（0，2125）区域内不存在显著的知识溢出效应，而 2017 年的结果却相反。因此，2012 年的有效限制距离临界值在（2000，2125）区间内，而 2017 年在（2125，2250）区间内。结果之所以如此，是因为高速铁路的影响辐射范围随其发展而不断扩大。

本章再次采用二分法，针对 2012 年临界值构建溢出区间（0，2067），知识溢出空间有效距离计量结果，见表 5 – 20。在（0，2067）的溢出区间内，2012 年和 2017 年，ln（W_T×S）对 Q 分别在 5% 和 10% 的水平上显著正相关。本章得出，2012 年与 2017 年高速铁路对省际知识溢出影响的有效距离分别位于（2067，2125）与（2125，2250）的溢出区间内。因此，本章继续利用二分法，选择 2096 千米作为 2012 年的临界值，其误差范围为 ±29 千米，选择 2188 千米作为 2017 年临界值，其误差范围在 ±63 千米范围内。

表5-20   知识溢出空间有效距离计量结果

变量	(0, 2250)		(0, 2125)		(0, 2067)	
	2012年	2017年	2012年	2017年	2012年	2017年
Intercept	-1.1004 (0.0206)*	0.0875 (0.8840)	-1.0920 (0.0208)*	0.0675 (0.9089)	0.7209 (0.1109)	0.2859 (0.6146)
lnS	1.0066 (0.000)***	1.0217 (0.000)***	1.0110 (0.000)***	1.0263 (0.000)***	1.0824 (0.000)***	1.0455 (0.000)***
lnL	0.1973 (0.2241)	0.2678 (0.1556)	0.1953 (0.2259)	0.2597 (0.1632)	0.1545 (0.3033)	0.2458 (0.1876)
lnK	0.1781 (0.1970)	0.3459 (0.0268)*	0.1832 (0.1827)	0.3462 (0.0294)*	0.2509 (0.0610)·	0.3561 (0.0214)*
$\ln (W_T \times S)$	0.0310 (0.2611)	0.0476 (0.1051)	0.0340 (0.2098)	0.0517 (0.0706)·	0.0564 (0.0208)*	0.0424 (0.0655)·
R^2	0.4112	0.5270	0.4349	0.5461	0.4784	0.5257
P-value	0.0147	0.0181	0.0149	0.0019	0.0239	0.0198

注：·、***、**和*分别表示在0.1%、1%、5%和10%的水平上显著。

资料来源：笔者根据相关数据运用Stata 12.0软件计算整理而得。

因此，本章研究得出结论，中国高速铁路的建成在一定限制性距离内能产生显著的省际知识溢出效应。同时，限制性距离将随着高速铁路全方位高速发展而不断扩大，本章经实证得出，2012年有效限制距离为2096千米，误差范围为±29千米；2017年有效限制距离为2188千米，误差范围为±63千米。

第三节　本章小结

本章运用知识生产函数与空间滞后模型，对中国的30个省（区、市）进行实证研究以验证前文假设，最终得出以下5个结论。

（1）随着2008年开始的高速铁路建设，中国绝大部分区域的可达性有了极大提高与改善，且全国性横向、纵向高速铁路干线建设对区域间可达性的改善影响更显著，辐射区域更广。

（2）从2008年起中国省际知识布局在空间分布上整体呈现出空间集聚性，2008~2015年不断增强，2015年后集聚程度不断缩小。

（3）高速铁路显著影响省际知识溢出。2008~2017年，随着高速铁路迅速发展，其对省际知识溢出的影响也更加强烈。因此，高速铁路进一步发展，将不断加强对省际知识溢出的正向影响。

（4）中国的 30 个省（区、市）间经济发展水平的差异并未影响高速铁路对省际知识溢出的作用，但通过对人均 GDP 与区域专利增长数量的关系研究得出专利增长数量会受到本区域经济发展水平影响的结论。

（5）高速铁路的建成，在一定限制性距离内能产生显著的省际知识溢出效应。同时，限制性距离将随着高速铁路全方位高速发展而不断扩大，本章经过实证研究得出，2012 年有效限制距离为 2096 千米，误差范围为 ±29 千米；2017 年有效限制距离为 2188 千米，误差范围为 ±63 千米。

第六章 高速铁路对区域市场整合的影响

第一节 高速铁路对区域市场整合影响的实证分析

第一章中国高速铁路发展现状中提到了海峡西岸经济区的高速铁路发展现状，第二章回顾了区域市场整合的相关文献，第三章从区域市场的含义、特征和测量方法出发，分析了区域市场整合理论，进而探究高速铁路对区域市场整合的影响机制。在上文研究的基础上，本章以海峡西岸经济区为例，对海峡西岸经济区市场整合水平进行测度分析，从实证研究角度评价市场整合中的高速铁路效应。

2004 年，随着《海峡西岸经济区建设纲要（试行)》的颁布，海峡西岸经济区的概念应运而生。① 早在 2009 年 5 月，国务院通过了《关于支持福建省加快建设海峡西岸经济区的若干意见》。② 这是国务院首次明确支持建设海峡西岸经济区，海峡西岸经济区战略由此从地方战略上升为国家战略。在《关于支持福建省加快建设海峡西岸经济区的若干意见》出台近两周年之际，进一步确定海峡西岸经济区建设的具体目标、任务分工、建设布局和先行先试政策的《海峡西岸经济区发展规划》获批，对于加快海峡西岸经济区的建设和发展有着十分重要的意义与作用。③ 2011 年 3 月，国务院正式批准《海峡西岸经济区发展规划》，④ 为加快海峡西岸经济区的发展，福建省人民政府为其提供政府服务平台。2011 年 4 月发布的《海峡西岸经济区发展规划》中，明确了建设海峡西岸经济区的建设目标

---

① 福建省人民代表大会关于促进海峡西岸经济区建设的决定. [EB/OL]. [2005 – 01 – 23]. https：//www. fadada. com/notice/detail – 9469. html.
② 国务院关于支持福建省加快建设海峡西岸经济区的若干意见. [EB/OL]. [2011 – 04 – 09]. https：//zfgb. fujian. gov. cn/5082.
③④ 海峡西岸经济区发展规划. [EB/OL]. https：//www. fujian. gov. cn/zwgk/ghjh/zcqfzgh/201104/t20110409_1145664. htm.

和任务布局，提出到 2020 年，区域发展协调性得到显著增强。① 海峡西岸经济区建设成为中国新的增长极（谢查查和周琴，2015）。

本章先确定最终模型，进而采用双重差分模型评估高速铁路对海峡西岸经济区市场整合的影响，之后，从市场潜力、商品市场一体化、劳动力市场一体化和资本市场一体化四个角度，分析高速铁路对海峡西岸经济区市场整合的影响程度。

一、海峡西岸经济区发展概况

1. 定义和范围

海峡西岸经济区，是指以福建省为主体和周边城市组成的经济综合体，与北部的长江经济带和南部的珠江经济区紧密衔接。海峡西岸经济区的概念，是在福建省面临着被边缘化发展的背景下提出的，长三角地区和珠三角地区不仅很难辐射到福建，而且，会对福建产生虹吸效应。海峡西岸经济区对平衡中国东部区域的发展具有重要的意义。海峡西岸经济区地级市范围，见表 6 - 1。由表 6 - 1 可知，目前，海峡西岸经济区的范围，包括福建、广东、浙江和江西 4 个省的 20 个地级市。

2. 经济发展概况

总体上看，海峡西岸经济区的生产总值呈逐渐上升趋势，但受到长三角地区和珠三角地区发展的影响，自 2011 年以后，海峡西岸经济区增速逐渐放缓。在 2015 年全国区域生产总值中增速排名靠后。目前，海峡西岸经济区内四个省的部分城市坚持供给侧结构性改革，积极推进产业结构优化升级，使海峡西岸经济区逐渐呈现复苏态势。2019 年，海峡西岸经济区的地区生产总值高达 63019.6242 万元，比 2018 年增长 3.8%。第一产业、第二产业和第三产业占 GDP 的比重，分别为 10.472%、47.823% 和 41.705%。②

表 6 - 1　　　　　　　　海峡西岸经济区地级市范围

省份	具体城市
福建省	福州市、厦门市、泉州市、莆田市、漳州市、三明市、龙岩市、南平市、宁德市

① 海峡西岸经济区发展规划. [EB/OL]. https：//www. fujian. gov. cn/zwgk/ghjh/zcqfzgh/ 201104/t20110409_1145664. htm.
② 海峡西岸经济区蓄势而飞，中国经济呈现区域协同发展新格局. [EB/OL]. https：// news. pedaily. cn/20210519/15897. shtml.

续表

省份	具体城市
广东省	汕头市、揭阳市、潮州市、梅州市
浙江省	温州市、丽水市、衢州市
江西省	抚州市、上饶市、鹰潭市、赣州市

　　资料来源：海峡西岸经济区．［EB/OL］．http：//www. hprc. org. cn/gsgl/zggk/zhgjj/111_4/200909/t20090928_32245. html.

二、海峡西岸经济区市场整合程度测度

　　如前所述，区域市场整合的表征因素，为市场潜力、商品市场一体化、劳动力市场一体化和资本市场一体化四个方面。本章沿用此思路，从这四个视角对海峡西岸经济区的市场整合现状进行具体测度。

　　1. 市场潜力

　　市场潜力一词最早由哈里斯（Harris）在 1954 年提出，市场潜力表现为城市的潜在需求规模，主要用来测度城市的市场规模和辐射范围。赵永亮（2009）指出，为克服数据的不完整性并更准确地衡量区域经济一体化，可以用市场潜力指数具体衡量经济一体化程度。市场潜力模型公式为：

$$MP_j = \sum_k Y_k \times g(D_{jk}) \tag{6-1}$$

　　在式（6-1）中，MP_j 为城市 j 的市场潜力；

　　Y_k 为城市 k 的收入；

　　D_{jk} 为城市 j 到城市 k 的距离；

　　$g（D_{jk}）$ 为 Y_k 的权重，衡量 D_{jk} 一般采用城市之间的空间距离或时间距离。

　　近年来，市场潜力模型的范围应用愈加广泛，学者们不断对市场潜力基础模型进行完善。在研究高速铁路对房价的影响中，对式（6-1）进行了拓展，本书借鉴其思想，构建模型（6-2），其中，权重为该城市与其他城市运输成本的倒数（Zheng et al.，2013）。高速铁路开通加强了不同经济主体之间的交流，有利于区域市场整合。因此，进一步说明可以用市场潜力指数测度区域市场整合程度。其模型具体为：

$$MP_{it} = Y_{it}/d_{ii} + \sum_{i \neq j} Y_{it}/d_{ij} \tag{6-2}$$

　　在式（6-2）中，MP_{it} 为城市 i 在时期 t 的市场潜力水平；

　　Y_{it} 为城市 i 在时期 t 的地区生产总值；

d_{ij} 为城市 i 的内部距离，$d_{ii} = \frac{2}{3}\sqrt{\frac{area_i}{\pi}}$，$area_i$ 为城市 i 全市的面积；

d_{ij} 为城市 i 到城市 j 之间的距离。

在 2009～2019 年，海峡西岸经济区市场潜力水平整体呈现上升趋势。2010～2011 年增速较快，海峡西岸经济区内的泉州市、福州市和厦门市的市场潜力水平相对较高，2019 年，泉州市的市场潜力达到 8123495，鹰潭市、抚州市和衢州市的市场潜力水平相对较低，2019 年，鹰潭市的市场潜力只有 817339，这与各城市的经济发展水平一致。高速铁路建设缩短了不同区域间的时间距离，增加了机会，扩大了市场和技术溢出的范围，使经济主体在不同区域内来回流动，促进市场一体化。时空距离的压缩，使各个城市的市场不再是分离的个体，高速铁路带来的可达性提升加强了海峡西岸经济区内各城市之间的联系，加速区域市场整合。高速铁路交通网的完善，改变了城市区位条件，对区域的空间格局进行了重新调整。高速铁路网密集式发展，将带来资源的新一轮整合和区域市场高度一体化。

2. 市场一体化指数

市场一体化内涵存在不同的解释方式，市场一体化主要从流动性角度度量市场一体化水平，可分为商品、劳动力和资本的一体化。以 1995～2012 年的省级数据，从商品、劳动力和资本三个角度，衡量交通基础设施对中国市场一体化的影响（罗小梅，2015）。从商品市场、劳动力市场和资本市场三个角度，研究京津冀市场一体化程度（杜茂宝等，2018）。商品流动、劳动力流动和资本流动受各地政策限制，流动性是市场一体化的本质和外在表现。流动性的提高可以体现市场一体化水平的提高，反之亦然。本章以既有研究为基础并借鉴其做法，选取商品市场、劳动力市场和资本市场三个具体角度，通过 DID 模型具体分析高速铁路对海峡西岸经济区市场整合的影响。

（1）商品市场一体化指数。市场整合早期，在市场机制运行的作用下，商品在各城市之间流通，长期会形成初步的具有统一性的商品市场。随着各类交通方式的不断普及，城市之间的可达性逐步提升，企业和政府之间的合作逐渐增多，进一步加快了商品市场一体化步伐。各城市的地理位置、自然资源、商品流通自由化及分工合理化，是商品市场一体化的显著特征。

目前，衡量区域商品市场一体化的方法，主要有生产法、贸易法和价格法三种。生产法的缺点是，无法直接反映贸易间的情况且缺少理论支撑，生产水平与市场整合之间的关系无法明确，可能造成市场整合水平的计算值与实际值相差过大。贸易法的缺点是，缺乏地级市贸易流量的数值且无法排除替代弹性，可能造成市场整合水平的计算值与实际值相差过大。价格法在一价定律的基础上，通过比较两个地区价格的变动情况测度市场整合水平，可以建立面板数据，减少误差。采用价格法衡量商品市场分割指数（Parsley and Wei, 2001）；采用相对价格法测度 1985～2008 年各省（区、市）的市场分割指数（毛其淋和盛斌，2011）。利用价格法衡量长江沿线地区的市场一体化进程（张建清等，2017）。采用 8 类具有代表性的商品，运用相对价格法测量我国各省（区、市）的市场整合水平（陈庆江等，2018）。基于以上分析，本研究选用价格法对市场整合程度进行具体衡量。

价格法的重点在于，考察时间、城市和商品类别。本章选取 2007～2016 年共 8 类商品的消费价格指数，8 类商品分别是食品、烟酒及用品、衣着、家用设备用品维修服务、医疗保健和个人用品、交通和通信、娱乐教育文化用品及服务、居住（邓海云等，2013）。借鉴范爱军等（2007）和杨林等（2017）的测度方法，本章构建了海峡西岸经济区的商品市场一体化指数。

第一，对海峡西岸经济区内的 20 个地级市进行两两配对，得出 380 个配对结果。按时间和商品分类，对相同时间、相同年份的城市之间的居民消费价格指数的价格比取对数，作差后取绝对值，即 $|\Delta G_{ijt}^k|$，取绝对值是防止不同城市的顺序对一阶差分的影响，其公式为：

$$
\begin{aligned}
|\Delta G_{ijt}^k| &= \left| \ln\left(\frac{p_{it}^k}{p_{jt}^k}\right) - \ln\left(\frac{p_{i(t-1)}^k}{p_{j(t-1)}^k}\right) \right| \\
&= \left| \ln\left(\frac{p_{it}^k}{p_{i(t-1)}^k}\right) - \ln\left(\frac{p_{jt}^k}{p_{j(t-1)}^k}\right) \right|
\end{aligned}
\tag{6-3}
$$

在式（6-3）中，ΔG_{ijt}^k 为在商品 k、时间 t 的条件下，城市 i 到城市 j 对居民消费价格指数的一阶差分值；

p_{it}^k 为在商品 k、时间 t 的条件下，城市 i 的居民消费价格指数；

其他同理可得。

对式（6-3）进行运算，共得到 3800 个值。

第二，为防止商品异质性，对 $|\Delta G_{ijt}^k|$ 采取去均值处理的方法。因为要同时考虑商品、城市和时间三个维度，计算较为困难，所以，本研究借鉴去均值处理方法（桂琦寒，2006），对相同年份、相同商品的 $|\Delta G_{ijt}^k|$ 在 190 个城市间求平均值，得到 $\overline{|\Delta G_{ijt}^k|}$，$|\Delta G_{ijt}^k|$ 与商品 k 的绝对值 $\overline{|\Delta G_{ijt}^k|}$ 作差，其公式具体为：

$$g_{ijt}^k = |\Delta G_{ijt}^k| - \overline{|\Delta G_{ijt}^k|} \qquad\qquad (6-4)$$

在式（6-4）中，g_{ijt}^k 为在相同商品、相同时间的条件下，城市 i 与城市 j 去均值后得到的结果；$|\Delta G_{ijt}^k|$ 同式（6-3）。

第三，求 g_{ijt}^k 的方差，即 var（g_{ijt}^k），其值用于测量城市 i 和城市 j 之间商品价格的波动性。

第四，构造商品市场一体化指数，将城市 i 与其他城市配对后得出的方差求和再求其平均值，即为城市的商品市场一体化指数。

根据价格法计算的商品市场一体化指数为城市 i 与其他城市（除 i 以外）的相对价格方差，之后对其取平均值，这表示某地的商品市场化指数越高，相对价格方差越大，市场整合水平越低。

虽然 2009～2010 年商品市场一体化指数有所增加（前文已指出其原因主要在于受美国次贷危机的影响），但海峡西岸经济区 2009～2016 年商品市场一体化指数整体呈下降趋势，说明区域市场整合程度逐渐加强。2009 年商品市场一体化指数呈上升趋势，2009～2016 年商品市场一体化指数呈下降趋势，2016～2019 年又有所回升，其中，赣州、上饶和丽水商品市场一体化指数较高，福州和厦门商品市场一体化指数较低。商品市场一体化水平较高的地区为东部沿海城市，原因在于这些城市区域条件优越，交通便利，与外部城市联系较多。整体上看，尽管海峡西岸经济区的商品市场一体化指数存在波动，但整体呈下降趋势，这表明海峡西岸经济区的商品市场一体化程度在提高。

为进一步厘清海峡西岸经济区内各区域的市场整合水平，本章以商品市场一体化为区域市场整合指数的代表，分析海峡西岸经济区内 4 个省的商品市场一体化指数。

2010～2019 年海峡西岸经济区内福建省部分商品市场一体化指数整体呈现下降趋势，说明其商品市场一体化水平有明显提高。其中，2010 年，受美国次贷危机影响，商品市场一体化指数呈上升趋势，福州市和厦门市商品市场一体化指数较低，说明其商品市场一体化水平较高。宁德市和龙岩市商品市场一体化指数较高，说明其商品市场一体化水平较低。

2010～2019 年海峡西岸经济区内广东省部分城市商品市场一体化指数整体呈现下降趋势。2012～2013 年，其商品市场一体化指数下降较快。2013～2018 年，汕头市、揭阳市、潮州市和梅州市商品市场一体化指数差别不大。从整体上看，汕头市商品市场一体化指数相对较高，其商品市场一体化水平相对较低。潮州市商品市场一体化指数相对较低，其商品市场一体化水平相对较高。

2010～2019年海峡西岸经济区内浙江省部分商品市场一体化指数整体呈现下降趋势。2012～2016年，其商品市场一体化指数下降较快，其中，温州市商品市场一体化指数相对较低，其商品市场一体化水平相对较高。衢州市商品市场一体化指数相对较高，其商品市场一体化水平相对较低。

2010～2019年海峡西岸经济区内江西省部分商品市场一体化指数整体呈现下降趋势，2012～2016年商品市场一体化指数下降较快，其中，上饶市商品市场一体化指数相对较低，其商品市场一体化指数相对较高；赣州市商品市场一体化指数相对较高，其商品市场一体化指数相对较低。

（2）劳动力市场一体化指数。随着商品在城市间自由流动，依托交通设施的便利化、通信设施的完善及国家政策的引导，劳动力要素在不同城市之间合理流动，长期会形成初步的具有统一性的劳动力市场。本章对劳动力市场一体化的界定方法，采用每平方千米的从业人员数量具体测度劳动力市场一体化指数（Combes，2008）。

$$labor_{it} = E_{it}/area_i \qquad (6-5)$$

在式（6-5）中，$labor_{it}$为城市i在时期t的劳动力市场一体化指数；
E_{it}为城市i在时期t的从业人员总数；
$area_i$为城市i在时期t的全市面积。

2009～2020年海峡西岸经济区劳动力市场一体化指数整体呈现上升趋势。2011～2012年增速较快，海峡西岸经济区内的厦门市、汕头市和泉州市劳动力市场一体化指数相对较高，厦门市处于遥遥领先的地位。赣州市、衢州市和上饶市劳动力市场一体化指数相对较低。从整体上看，除厦门市外，海峡西岸经济区内的劳动力市场一体化程度在2007～2016年变化幅度不大，这种现象出现的原因在于，既包括经济不景气导致的工资方差波动，又有城市之间的保护主义，即对就业人员的户口限制等因素。

（3）资本市场一体化。资本市场一体化可以用来测度城市之间的资本集聚水平，本章选用2007～2016年全市固定资产投资的对数具体测度（罗小梅，2015）。资本市场一体化反映了在高速铁路对可达性影响的背景下，资本市场集聚程度的变化。

$$capital_{it} = lnfa \qquad (6-6)$$

在式（6-6）中，$capital_{it}$为城市i在时期t的资本市场一体化指数；
fa为全市固定资产投资水平。

2009～2019年海峡西岸经济区资本市场一体化指数整体呈现上升趋

势。海峡西岸经济区内的福州市、温州市和泉州市资本市场一体化指数相对较高，其中，福州市最高。鹰潭市、潮州市和梅州市资本市场一体化指数相对较低。高速铁路的开通加强了核心城市与周边城市的联系，城市之间的货物资本贸易量也不断增加，资本市场一体化指数逐渐加强。20世纪90年代以来，随着经济全球化和金融全球化的推进，带来不断增长又高速流动的资本变化，高速铁路的开通提高了城市之间的可达性，降低了交易成本，提升了交易便利程度和资本运作效率，吸引了更多投资者。

整体而言，从这4个市场的整合指标看，海峡西岸经济区内的市场潜力水平、商品市场一体化水平、劳动力市场一体化水平和资本市场一体化水平都有不同程度的提升。

三、海峡西岸经济区市场整合程度的空间分布及特点分析

除了2009年的温福铁路，海峡西岸经济区内的高速铁路都是在2010年及以后开通的，海峡西岸经济区的高速铁路网在2012年及以后逐渐完善，主要体现为龙厦铁路、向莆铁路和厦深铁路的建成并通车。因此，本章选取2009年、2012年、2015年和2018年的数据，测度海峡西岸经济区的市场整合现状及发展趋势。

整体上看，海峡西岸经济区内市场整合程度不均衡，总体呈上升趋势，各地级市之间的市场整合程度差异较大。泉州市、福州市、厦门市和温州市区域市场整合水平整体较高，而梅州市、丽水市、鹰潭市和衢州市区域市场整合水平整体较低。2009~2012年，上饶市的市场整合水平有所提高，南平市的市场整合水平有所降低。2012~2015年，宁德市的市场整合水平有所提高，潮州市的市场整合水平有所降低。2015~2018年，海峡西岸经济区内的各地级市市场整合水平趋于稳定，这与长三角地区、珠三角地区的快速发展密切相关，海峡西岸经济区内各地级市的优势逐渐弱化，相较南北两大区域，其市场潜力在逐渐放缓。当然，这也并不能说明区域市场整合水平的提高完全是由高速铁路开通影响的，原因在于区域市场整合水平的影响因素很多，譬如，地区人均生产总值水平、贸易开放度水平、信息化水平、财政支出水平等，为了深入探究高速铁路与区域市场整合水平的关系，本章将通过数据分析给出更充分的证据。如何估计海峡西岸经济区市场整合水平中的高速铁路效应，将是本章的研究重点。

第二节　模型构建、变量设定、数据来源及数据描述

一、模型构建

1. 实证模型构建

本节主要考察高速铁路对区域市场整合的影响及影响程度，常见的解决思路有两种，第一，从纵向空间维度看，比较同一城市在高速铁路开通前后市场整合水平的差异，此方法忽略了该城市在高速铁路开通前的经济水平，没有考虑未开通高速铁路城市市场整合水平的前后差异；第二，从横向空间维度，根据城市属性比较不同城市之间市场整合水平的差异，此方法忽略了不同城市之间经济水平的差异。

综合考虑这两种方法的缺陷，本节采用双重差分模型（difference in difference，DID）具体测度高速铁路对区域市场整合的影响。双重差分模型相对简单，回归较为成熟。和静态比较法相比，双重差分模型采用具体的个体数据进行实证，而不是简单对比样本在高速铁路开通前后的变化，进而判断高速铁路对区域市场整合的影响程度。和传统办法比较，双重差分模型可解决高速铁路作为解释变量的内生性问题，提高模型精确度。双重差分模型主要用来测度某项政策的影响，在区域经济学、统计学领域有较为广泛的应用。本节把这项高速铁路政策当作一次自然实验，以各地级市为研究样本，测度高速铁路对可达性和区域市场整合的影响。开通高速铁路的城市为实验组，为了研究高速铁路对城市的净影响，将未开通高速铁路城市作为对照组，比较两者的差异。

为了研究高速铁路是否会对区域市场整合产生显著影响，先引入多期双重差分模型，其具体形式如下：

$$\mathrm{INT}_{it} = \alpha_0 + \alpha_1 G_{it} + \alpha_2 T_{it} + \alpha_3 G_{it} T_{it} + \gamma X_{it} + \varepsilon_{it} \qquad (6-7)$$

在式（6-7）中，INT_{it} 为城市 i 在时期 t 的市场整合指数；

G_{it} 为政策虚拟变量，开通前 G_{it} 取 0，开通时和开通后 G_{it} 取 1；

T_{it} 为时间虚拟变量，开通前 T_{it} 取 0，开通时和开通后 T_{it} 取 1；

$G_{it} T_{it}$ 用来测度高速铁路对区域市场整合的净影响；

X_{it} 为其他控制变量；

ε_{it} 为随机干扰项。

双重差分模型中每个系数的含义，见表 6-2。

表6-2　　　　　　　　　双重差分模型中每个系数的含义

指标	高速铁路开通前（T=0）	高速铁路开通后（T=1）	差分
实验组（G=1）	$\alpha_0 + \alpha_1$	$\alpha_0 + \alpha_1 + \alpha_2 + \alpha_3$	$\Delta INT_t = \alpha_2 + \alpha_3$
对照组（G=0）	α_0	$\alpha_0 + \alpha_2$	$\Delta INT_0 = \alpha_2$
DID			$\Delta\Delta INT = \alpha_3$

资料来源：笔者根据相关资料计算而得。

如表6-2所示，对于实验组而言，

当T=0时，式（6-7）可以写为：

$$INT_{it} = \alpha_0 + \alpha_1 + \gamma X_{it} + \varepsilon_{it} \tag{6-8}$$

当T=1时，式（6-7）可以写为：

$$INT_{it} = \alpha_0 + \alpha_1 + \alpha_2 + \alpha_3 + \gamma X_{it} + \varepsilon_{it} \tag{6-9}$$

将式（6-9）减去式（6-8）得出第一次差分的结果，消除样本存在的差异。差分后，得到式（6-10）：

$$\Delta INT_t = \alpha_2 + \alpha_3 \tag{6-10}$$

对于控制组而言，

当T=0时，式（6-7）可以写为：

$$INT_i = \alpha_0 + \gamma X_{it} + \varepsilon_{it} \tag{6-11}$$

当T=1时，式（6-7）可以写为：

$$INT_{it} = \alpha_0 + \alpha_2 + \gamma X_{it} + \varepsilon_{it} \tag{6-12}$$

将式（6-12）减去式（6-11）得出第二次差分的结果，消除样本存在的差异。差分后，得到式（6-13）：

$$\Delta INT_0 = \alpha_2 \tag{6-13}$$

再将式（6-10）减去式（6-13），得到式（6-14）：

$$\Delta\Delta INT = \alpha_3 \tag{6-14}$$

式（6-14）中的α_3有了实际的经济含义，即高速铁路对实验组和控制组之间的差异，即第T年，开通高速铁路的城市比没有开通高速铁路的城市所带来的区域市场整合的净变化。因此，本节的研究核心在α_3。

本节研究初步认为，除了高速铁路因素，影响城市市场整合的因素还有可达性水平、税收政策、本地市场规模、通信水平、地区收入、城镇化水平、企业数量、人口规模、人力资本、贸易开放度、基础设施水平和教育发展水平。此外，高速铁路开通有利于提高城市可达性，加强不同城市之间的经济交流，有利于促进人才流动，满足核心城市对人才的需求，加强核心城市的辐射作用。基于本章的研究目的，引入了城市可达性指标，实证模型如下：

$$\begin{aligned}
INT_{it} = {} & \alpha_0 + \alpha_1 G_{it} + \alpha_2 T_{it} + \alpha_3 G_{it} T_{it} + \gamma_1 acc_{it} \\
& + \gamma_2 road_{it} + \gamma_3 gdp_{it} + \gamma_4 income_{it} \\
& + \gamma_5 fdi_{it} + \gamma_6 emp_{it} + \gamma_7 ent_{it} + \gamma_8 mar_{it} \\
& + \gamma_9 inf_{it} + \gamma_{10} gov_{it} + \varepsilon_{it}
\end{aligned} \quad (6-15)$$

在式（6-15）中，acc_{it}为城市 i 在时期 t 的可达性水平；

$road_{it}$为城市 i 在时期 t 的道路基础设施水平；

gdp_{it}为城市 i 在时期 t 的地区生产总值水平；

$income_{it}$为城市 i 在时期 t 的居民收入水平；

fdi_{it}为城市 i 在时期 t 的贸易开放度水平；

emp_{it}为城市 i 在时期 t 的第二产业就业占比和第三产业就业占比；

ent_{it}为城市 i 在时期 t 的企业数量；

mar_{it}为城市 i 在时期 t 的市场需求量；

inf_{it}为城市 i 在时期 t 的信息化水平；

gov_{it}为城市 i 在时期 t 的财政支出水平；

γ_m为各控制变量的系数，用来测度这些变量的具体效应，其中，m = 1，2，…，12。

2. 实验组与对照组的选择

除了 2009 年的温福铁路，海峡西岸经济区内的高速铁路都是在 2010 年及以后开通的，因为 2009 年海峡西岸经济区内开通高速铁路城市过少，样本量过小，所以，选取 2010 年为时间节点。考虑到数据的时效性和变异性，研究时间段选取 2009～2019 年，共 11 年。时间虚拟变量在 2010 年之前是 0，在 2010 年及以后是 1，因京福铁路—合福段于 2015 年 6 月开通，上饶市和南平市两个城市距本研究截止时段过于接近，极可能影响实验结果，故将上饶市和南平市两个城市加入控制组。在海峡西岸经济区 20 个地级市中，作为实验组的有：温州市、宁德市、福州市、莆田市、泉州市、厦门市、龙岩市、漳州市、抚州市、三明市、潮州市、汕头市、揭阳市；作为对照组的有：丽水市、衢州市、鹰潭市、赣州市、梅州市、上饶市、南平市。

二、变量设定

根据式（6-15），对其变量进行具体描述。

变量说明，见表 6-3，本章把区域市场整合的影响因素分为两大类，分别为高速铁路变量和其他控制变量。高速铁路变量划分为政策属性、时间属性和政策时间属性三类，其中，政策属性为虚拟变量G_{it}，时间属性为虚拟变量T_{it}，政策时间属性为虚拟变量$G_{it}T_{it}$。其他控制变量为城市属性、经济属性和社会属性。城市属性具体表现为可达性水平acc_{it}和道路基础设施水平$road_{it}$；经济属性具体表现为人均地区生产总值水平gdp_{it}、职工收入水平$income_{it}$、贸易开放度水平fdi_{it}、第二产业就业和第三产业就业占比emp_{it}、企业数量ent_{it}和市场需求量mar_{it}；社会属性具体表现为信息化水平inf_{it}、财政支出水平gov_{it}。

表6-3　　　　　　　　　　　　　变量说明

变量类型	变量属性	变量表示	变量含义
市场整合变量	—	INT_{it}	市场整合程度
高速铁路变量	政策属性	G_{it}	$G_{it}=0$ 表示城市 i 在时期 t 未开通高速铁路 $G_{it}=1$ 表示城市 i 在时期 t 开通高速铁路
	时间属性	T_{it}	$T_{it}=0$ 表示高速铁路开通前 $T_{it}=1$ 表示高速铁路开通后
	政策时间属性	$G_{it}T_{it}$	为G_{it}与T_{it}的乘积
其他控制变量	城市属性	acc_{it}	可达性水平
		$road_{it}$	道路基础设施水平
其他控制变量	经济属性	gdp_{it}	人均地区生产总值水平
		$income_{it}$	职工收入水平
		fdi_{it}	贸易开放度水平
		emp_{it}	第二产业就业和第三产业就业占比
		ent_{it}	企业数量
		mar_{it}	市场需求量
	社会属性	inf_{it}	信息化水平
		gov_{it}	财政支出水平

资料来源：笔者整理。

高速铁路开通及城市道路基础设施水平影响城市的可达性水平，可达性水平的提高有利于加强不同区域市场之间的联系，影响市场整合程度。地区生产总值水平和居民收入水平反映一个城市的经济状况，使实验组和控制组在政策变化前的经济状况尽量一致，使模型实证结果更符合实际情况。贸易开放度水平反映政府管控力度是否合适，是否会出现市场分割状况，反映了市场整合程度。第二产业就业和第三产业就业占比、企业数量和市场需求量反映了城市辐射范围和区域内要素流动频率，能反映市场的完善程度。人口数量、信息化水平、财政支出水平和教育发展水平反映了城市知识集聚水平和知识溢出水平，也是影响区域市场整合的因素。

1. 市场整合指数

市场整合指数的计算方法多种多样，计算方法的选择与研究结果和现实的契合度息息相关。因为本章的主题是高速铁路对海峡西岸经济区市场整合在时间方面和空间方面的集聚程度，为了全面、真实地反映海峡西岸经济区的市场整合程度，所以，在市场整合指数的选择上，本章沿用第三章选取的市场潜力指数、商品市场一体化指数、劳动力市场一体化指数和资本市场一体化指数，全面具体测度区域市场整合水平。

2. 可达性指数

可达性是衡量交通便利性的重要指标，角度不同，计算方法也不同。常见的比较准确地反映城市可达性的指标，包括平均旅行时间、加权平均旅行时间、广义加权平均旅行时间和日可达性四种。本节对此指标进行了详细分析，尽可能地准确衡量可达性，为后文的双重差分模型奠定基础。度量可达性指标，主要有以下 6 种。

（1）最短距离。最短距离指标是指，衡量城市 i 到其他所有城市的最短距离总和，其值与可达性水平为负相关关系。在计算最短距离前，要先建立最短距离矩阵。

$$A_i = \sum_{j=1}^{n} D_{ij} \qquad (6-16)$$

在式（6-16）中，

A_i 为城市 i 的可达性；

n 为城市数量；

D_{ij} 为城市 i 到城市 j 的最短距离。

（2）相对可达性。该指标主要计算城市 i 到其他城市的运输总距离与 D_{ij} 内各城市之间的平均运输距离之比。其公式为：

$$A_i = \frac{\sum\limits_{j=1}^{n} D_{ij}}{\sum\limits_{i,j=1}^{n} D_{ij}/n} \qquad (6-17)$$

在式（6-17）中，各变量与式（6-16）含义相同。相对可达性主要是为了说明总的交通通畅度水平。其值越小，说明可达性越好，其最小值为全国交通中心。

（3）平均旅行时间。平均旅行时间是城市 i 与其他城市之间的平均旅行时间值。其公式具体如下：

$$A_i = \frac{\sum\limits_j^n T_{ij}}{n} \tag{6-18}$$

在式（6-18）中，

A_i 为城市 i 的可达性；

T_{ij} 为城市 i 到城市 j 的最短旅行时间；

n 为节点城市数量。

该公式考虑了所有城市之间的经济关系，计算简单，但没有考虑城市之间的差异，如地区生产总值、基础设施数量及城市规模等的不同。其计算结果与实际出入较大，很少有学者采用该公式测度城市的可达性水平。

（4）加权平均旅行时间。加权平均旅行时间一般用来描述城市 i 到其他城市的时间，以说明城市 i 的可达性水平，其值与可达性水平为负相关关系。其公式具体为：

$$A_{it} = \frac{\sum\limits_{j=1}^n (T_{ij} \times M_{jt})}{\sum\limits_{j=1}^n M_t} \tag{6-19}$$

在式（6-19）中，

A_{it} 为城市 i 在时期 t 的可达性；

T_{ij} 为城市 i 到城市 j 的最短旅行时间；

n 为城市总数量；

M_{jt} 为权重，为城市 j 在时期 t 的经济要素流量，表示城市 j 辐射能力的大小，常采用人口数量和地区生产总值具体衡量。

$$M_{jt} = \sqrt{gdp_{jt} \times peo_{jt}} \tag{6-20}$$

在式（6-20）中，

gdp_{jt} 为城市 j 在时期 t 的地区生产总值；

peo_{jt} 为城市 j 在时期 t 的人口规模，主要用来描述城市 j 的就业率大小。

加权平均旅行时间主要评价城市 i 通往其他城市的最短时间，其值与可达性水平为负相关关系。可达性指数可以更准确地反映可达性水平，其公式为：

$$C_{it} = A_{it} / (\sum_{i=1}^n A_{it}) / n \tag{6-21}$$

在式（6-21）中，

C_{it} 为城市 i 在时间 t 的可达性指数；

A_{it} 为城市 i 在时期 t 的可达性；

n 为研究区间内的节点个数。

可达性指数越小，该城市的可达性越好。一般以 1 为分界点，当C_{it}小于 1 时，该城市的可达性水平优于研究区间内的可达性平均水平，反之亦然。

本研究以可达性指数的倒数来描述可达性变量，其公式为：

$$acc_{it} = 1/C_{it} \tag{6-22}$$

在式（6-22）中，acc_{it} 为城市 i 在时期 t 的可达性水平，其值越大，说明城市 i 的可达性越好。

（5）广义加权平均旅行时间。由（4）可知，旅行时间成为影响居民出行的重要原因，但鉴于收入水平差异，票价已成为影响居民出行的另一重要因素，因此，在计算可达性水平时要考虑票价因素，这衍生出了广义加权平均旅行时间，其公式为：

$$gwt_{ijt} = min\left[(M_{jt} \times T_{ijt,k})/\sum_{j=1}^{n} M_{jt} + (F_{ijt,k}/TV_{jt})/\sum_{j=1}^{n} (1/TV_{jt}) \right] \tag{6-23}$$

在式（6-23）中，

gwt_{ijt} 为城市 i 到城市 j 在时期 t 的广义加权旅行时间；

$T_{ijt,k}$ 为城市 i 到城市 j 使用 k 交通方式的最短时间；

M_{jt} 为权重值，与式（4-14）中的M_{jt}相同；

n 为研究城市的总数量；

TV_{jt} 为城市 j 在时期 t 的广义加权时间旅行价值；

$F_{ijt,k}$ 为城市 i 到城市 j 使用 k 交通方式的旅行费用。

TV_{jt}的计算方法有很多种，本研究采用学者们使用相对较多的方法，该方法认为，旅行性质不同，其价值也不同。工作旅行时间价值TV_{jt}'和私人旅行时间价值TV_{jt}''不同，石（Shi）的研究得出，私人旅行时间价值TV_{jt}''与工作旅行时间价值TV_{jt}'的比值在 0.2~0.6 区间。其公式为：

$$TV_{jt} = r \times TV'_{jt} + (1-r) \times \rho \times TV_{jt}'' \tag{6-24}$$

在式（6-24）中，

TV'_{jt} 为工作旅行时间价值；

TV_{jt}'' 为私人旅行时间价值；

r 为工作旅行占比；

ρ 为旅行时间价值中私人与工作的比重。

$$TV'_{jt} = gdp_{jt}/(peo_{jt} \times time) \tag{6-25}$$

在式（6 - 25）中，gdp_{jt} 为城市 j 在时期 t 的地区生产总值；

peo_{jt} 为城市 j 在时期 t 的人口规模；

time 为法定工作时间，每年约 2000 小时。

$$TV_{jt}'' = wage/time \qquad (6 - 26)$$

在式（6 - 26）中，wage 为城市 j 在时期 t 的职工平均工资。

式（6 - 23）描述两个城市之间的平均旅行时间，而本节研究城市 i 到其他城市的旅行时间之和，具体为：

$$GWT_{it} = \sum_j gwt_{ijt} \qquad (6 - 27)$$

在式（6 - 27）中，

GWT_{it} 为城市 i 的广义平均旅行时间，其值越小，可达性越高。

$$ACC_{it} = (1/GWT_{it}) \times 100 \qquad (6 - 28)$$

在式（6 - 28）中，

ACC_{it} 为城市 i 在时期 t 的可达性水平，其值越大，可达性越好。

（6）日可达性。日可达性描述城市 i 在特定时间内到达其他城市的难易程度。一般是在出行时间和出行费用特定时，计算符合日可达性定义的城市，其值与可达性水平成相关关系。因研究对象的复杂性，一般不再采用最短距离和相对可达性指标，本研究主要对以下四种计算可达性的方法进行比较。不同可达性计算方法优缺点比较，见表 6 - 4。

表 6 - 4　　　　　　　　　不同可达性计算方法优缺点比较

测度指标	优点	缺点
平均旅行时间	注意城市 i 与其他城市的关系，计算过程简易	没有注意不同城市间的各种差异
加权平均旅行时间	注意到城市生产总值以及人口规模的差异	距离衰减考虑不足
广义加权平均旅行时间	考虑票价也是影响居民出行的重要因素，并区分工作旅行时间价值和私人旅行时间价值	计算过程复杂
日可达性	可以准确描述城市 i 在当日可以往返的城市数量	无法反映时间半径之外的可达性变化

资料来源：笔者整理。

通过比较不同计算方法，为了尽可能准确地反映城市的可达性水平，及考虑到本章研究主题是对区域市场的整合，计算城市可达性采用加权平均旅行时间。

3. 其他控制变量

（1）城市属性指标。道路基础设施水平（$road_{it}$），是区域间贸易流动的重要影响因素，一般认为，路网密度的提高有利于促进城市间贸易流动，进一步加速海峡西岸经济区市场整合步伐。考虑到城市道路与交通的关系及数据的可获得性，本研究用人均城市道路面积衡量道路基础设施对区域市场整合的影响。

（2）经济属性指标。地区生产总值水平（gdp_{it}），一般认为，经济实力强的城市，基础设施建设较为完善。经济发展相对落后的城市，政府会加大宏观调控，这不利于区域市场整合的发展。具体采用该地区全市的人均地区生产总值衡量，并将其单位转化为万元。

职工平均劳动工资（$income_{it}$），工资是工人选择目标工作城市的重要影响因素，可以反映一个城市对劳动力的吸引程度，进一步反映职工劳动工资对区域市场整合的影响。具体采用职工平均工资衡量，并将其单位转化为万元。

贸易开放度水平（fdi_{it}），反映城市中政府的宏观干预程度和市场分割情况，具体采用城市当年实际使用外资金额衡量，按照实际汇率把美元换算成人民币，因其值仍然较大，容易造成回归模型不显著，故再对其值取自然对数，其最终结果作为贸易开放度水平。

第二产业和第三产业就业占比（emp_{it}），用第二产业和第三产业从业人数之和与三次产业从业人数总值之比来衡量。

企业数量（ent_{it}），具体用中国港澳台商投资企业全市数量与外商投资企业全市数量之和与工业企业总数之比衡量。

市场需求量（mar_{it}），用社会消费品零售总额与城市内部距离之比衡量，并对其值取自然对数，其中，城市内部距离 $d_{ii} = \frac{2}{3}\sqrt{area_i / \pi}$，$area_i$ 为城市 i 的面积。

（3）社会属性指标。信息化水平（inf_{it}），具体用全市使用的移动电话年末用户数衡量，并对其值取自然对数。

财政支出水平（gov_{it}），用地方财政一般预算内支出与该地区生产总值之比衡量。

三、数据来源及数据描述

1. 数据来源

本章研究中，高速铁路开通数据来源于国家铁路局、12306 官方网站，城市间的距离数据来自百度地图。研究范围为海峡西岸经济区的 20 个地级市，市场潜力、劳动力市场一体化、资本市场一体化及控制变量等数据来源于 2010～2020 年《中国城市统计年鉴》，商品市场一体化数据来源于 2010～2020 年《国民经济和社会发展统计公报》中的各设区市居民消费价格指数。之所以选取全市数据而非市辖区数据，是因为海峡西岸经济区内各城市包含的区（县）较多，例如，福州市包括 5 区 8 县，采用全市数据能更好地反映高速铁路对区域市场整合的影响程度。

2. 数据描述

（1）市场整合指数的数据描述。本章选取市场潜力、商品市场一体化、劳动力市场一体化和资本市场一体化四个指标，具体衡量区域市场整合指数。2009～2019 年海峡西岸经济区市场整合指数的平均水平，见表 6-5。表 6-5 为海峡西岸经济区市场整合指数的四个具体衡量角度在 2009～2019 年的平均水平。总体上看，市场潜力、劳动力市场一体化、资本市场一体化指标呈逐年增长趋势，而商品市场一体化指标呈逐年下降趋势。根据桂琦寒等（2006）对"商品市场一体化"的定义，商品市场一体化指标与商品市场分割水平呈正相关关系，与商品市场一体化水平呈负相关关系。2008 年商品市场一体化平均水平上升，原因可能在于当年的金融危机加剧了各城市的地方保护主义。

表 6-5　　　2009～2019 年海峡西岸经济区市场整合指数的平均水平

年份	MP	GOODS	LABOR	CAPITAL
2009	935643	0.000582	0.006314	3618578.95
2010	1092225	0.000688	0.006212	4341884.65
2011	1222573	0.00076	0.006378	5351156.1
2012	1457735	0.000438	0.006987	7001486.95
2013	1749699	0.000377	0.007971	8189383.55
2014	1948777	0.000231	0.008826	10152282.35
2015	2150868	0.000173	0.009686	12428406.8
2016	2360664	0.000173	0.009842	14882521.95
2017	2531062	0.000154	0.009596	17506366.35
2018	2774350	0.000271	0.009734	19428962.75
2019	2844556	0.000306	0.009914	20470958.05

资料来源：笔者根据 2010～2020 年《中国城市统计年鉴》中的地区生产总值、城市面积、劳动力与就业、固定资产投资并利用百度地图求得城市间距离计算而得；并根据 2010～2020 年《国民经济和社会发展统计公报》中的各设区市居民消费价格指数计算而得。

（2）可达性指数的数据描述。由式（5 - 17）~ 式（5 - 21）计算出实验组和控制组的加权平均旅行时间和可达性指数。2009 ~ 2019 年实验组与控制组可达性的变化情况，见表 6 - 6。如表 6 - 6 所示，总体上看，2009 ~ 2019 年，海峡西岸经济区内各地级市的加权平均旅行时间减少，可达性水平呈现上升趋势，且实验组可达性平均水平上升幅度大于控制组。

表 6 - 6　　　　2009 ~ 2019 年实验组与控制组可达性的变化情况

年份	加权平均旅行时间A_{it}(h)		可达性指数C_{it}	
	实验组平均值（h）	控制组平均值（h）	实验组平均值（h）	控制组平均值（h）
2009	3. 941893	4. 529602	0. 984854	1. 131689
2010	3. 941384	4. 527836	0. 984984	1. 131543
2011	3. 930233	4. 518619	0. 985101	1. 132578
2012	3. 931896	4. 518057	0. 985372	1. 132269
2013	3. 916927	4. 50229	0. 98578	1. 133099
2014	3. 91311	4. 498747	0. 985911	1. 133463
2015	3. 911466	4. 496817	0. 985884	1. 133421
2016	3. 908204	4. 494303	0. 985863	1. 13371
2017	3. 906701	4. 494968	0. 985541	1. 133943
2018	3. 906306	4. 496254	0. 985589	1. 134437
2019	3. 907206	4. 496123	0. 985593	1. 134452

资料来源：笔者根据 2010 ~ 2020 年《中国城市统计年鉴》中的地区生产总值、人口规模并利用国家铁路局的相关数据得出的城市间最短距离计算而得。

（3）其他变量的数据描述。控制变量描述性统计，见表 6 - 7。

表 6 - 7　　　　　　　　控制变量描述性统计

控制变量	具体含义	均值	标准差	最小值	最大值
acc	可达性水平	1. 098872	0. 3220503	0. 5579804	1. 657108
road	道路基础设施水平	10. 8267	5. 146683	2. 66	23. 65
gdp	人均地区生产总值水平	3. 653645	2. 070412	0. 8228	15. 3206
income	职工收入水平	3. 954463	1. 548335	1. 369426	8. 5527
fdi	贸易开放度水平	12. 01554	1. 173408	9. 174328	14. 24448
emp	第二产业和第三产业就业占比	0. 9799328	0. 0320494	0. 8232985	0. 9995708
ent	企业数量	0. 1712034	0. 1335607	0. 0267782	0. 5828571

续表

控制变量	具体含义	均值	标准差	最小值	最大值
mar	市场需求量	11.7223	0.9389836	10.00231	13.69749
inf	信息化水平	5.711457	0.6676244	3.586847	7.077582
gov	财政支出水平	0.1477485	0.0620897	0.058652	0.3921467

资料来源：笔者根据 2010~2020 年《中国城市统计年鉴》中的地区生产总值、人口规模、城市道路与交通、劳动工资、外商直接投资、第一产业、第二产业、第三产业占 GDP 的比重、工业企业数量、社会消费品零售总额、通信数量和财政支出计算而得。

第三节　高速铁路对海峡西岸经济区市场整合的影响程度分析

一、高速铁路对海峡西岸经济区市场整合的影响评估

高速铁路对海峡西岸经济区市场整合的影响及变化趋势，见表 6-8。由表 6-8 可知，海峡西岸经济区最早的高速铁路为 2009 年开通的温福铁路，随着时间推移，高速铁路网逐渐完善。为了考察在不同年份海峡西岸经济区内高速铁路对区域市场整合的影响，本章以市场潜力、商品市场一体化、劳动力市场一体化和资本市场一体化四个指标衡量区域市场整合程度，在模型中加入 8 个交叉虚拟变量 GT_{it}，其值为高速铁路虚拟变量 G_{it} 与时间虚拟变量 T_{it} 的乘积，表示城市开通高速铁路的第几年。例如，GT_{2009} 是指，高速铁路在 2009 年开通。为提高模型结果的准确性，本章对数值较大的变量采用取对数的方法，其回归结果表示高速铁路对海峡西岸经济区市场整合的影响及变化趋势，见表 6-8。

表6-8　高速铁路对海峡西岸经济区市场整合的影响及变化趋势

变量	市场潜力模型（1）	商品市场一体化模型（2）	劳动力市场一体化模型（3）	资本市场一体化模型（4）
GT_{2009}	-0.084 (-0.12)	4.167*** (9.76)	0.003 (0.39)	-0.521 (-1.84)
GT_{2010}	0.303** (2.07)	-3.340*** (-6.33)	0.001 (0.85)	0.253 (2.29)
GT_{2011}	0.371** (2.54)	-0.460 (-0.87)	0.001 (1.37)	0.169 (1.53)

续表

变量	市场潜力模型（1）	商品市场一体化模型（2）	劳动力市场一体化模型（3）	资本市场一体化模型（4）
GT_{2012}	0.258* (1.77)	-1.401*** (-2.66)	0.001 (1.17)	0.228** (2.07)
GT_{2013}	0.262* (1.79)	-0.506 (-0.96)	0.001** (1.16)	0.202* (1.83)
GT_{2014}	0.271* (1.86)	-0.033 (-0.06)	0.000* (0.20)	0.198* (1.79)
GT_{2015}	0.223 (1.52)	-0.140 (-0.27)	0.000* (-0.41)	0.174* (1.57)
GT_{2016}	0.312** (2.13)	1.145** (2.17)	0.000* (0.22)	0.110* (1.00)
acc	2.636*** (2.67)	-0.059 (-0.16)	0.014 (1.12)	1.104*** (2.73)
Cons	-3.405*** (-2.80)	3.939*** (6.97)	-0.019 (-1.24)	13.843*** (27.76)
R^2	0.702	0.572	0.271	0.664

注：·、***、** 和 * 分别表示在0.1%、1%、5%和10%的水平上显著。
资料来源：笔者根据相关数据运用 Stata 12.0 软件计算整理而得。

在以市场潜力作为被解释变量的模型（1）中，拟合优度相对较好。除GT_{2009}外，其他交叉项均在10%的水平上显著，GT_{2009}~GT_{2016}的系数由负到正，表明高速铁路对市场潜力的影响有一定滞后效应，在修建时期很难体现。在以商品市场一体化作为被解释变量的模型（2）中，GT_{2009}、GT_{2010}和GT_{2012}均在1%的水平上显著，而GT_{2013}~GT_{2015}均不显著，GT_{2016}再次在5%的水平上显著，其系数呈由正到负再到正的变化趋势。这表明，高速铁路在发展过程中对区域市场整合的作用有一定滞后效应，在高速铁路开通后期才能体现。本章估计出现这种现象的原因在于，高速铁路的开通提高了城市可达性，增强了中小城市的辐射半径，加剧了商品向中小城市流动，随着高速铁路网的逐渐完善，商品市场一体化水平开始逐渐上升。在以劳动力市场一体化作为被解释变量的模型（3）中，其估计结果2013年才开始显著，其拟合优度在0.20左右。本章估计出现这种现象的原因同样在于，随着海峡西岸经济区高速铁路网的逐渐完善，提高了区域可达性，加速了人员流动，促进了劳动者集聚，有利于加速劳动力市场一体化水平。在以资本市场一体化为被解释变量的模型（4）中，GT_{2009}~GT_{2011}效果并不显著，GT_{2012}~GT_{2016}在10%的水平上显著，除GT_{2009}外，其系数均显著为正。这表明，高速铁路开通加速了资本周转速度，有利于资本跨区域流动，促进资本市场的一体化程度。

二、高速铁路对海峡西岸经济区市场整合的影响程度

本章分别使用市场潜力、商品市场一体化、劳动力市场一体化和资本市场一体化4个指标作为市场整合指数，通过 Stata12.0 软件对 DID 模型进行回归分析，具体回归结果如下。

1. 以市场潜力为市场整合指数的实证分析结果

以市场潜力为市场整合指数的实证输出结果，见表6－9。如表6－9所示，以市场潜力为市场整合指数的回归效果较好，加入控制变量后，拟合优度呈上升趋势，达到0.8以上。模型（1）为不加入控制变量的结果，模型（2）~模型（11）为逐步加入控制变量的结果。

从地区效应 G 来看，方程（1）~方程（8）的系数为正，方程（9）~方程（11）的系数为负，除方程（8）之外，其他均未在10%的水平上显著，表明其回归结果并不显著。当地区效应的系数为正时，其值逐渐增大，当地区效应的系数为负时，其值较为稳定，这可以在一定程度上说明开通高速铁路城市的市场潜力要大于未开通高速铁路的城市，只是这种作用随时间的变化而逐渐弱化。原因在于，高速铁路开通后，加大了开通高速铁路城市与其他城市的联系，扩大了市场辐射范围，有利于市场潜力增加。

从时间效应 T 来看，在加入第二个控制变量后，其系数由正转负，且均在10%的水平上显著，在加入第三个控制变量后，均在1%的水平上显著。这说明，区域市场整合程度在2010～2016年相比于2007～2010年呈下降趋势，进一步说明海峡西岸经济区20个地级市的市场增长潜力在逐渐放缓。这和长三角地区与珠三角地区的快速发展密切相关，海峡西岸经济区内各地级市的优势逐渐弱化，相比南方、北方两大区域，其市场的增长潜力在逐渐放缓。

从高速铁路效应 GT 来看，在加入控制变量前后，其系数一直为正且稳定在0.80左右，均在1%的水平上显著。市场潜力的变化值反映了高速铁路引起的区域市场整合的变化程度，这表明，高速铁路引起的时空效应每提升1%，市场潜力变化程度约提高0.6%～0.9%。高速铁路的开通缩短了城市之间的旅行时间，扩大了城市的辐射范围，提升了海峡西岸经济区内核心城市的竞争力，产业向这类城市集聚，扩大了市场潜力，加快了海峡西岸经济区的市场整合速度。

表6-9　　　　　　　以市场潜力为市场整合指数的实证输出结果

被解释变量：市场潜力

变量	（1）	（2）	（3）	（4）	（5）	（6）
G	0.917 （1.52）	0.213 （0.33）	0.387 （0.71）	0.364 （0.74）	0.422 （0.82）	0.478 （1.06）
T	0.482*** （3.19）	0.475*** （3.18）	0.271* （1.90）	-0.209* （-1.71）	-0.522*** （-4.21）	-0.496*** （-3.97）
GT	0.883*** （4.71）	0.884*** （4.78）	0.948*** （5.51）	0.745*** （5.39）	0.877*** （6.84）	0.844*** 6.51
acc	—	2.449*** （2.65）	1.999** （2.55）	1.010 （1.39）	1.497** （1.96）	1.613** （2.41）
road	—	—	0.082*** （5.98）	0.057*** （5.03）	0.064*** （6.14）	0.067*** （6.43）
gdp	—	—	—	0.330*** （10.39）	0.144*** （3.38）	0.157*** （3.65）
income	—	—	—	—	0.259*** （5.92）	0.260*** （5.94）
fdi	—	—	—	—	—	-0.128** （-2.13）
Cons	-1.794* （-1.74）	-3.313*** （-2.88）	-3.741*** （-3.83）	-2.435*** （-2.71）	-3.151*** （-3.33）	-1.924* （-1.93）
N	200	200	200	200	200	200
R^2	0.476	0.483	0.558	0.723	0.769	0.780

变量	（7）	（8）	（9）	（10）	（11）	
G	0.674 （1.56）	0.820* （1.78）	-0.318 （-0.94）	-0.330 （-1.08）	-0.376 （-1.19）	
T	— （-3.72）	-0.463*** （-3.86）	-0.694*** （-5.79）	-0.719*** （-5.79）	-0.688*** （-5.39）	
road	0.071*** （6.87）	0.076*** （7.40）	0.073*** （7.58）	0.072*** （7.42）	0.070*** （6.88）	
gdp	0.145*** （3.42）	0.143*** （3.46）	0.126*** （3.20）	0.129*** （3.25）	0.121*** （3.00）	
income	0.302*** （6.68）	0.247*** （5.10）	0.005 （0.08）	0.017 （0.29）	0.051 （0.73）	
fdi	-0.094 （-1.58）	-0.065 （-1.09）	-0.046 （-0.82）	-0.055 （-0.94）	-0.058 （-0.99）	

续表

	被解释变量：市场潜力					
变量	（7）	（8）	（9）	（10）	（11）	
emp	−4.866*** （−3.07）	−4.340*** （−2.78）	−4.981*** （−3.35）	−5.101*** （−3.39）	−5.243*** （−3.47）	
ent	—	−2.798*** （−2.79）	−2.134** （−2.47）	−1.647** （−1.96）	−1.725** （−2.03）	
mar	—	—	1.187*** （7.18）	1.089*** （5.52）	1.072*** （5.30）	
inf	—	—	—	0.180 （0.89）	0.204 （0.98）	
gov	—	—	—	—	−1.485 （−0.97）	
Cons	2.139 （1.30）	1.296 （0.78）	−8.645*** （−4.26）	−8.259*** （−4.05）	−7.744*** （−3.63）	
N	200	200	200	200	200	
R^2	0.792	0.814	0.812	0.808	0.811	

注：***、** 和 * 分别表示在 1%、5% 和 10% 的水平上显著。"—"表示无数据。

资料来源：笔者根据相关数据运用 Stata 12.0 软件计算整理而得。

2. 以商品市场一体化为市场整合指数的实证结果分析

以商品市场一体化为市场整合指数的实证输出结果，见表 6 – 10。以商品市场一体化为市场整合指数回归效果较好，在加入控制变量后，拟合优度呈上升趋势，达到 0.80 以上。模型（1）为不加入控制变量的结果，模型（2）~模型（11）为逐步加入控制变量的结果。

从地区效应 G 来看，所有回归系数皆为负，在加入第四个控制变量后，方程（5）~方程（11）绝大部分在 10% 的水平上显著，相较于没有加入控制变量的回归结果，加入控制变量后回归结果逐渐显著。这说明，已经开通高速铁路的城市在高速铁路开通前后，其商品市场一体化水平一直低于未开通高速铁路城市商品市场的一体化水平。

从时间效应 T 来看，回归结果高度显著，均在 1% 的水平上显著，且其系数一直为负。这说明，相比于 2009 ~ 2014 年，2015 ~ 2019 年商品市场一体化水平不断下降。

从高速铁路效应 GT 来看，在加入控制变量前后，其系数一直为正且稳定在 0.20 ~ 0.40 区间内，方程（6）~方程（11）均在 10% 的水平上显著。商品市场的变化值反映了高速铁路引起的区域市场整合的变化程度，这表明，高速铁路引起的时空效应每提升 1%，商品市场一体化程度约提高0.2% ~0.4%。高速铁路的开通提升了交易便捷性，有利于商品市场拓展，可以加强本地市场与外地市场的联合，提升商品市场一体化程度，最终加快海峡西岸经济区市场整合速度。

表6-10　　　以商品市场一体化为市场整合指数的实证输出结果

变量	被解释变量：商品市场一体化					
	(1)	(2)	(3)	(4)	(5)	(6)
G	-0.493 (-1.58)	-0.448 (-1.38)	-0.432 (-1.33)	-0.398 (-1.24)	-0.562* (-1.87)	-0.543* (-1.79)
T	-4.418*** (-14.66)	-4.417*** (-14.63)	-4.441*** (-14.55)	-4.228*** (-13.62)	-3.486*** (-10.86)	-3.464*** (-10.70)
GT	0.377 (1.01)	0.377 (1.01)	0.384 (1.02)	0.481 (1.29)	0.285 (0.82)	0.273* (0.78)
acc	—	-0.159 (-0.56)	-0.195 (-0.67)	0.185 (0.58)	-0.264 (-0.86)	-0.201 (-0.62)
road	—	—	0.010 (0.57)	0.025 (1.42)	0.014 (0.88)	0.019 (1.04)
gdp	—	—	—	-0.152*** (-2.72)	0.108 (1.52)	0.113 (1.58)
income	—	—	—	—	-0.494*** (-5.39)	-0.502*** (-5.41)
fdi	—	—	—	—	—	-0.051 (-0.59)
Cons	11.623*** (22.41)	11.722*** (21.38)	11.662*** (20.86)	11.078*** (18.77)	11.979*** (20.78)	12.434*** (12.88)
N	200	200	200	200	200	200
R^2	0.747	0.747	0.748	0.766	0.802	0.803
变量	(7)	(8)	(9)	(10)	(11)	
G	-0.667** (-2.06)	-0.682** (-2.10)	-0.907 (-2.71)	-0.863** (-2.57)	-0.850** (-2.52)	
T	-3.470*** (-10.72)	-3.488*** (-10.76)	-3.484*** (-10.88)	-3.480*** (-10.88)	-3.506*** (-10.75)	
GT	0.326* (0.92)	0.328* (0.93)	0.266 (0.76)	0.218** (0.62)	0.231** (0.65)	
acc	-0.159 (-0.48)	-0.126 (-0.38)	0.078 (0.23)	0.032 (0.10)	0.109 (0.28)	
road	0.020 (1.10)	0.022 (1.21)	0.023 (1.30)	0.018 (1.00)	0.018 (0.99)	

续表

变量	被解释变量：商品市场一体化					
	（7）	（8）	（9）	（10）	（11）	
gdp	0.121 * (1.68)	0.144 * (1.90)	0.144 * (1.92)	0.173 ** (2.21)	0.184 ** (2.23)	
income	-0.543 *** (-5.41)	-0.593 *** (-5.25)	-0.689 *** (-5.81)	-0.685 *** (-5.79)	-0.715 *** (-5.22)	
fdi	-0.058 (-0.67)	-0.008 (-0.08)	-0.066 (-0.65)	-0.133 (-1.16)	-0.152 (-1.24)	
emp	3.066 (1.06)	4.371 (1.37)	3.352 (1.06)	1.805 (0.53)	1.905 (0.56)	
ent	—	-0.934 (-0.98)	-1.733 * (-1.73)	-1.379 (-1.33)	-1.488 (-1.39)	
mar	—	—	0.337 ** (2.37)	0.178 (0.95)	0.209 (1.04)	
inf	—	—	—	0.310 (1.29)	0.310 (1.29)	
gov					0.955 (0.43)	
Cons	9.722 *** (3.56)	8.115 ** (2.55)	6.597 ** (2.05)	8.927 ** (2.43)	8.563 ** (2.27)	
N	200	200	200	200	200	
R^2	0.802	0.801	0.806	0.807	0.807	

注：***、** 和 * 分别表示在1%、5%和10%的水平上显著。"—"表示无数据。

资料来源：笔者根据相关数据运用 Stata 12.0 软件计算整理而得。

3. 以劳动力市场一体化为市场整合指数的实证结果分析

以劳动力市场一体化为市场整合指数的实证输出结果，见表6－11。以劳动力市场一体化为市场整合指数在加入控制变量后，拟合优度在0.20左右浮动，但呈现逐渐增长态势。模型（1）为不加入控制变量的结果，模型（2）～模型（11）为逐步加入控制变量的结果。

从地区效应 G 看，方程（1）～方程（11）系数为正，均未在10%的水平上显著，但在加入控制变量后，其拟合优度逐渐增大。这在一定程度上可以说明，已经开通高速铁路的城市无论是在高速铁路开通前还是在高速铁路开通后，其劳动力市场一体化发展速度均快于未开通高速铁路城市的劳动力市场一体化发展速度，原因在于高速铁路的开通提高了城市之间的可达性，方便了劳动力流动，劳动力可以寻求更好的工作机会，促进劳动力区域市场一体化发展。

从时间效应 T 来看，在加入第二个控制变量后，其系数由正转负，除了方程（10）和方程（11），其余均未在 10% 的水平上显著。这说明，劳动力市场一体化水平在 2010～2016 年相较于 2009～2013 年呈现下降趋势，原因在于，长三角地区和珠三角地区对海峡西岸经济区产生虹吸效应，随着高速铁路网的逐渐完善，劳动者为寻求更好的劳动机会，会流向经济发展水平更高的城市，因此，海峡西岸经济区的劳动力市场一体化水平在逐渐放缓。

从高速铁路效应 GT 来看，在加入控制变量后，其系数一直为正且稳定在 0.003 左右，均在 10% 的水平上显著。劳动力市场一体化的变化值，反映了高速铁路引起的区域市场整合的变化程度，这表明，高速铁路引起的时空效应每提升 1%，劳动力市场一体化程度约提高 0.003%。高速铁路的开通缩短了城市之间的通行时间，提升了核心城市的竞争力，有利于劳动力向核心城市流动，扩大了劳动力就业范围，满足了不同区域对不同人才的需求。

表 6 - 11　　以劳动力市场一体化为市场整合指数的实证输出结果

变量	被解释变量：劳动力市场一体化					
	（1）	（2）	（3）	（4）	（5）	（6）
G	0.008 （1.08）	0.002 （0.28）	0.003 （0.34）	0.004 （0.67）	0.004 （0.67）	0.005 （0.78）
T	0.000 （0.49）	0.000 （0.43）	0.000 （0.24）	-0.001 （-1.44）	-0.001 （-1.32）	-0.001 （-1.14）
GT	0.003 *** （3.27）	0.003 *** （3.31）	0.003 *** （3.34）	0.003 *** （2.76）	0.003 *** （2.72）	0.003 ** （2.47）
acc	—	0.018 （1.53）	0.017 （1.46）	0.008 （0.92）	0.009 （0.91）	0.009 （1.06）
road	—	—	0.000 （0.72）	0.000 （-0.08）	0.000 （-0.07）	0.000 （0.15）
gdp	—	—	—	0.001 *** （4.35）	0.001 *** （2.91）	0.001 *** （3.14）
income	—	—	—	—	0.000 （0.05）	0.000 （0.09）
fdi	—	—	—	—	—	-0.001 * （-1.74）
Cons	-0.010 （-0.84）	-0.021 （-1.44）	-0.021 （-1.47）	-0.014 （-1.21）	-0.014 （-1.20）	-0.005 （-0.45）

续表

变量	被解释变量：劳动力市场一体化					
	（1）	（2）	（3）	（4）	（5）	（6）
N	200	200	200	200	200	200
变量	（7）	（8）	（9）	（10）	（11）	
G	0.005 (0.81)	0.004 (0.73)	0.001 (0.16)	0.002 (0.26)	0.000 (−0.08)	
T	−0.001 (−1.08)	−0.001 (−1.07)	−0.002 (−1.60)	−0.002** (−1.97)	−0.002* (−1.90)	
GT	0.003** (2.33)	0.003** (2.41)	0.003** (2.32)	0.003** (2.43)	0.002* (1.89)	
acc	0.009 (1.04)	0.008 (0.91)	0.008 (0.87)	0.007 (0.84)	0.003 (0.51)	
road	0.000 (0.20)	0.000 (0.05)	0.000 (0.01)	0.000 (0.07)	0.000 (−0.26)	
gdp	0.001*** (3.07)	0.001*** (3.11)	0.001*** (2.95)	0.001*** (2.93)	0.001*** (2.88)	
income	0.000 (0.24)	0.000 (0.62)	0.000 (−0.70)	0.000 (−0.25)	0.000 (−0.44)	
fdi	−0.001* (−1.63)	−0.001* (−1.76)	−0.001* (−1.69)	−0.001** (−2.06)	−0.001* (−1.86)	
emp	−0.007 (−0.49)	−0.008 (−0.61)	−0.010 (−0.75)	−0.012 (−0.86)	−0.014 (−1.00)	
ent	—	0.009 (0.96)	0.010 (1.05)	0.011 (1.21)	0.018* (1.91)	
mar	—	—	0.003 (1.52)	0.001 (0.41)	0.003 (1.37)	
inf	—	—	—	0.003 (1.56)	0.003 (1.16)	
gov	—	—	—	—	−0.010 (−0.63)	
Cons	0.000 (0.01)	0.003 (0.17)	−0.026 (−1.04)	−0.016 (−0.62)	−0.027 (−1.12)	
N	200	200	200	200	200	
R^2	0.279	0.272	0.263	0.281	0.297	

注：***、** 和 * 分别表示在1%、5%和10%的水平上显著。"—"表示无数据。

资料来源：笔者根据相关数据运用 Stata 12.0 软件计算整理而得。

4. 以资本市场一体化为市场整合指数的实证结果分析

以资本市场一体化为市场整合指数的实证输出结果，见表 6 - 12。在表 6 - 12 中，以资本市场一体化为市场整合指数回归效果较好，加入控制变量后，拟合优度呈上升趋势，达到 0.900 以上。模型（1）为不加入控制变量的结果，模型（2）~ 模型（11）为逐步加入控制变量的结果。

从地区效应 G 来看，方程（1）~ 方程（8）系数为正，方程（9）~ 方程（11）系数为负，均未在 10% 的水平上显著，但在加入控制变量后，其拟合优度逐渐增大，其值高达 0.92。这在一定程度上可以说明，已经开通高速铁路的城市资本市场一体化水平高于未开通高速铁路的城市，进而转变为已经开通高速铁路的城市资本市场一体化水平低于未开通高速铁路的城市。原因在于，高速铁路经过站点城市的选址一般为经济发展水平相对较高的城市，其基础设施和信息化水平相对较高，资本规模基数更大，高速铁路对城市资本市场的影响存在虹吸效应，离核心城市越近，其资本市场一体化程度越高，但随着高速铁路网的逐渐完善，这种虹吸效应将逐渐减弱。

从时间效应 T 来看，除方程（11）外，其系数显著为正，且方程（1）~ 方程（8）均在 5% 的水平上显著。整体上说明，高速铁路对资本市场一体化水平的影响呈逐渐递增趋势，原因在于，高速铁路改善了海峡西岸经济区内各城市的区位条件，提高了城市可达性，加快了资本要素流动，降低了交易费用，吸引了资本集聚，后期高速铁路对资本市场一体化的影响出现了扩散效应，资本市场一体化水平开始减弱。

从高速铁路效应 GT 来看，在加入控制变量前后，其系数一直为正且稳定在 0.1 左右，均在 1% 的水平上显著。市场潜力的变化值反映了高速铁路引起的区域市场整合的变化程度，这表明，高速铁路引起的时空效应每提升 1%，资本市场一体化水平约提高 0.1%。高速铁路的开通降低了投资者的商务成本，资本市场的半径逐渐扩大，使信息和资金的流动更加便捷，加快了海峡西岸经济区市场整合速度。

表 6 - 12　　以资本市场一体化为市场整合指数的实证输出结果

变量	被解释变量：资本市场一体化					
	（1）	（2）	（3）	（4）	（5）	（6）
G	0.412 (1.39)	0.083 (0.29)	0.101 (0.37)	0.078 (0.28)	0.180 (0.65)	0.181 (0.79)
T	0.919 *** (9.51)	0.916 *** (9.51)	0.890 *** (8.96)	0.558 *** (6.67)	0.154 ** (2.56)	0.154 ** (2.48)

续表

变量	被解释变量：资本市场一体化					
	（1）	（2）	（3）	（4）	（5）	（6）
GT	0.123 （1.03）	0.124 （1.03）	0.132 （1.10）	−0.011 （−0.12）	0.153 ** （2.45）	0.154 ** （2.40）
acc	—	1.146 *** （2.86）	1.101 *** （2.81）	0.433 （1.06）	0.940 ** （2.30）	0.933 *** （2.72）
road	—	—	0.010 （1.08）	−0.009 （−1.16）	0.000 （0.01）	0.000 （0.09）
gdp	—	—	—	0.231 *** （10.73）	−0.001 （−0.04）	−0.001 （−0.07）
income	—	—	—	—	0.329 *** （15.43）	0.328 *** （15.08）
fdi	—	—	—	—	—	0.002 （0.07）
Cons	13.379 *** （26.40）	12.667 *** （24.94）	12.608 *** （25.38）	13.517 *** （26.60）	12.687 *** （25.14）	12.666 *** （25.07）
N	200	200	200	200	200	200
R^2	0.633	0.634	0.635	0.782	0.907	0.907

变量	（7）	（8）	（9）	（10）	（11）	
G	0.181 （0.75）	0.264 （1.28）	−0.253 （−1.12）	−0.156 （−0.85）	−0.084 （−0.44）	
T	0.154 ** （2.48）	0.149 ** （2.39）	0.039 （0.65）	0.002 （0.03）	−0.039 （−0.63）	
GT	0.154 ** （2.35）	0.136 ** （2.07）	0.108 * （1.80）	0.119 * （1.94）	0.178 *** （2.80）	
acc	0.936 *** （2.64）	1.124 *** （3.65）	1.154 *** （3.71）	1.119 *** （4.51）	1.202 *** （4.69）	
road	0.000 （0.08）	0.003 （0.65）	0.003 （0.65）	0.004 （0.75）	0.008 （1.60）	
gdp	−0.001 （−0.05）	−0.003 （−0.13）	−0.013 （−0.64）	−0.012 （−0.58）	−0.001 （−0.06）	
income	0.328 *** （14.36）	0.296 *** （11.82）	0.171 *** （5.48）	0.206 *** （6.60）	0.154 *** （4.33）	
fdi	0.000 （0.01）	0.033 （1.06）	0.029 （1.01）	0.017 （0.56）	0.023 （0.78）	
emp	0.024 （0.03）	0.295 （0.37）	0.058 （0.08）	−0.251 （−0.33）	−0.032 （−0.04）	

续表

变量	被解释变量：资本市场一体化					
	（7）	（8）	（9）	（10）	（11）	
ent	—	-1.560^{***} (-3.14)	-1.893^{***} (-4.04)	-1.693^{***} (-3.77)	-1.676^{***} (-3.77)	
mar	—	—	0.571^{***} (5.75)	0.299^{***} (2.71)	0.349^{***} (3.13)	
inf	—	—	—	0.340^{***} (3.13)	0.261^{**} (2.37)	
gov	—	—	—	—	2.222^{***} (2.81)	
Cons	12.661^{***} (14.92)	12.066^{***} (14.46)	7.293^{***} (6.41)	8.721^{***} (7.97)	7.874^{***} (7.06)	
N	200	200	200	200	200	
R^2	0.907	0.914	0.927	0.925	0.928	

注：***、** 和 * 分别表示在 1%、5% 和 10% 的水平上显著。"—" 表示无数据。

资料来源：笔者根据相关数据运用 Stata 12.0 软件计算整理而得。

第四节　本章小结

本章基于高速铁路对区域市场整合的影响机制，分析高速铁路对海峡西岸经济区市场整合的影响。在理论研究方面，本章在区域市场整合支撑因素和区域市场整合演变过程的基础上，对区域市场整合的表征因素进行分析，并阐述商品市场一体化和要素市场一体化。在实证研究方面，本章选取市场潜力、商品市场一体化、劳动力市场一体化和资本市场一体化四个指数，具体衡量区域市场整合程度，运用 ARCGIS 软件绘制色阶分布图对海峡西岸经济区的市场整合程度作描述性分析，并对海峡西岸经济区市场整合程度的空间分布及分布特点进行分析。构建 DID 模型，估计高速铁路对海峡西岸经济区市场整合的影响及影响程度。本章主要得出以下三个结论。

（1）可达性水平是影响市场整合程度的重要因素。高速铁路的开通有利于提高海峡西岸经济区的可达性水平，这是其影响区域市场整合的前提。高速铁路具有速度快、运量大、受自然条件影响较小和安全性较高等特点，其开通缩短了海峡西岸经济区内各城市之间及该区域与其周边城市的时空距离，促进了商品和要素的自由流动，降低成本，提高效率，最终促进了海峡西岸经济区的市场整合。

（2）海峡西岸经济区内的市场整合水平存在明显的梯度差异。高速铁路的开通加强了海峡西岸经济区内各地级市的联系，形成了"n 小时经济圈"的模式，但从区域市场整合的描述性分析看，海峡西岸经济区内东部城市市场整合水平高于中西部城市。温州市、福州市、厦门市和泉州市等市场整合水平较高的城市主要分布在海峡西岸经济区的东部，赣州市、鹰潭市、抚州市和衢州市等市场整合水平较低的城市主要分布在海峡西岸经济区的西部，进而强化了温州市、福州市、厦门市和泉州市在海峡西岸经济区内的核心地位。

（3）高速铁路的开通，有利于海峡西岸经济区内市场整合程度的提高。引入 DID 模型，对市场潜力、商品市场一体化、劳动力市场一体化和资本市场一体化四个衡量区域市场整合程度的指标进行回归分析。实证结果表明，高速铁路开通有利于增加海峡西岸经济区的市场潜力，有利于促进海峡西岸经济区的商品市场一体化水平、劳动力市场一体化水平和资本市场一体化水平。具体来说，由以上回归结果可知，高速铁路引起的时空效应每提升 1%，市场潜力变化程度提高 0.6% ~ 0.9%，商品市场一体化程度提高 0.2% ~ 0.4%，劳动力市场一体化程度约提高 0.003%，资本市场一体化程度约提高 0.1%，从整体上看，高速铁路开通促进了海峡西岸经济区市场整合程度的提高，有利于海峡西岸经济区的协调发展，能进一步提高海峡西岸经济区在东部城市群的地位。

第七章　高速铁路对区域产业转型的影响

　　高速铁路的建设，一方面，显著推动了市场经济的发展；另一方面，也使各种经济要素的流动趋于高效。高速铁路易积累技术经济优势的特点意味着，可以为社会带来更多经济效益。高速铁路通过技术经济优势外溢持续推动社会经济发展，极大地激活了沿线区域和沿线城市的社会经济发展动能，其推动作用不仅体现在 GDP 的提高，更涉及多个维度。以华北地区重要的交通枢纽——山西省为例，2009 年 4 月 1 日，石太客运专线正式运营，山西省驶入了高速铁路建设的快车道。2009 年 12 月，作为国家"八横八纵"发展战略中呼南通道和京昆通道重要节点的大西高速铁路宣布开工，大西高速铁路南段的正式通车标志着山西省中南部地区进入高速铁路时代。

　　本章基于系统动力学理论，从经济、交通及就业子系统构建 HSR – RE 模型，在此基础上进行模拟仿真，以探究高速铁路对其辐射范围内经济带来的扰动程度。同时，为了探究高速铁路的投资额对山西中南部区域经济发展造成的影响，本章将高速铁路投资比例代入政策参数，并在对模型进行模拟仿真时反复调整参数值大小，观察其对区域经济的影响。

第一节　山西省经济发展概况

　　山西省是中国资源大省，矿产资源十分丰富，但是，作为其经济发展主要支撑的煤炭产业却成为其经济发展的"双刃剑"。2012 年，随着煤炭产业急转直下，山西省经济进入了缓慢发展阶段，2015 年，其 GDP 增速已跌至全国最低水平。目前，山西省已成为中国唯一的国家级资源型经济转型综合配套改革试验区，且处于高速建设期。山西省把高质量转型作为解决资源型地区和传统工业地区发展问题的根本出路。推动煤炭产业升级，助力资源型经济转型，使山西省逐渐走出经济低谷。2016 年，山西省生产总值达到 12928.3 亿元，同比增长 4.5%。2012 ~ 2016 年山西省生产总值及增长速度，见图 7-1。按产业划分，山西省第三产业增速最快，增长率超过 7.00%，其增加值达到 7217.4 亿元，占山西省生产总值的比重超过第一产业、第二产业的总和。作为传统支柱的第二产业增加值达到4926.4 亿元，而山西省耕地稀少，对第一产业依靠较弱，其增加值仅为784.6 亿元。

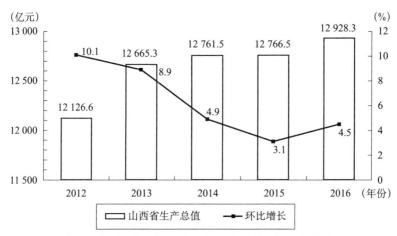

图 7-1 2012~2016 年山西省生产总值及增长速度

资料来源：笔者根据 2016 年《山西统计公报》的相关数据整理绘制而得。

2012 年，山西省各产业的增速迟缓、增长动能不足，2015 年，山西省生产总值增长率远低于各省（区、市）平均水平，仅为 3.1%，2015 年后，山西省政府高度重视供给侧结构性改革并积极推动山西省经济转型战略，随着企业转型升级，煤炭产业增长动能逐年变化，山西省经济呈现复苏趋势。2011~2015 年山西省各产业生产总值，见图 7-2。图 7-2 展示了 2011~2015 年山西省第一产业增加值、第二产业增加值、第三产业增加值的情况，第三产业增长动能最高，之后是第一产业，而第二产业则呈现负增长。

山西省已建成的高速铁路，主要分布在晋中地区和晋南地区，高速铁路线途经省会太原市并南下连接临汾市、晋中市和运城市，而随着高速铁路网的不断完善，晋城市、大同市等主要城市的高速铁路即将开通。已通车的 4 个地区，主要聚焦煤炭、焦炭、冶金和机械产业，而这 4 个产业又集中分布于晋南地区的临汾市，其经济总量仅次于太原市，同时，煤炭产业对临汾市经济指标的影响更明显。2015 年山西省中南部地区主要经济指标，见表 7-1，其中，包括山西省生产总值（GDP）、山西省第一产业生产总值（GDP1）、山西省第二产业生产总值（GDP2）和山西省第三产业生产总值（GDP3）。

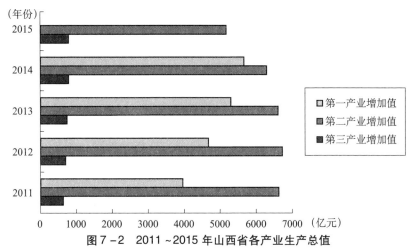

图7-2　2011~2015年山西省各产业生产总值

资料来源：笔者根据历年《山西统计年鉴》的相关数据整理绘制而得。

表7-1　　　　　　　2015年山西省中南部地区主要经济指标

指标	太原市	晋中市	临汾市	运城市	山西省	比例（%）
GDP（亿元）	2735.34	1046.12	1161.109	1174.01	12766.50	47.91
GDP1（亿元）	37.40	97.39	90.98	192.54	783.20	53.41
GDP2（亿元）	1020.18	328.38	563.44	440.45	5194.30	45.38
GDP3（亿元）	1677.77	620.35	506.68	541.03	6789.10	49.28

资料来源：笔者根据历年《山西统计年鉴》的相关数据计算整理而得。

山西省正处于产业升级的重要时期，为了弱化经济活动对煤炭资源的高度依赖性，山西省急需寻找经济发展新动能，而凭借保存完好的中国古代建筑群，高质量的旅游业逐渐成为发展的新选择。例如，列入世界文化遗产名录的平遥古城、中国佛教四大名山之一的五台山，都可以凭借旅游业高速发展拉动当地经济发展。山西省高速铁路辐射范围内的主要旅游业资源，见表7-2。

表7-2　　　　　　山西省高速铁路辐射范围内的主要旅游业资源

沿线城市	主要旅游景区
太原市	晋祠、天龙山石窟、永祚寺、崇善寺、窦大夫祠、蒙山大佛等
晋中市	平遥古城、祁县乔家大院、介休绵山、张壁古堡、榆次常家庄园等
临汾市	壶口瀑布、尧庙、洪洞大槐树、广胜寺等
运城市	解州关帝庙、永乐宫、鹳雀楼、运城盐湖、李家大院、五老峰等
大同市	云冈石窟、恒山、善化寺、华严寺、明代大同城墙等
阳泉市	狮脑山、翠峰山、藏山、娘子关、冠山、南山公园、北山公园等

资料来源：山西旅游资源. [EB/OL]. [2015-01-16]. https://www.docin.com/p-10259
65192.html.

由表 7 - 2 可知，在山西省高速铁路辐射范围内有大量优质旅游业资源，已经覆盖了山西省内绝大部分优质旅游景区。在大西高速铁路建成通车后，运城市、临汾市及太原市、平遥县等地均可通过高速铁路抵达，极大地方便了乘客出游并拉动了各地市旅游业发展。2016 年，山西省入境过夜游客接待量为 63.0 万人次，相较 2015 年增幅达到 6.1%，旅游外汇收入为 3.2 亿美元，同比增长 6.8%，国内游客接待量与国内游客收入高速增长，分别为 4.4 亿人次和 4228.0 亿元，增幅均超过 23%。山西省旅游业在最近几年的突飞猛进，给山西省经济发展带来新的活力，给山西省经济转型提供了新的动能。

第二节　山西省中南部地区 HSR - RE 系统构建

一、HSR - RE 系统因果关系分析

本章提到的 HSR - RE 系统是指，本章构建高速铁路—区域经济系统的动力学模型，是一个包含众多变量和反馈回路的多维度、动态的复杂系统。本章已阐明系统动力学应用于社会经济系统和交通系统的相关研究成果及指标选择。本章构建的山西省中南部 HSR - RE 系统主要由经济子系统、交通子系统和就业子系统组成，三个子系统分别体现区域经济发展程度、交通运输和就业人口变动情况。其中，经济子系统是最关键的组成部分，并且，要重点关注每个子系统之间影响力互相制约、互相补充的作用机制。具体研究内容为如下两点。

（1）构建动态反馈系统，采用定性分析方式、定量分析方式对高速铁路建设过程中涉及的相关要素及要素间的相互作用关系进行综合分析，要明确各个变量的作用路径、不同变量的互动影响及对整体系统的制约程度，尤其是考虑经济子系统内部的高速铁路投资变化趋势及其与高速铁路投资的相互作用关系。

（2）深入探究高速铁路投资对经济、交通、就业三个子系统中各个要素的作用效果，探讨高速铁路投资引起各个变量的变化情况，预测目标变量的发展路径。同时，在分析建立的模型时，以高速铁路投资占比为政策参数，对各个子系统的重要变量进行趋势比较和趋势分析，探究高速铁路对山西省中南部地区经济造成的影响及影响方式。

二、系统总体因果反馈回路

在系统动力学的方法论中，因果关系图通常用来表示系统内部各要素间存在的相互联系和耦合关系。因果关系图中的因果反馈回路，包含正回路和负回路两种。两种回路图中通过带有正负极性的箭头符号区分。箭头指明了两变量的因果关系，而正负则用来说明前后两变量是起到促进作用还是阻碍作用。因此，本章建立在高速铁路和区域经济系统因果关系分析的基础之上，通过系统动力学软件 VENSIM PLE 制作因果关系图，再通过对参数进行调整，进一步对模型进行仿真模拟。HSR - RE 系统因果关系，见图 7 - 3。

交通系统和经济系统都属于复杂系统，涉及变量繁多，很难在限定篇幅和限定时间内纳入所有因素。因此，在对 HSR - RE 系统进行因果关系分析时，有必要先筛选对系统影响较大的各种因素，再将难以获取的基础数据或对系统影响相对较小的各种因素取而代之，以实现对 HSR - RE 系统的简化。其中，高速铁路客运量、GDP、高速铁路投资、区域经济发展水平、就业总人口几个变量都是本章系统动力学模型考察的重点，在建立模型时将使用主要变量进行模型的模拟仿真。

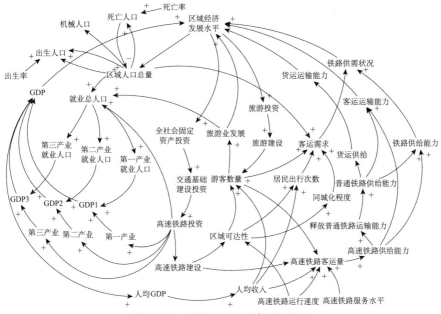

图 7 - 3　HSR - RE 系统因果关系

资料来源：笔者根据相关资料运用 VENSIM PLE 软件绘制而得。

三、子系统因果反馈回路分析

1. 经济子系统因果关系图

区域经济子系统是构成高速铁路—区域经济系统的第一个主体部分，主要包括区域经济发展水平、交通基础设施建设投资、高速铁路投资和GDP等要素。目前，高速铁路是现代社会一种高效、快捷的运输方式，在很大程度上提高了人员、货物等因素在各区域间的移动速度。因此，投资修建高速铁路对区域经济发展具有良好的推动作用：推动第一产业、第二产业、第三产业繁荣发展，提升GDP；增强区域可达性，促进当地旅游业发展，提升区域经济发展水平。经济子系统因果关系，见图7-4。

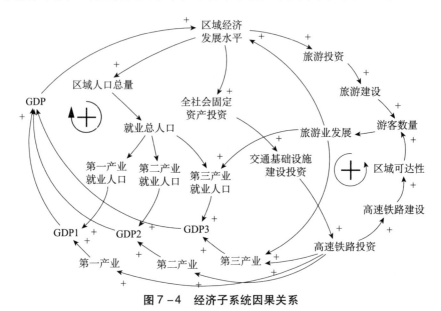

图7-4　经济子系统因果关系

资料来源：笔者根据相关资料运用 VENSIM PLE 软件绘制而得。

经济子系统有以下四条主要反馈回路。

回路1：区域经济发展水平→＋全社会固定资产投资→＋交通基础设施建设投资→＋高速铁路投资→＋第一产业→＋GDP1→＋GDP→＋区域经济发展水平。

观察符号发现，这条回路属于正反馈回路，解释了经济子系统与交通子系统的关系。例如，研究全社会固定资产投资变量发现，全社会固定资产投资前的箭头表示该变量会受到来自区域经济发展水平的正反馈；全社会固定资产投资后面的箭头表示该变量的增长对交通基础设施建设投资带来正反馈，从而提升第一产业增加值、第二产业增加值、第三产业增加值，共同带动 GDP 增长。另外，考虑到第一产业反馈机制、第二产业反馈机制、第三产业反馈机制基本一致，本章仅列举了最突出的产业进行因果关系分析，其他产业不再重复，下文同理。

回路2： 区域经济发展水平→＋全社会固定资产投资→＋交通基础设施建设投资→＋高速铁路投资→＋高速铁路建设→＋区域可达性→＋游客数量→＋旅游业发展→＋区域经济发展水平。

回路3： 区域经济发展水平→＋全社会固定资产投资→＋交通基础设施建设投资→＋高速铁路投资→＋高速铁路建设→＋区域可达性→＋游客数量→＋旅游业发展→＋第三产业就业人口→＋GDP3→＋GDP→＋区域经济发展水平。

回路4： 区域经济发展水平→＋全社会固定资产投资→＋交通基础设施建设投资→＋高速铁路投资→＋高速铁路建设→＋区域可达性→＋游客数量→＋旅游业发展→＋第三产业→＋GDP3→＋GDP→＋区域经济发展水平。

观察符号发现，回路2～回路4都属于正反馈回路，刻画了高速铁路投资对第三产业和旅游业发展带来正反馈的作用机制。高速铁路投资与高速铁路建设能增强区域可达性，极大地改善出行舒适度与出行便利性，为地区实现游客人数增加、旅游业发展提供支持与保障。因此，兴建高速铁路能拉动区域旅游业发展，促进区域经济发展水平提升，也对第三产业发展、提高区域内的第三产业就业人口和提高 GDP 有所帮助。

2. 交通子系统因果关系

交通子系统是构成高速铁路—区域经济系统的第二个主体部分，主要包括交通基础设施建设投资、高速铁路投资、高速铁路建设等变量。铁路供需状况要根据高速铁路供给能力和普通铁路供给能力决定，但又会受客运需求、货运需求而调整。高速铁路开通能改善区域可达性，促进城市群的形成，借助高速铁路供给能力，又提高了客运运输能力与货运运输能力。交通子系统因果关系，见图 7-5。

交通子系统主要反馈回路如下：

回路1： 区域经济发展水平→＋GDP→＋人均 GDP→＋人均收入→＋高速铁路客运量→＋高速铁路供给能力→＋铁路供给→＋铁路供需状况→＋区域经济发展水平。

观察符号发现，此条回路属于正反馈回路，展示了区域经济发展水平与铁路供需状况的互动机制。回路1从区域经济发展水平出发，GDP 的增长正反馈于人均 GDP，这使人均消费水平随之提高，并且该区域选择使用高速铁路的乘客随之增多。

　　回路2： 区域经济发展水平→＋全社会固定资产投资→＋交通基础设施建设投资→＋高速铁路投资→＋高速铁路建设→＋高速铁路客运量→＋高速铁路供给能力→＋客运运输能力→＋区域经济发展水平。

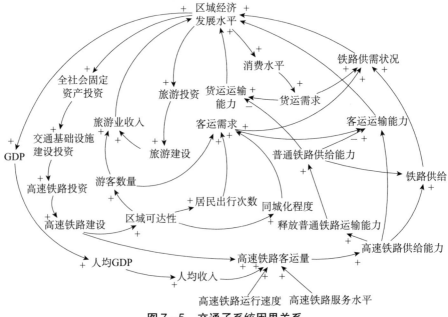

图7-5　交通子系统因果关系

资料来源：笔者根据相关资料运用 VENSIM PLE 软件绘制而得。

　　观察符号发现，此条回路属于正反馈回路，展示了高速铁路建设影响客运运输能力的路径。高速铁路建设提升高速铁路供给能力，在强大的高速铁路运输能力和普通铁路运输能力供应支撑下，客运运输能力得以提升，进而推动区域经济发展水平。

　　回路3： 区域经济发展水平→＋全社会固定资产投资→＋交通基础设施建设投资→＋高速铁路投资→＋高速铁路建设→＋区域可达性→＋居民出行次数→＋客运需求→－客运运输能力→＋区域经济发展水平。

　　观察符号发现，此条回路属于负反馈回路，展示了高速铁路建设对区域经济发展水平的负反馈路径。在分析经济子系统回路中提到，高速铁路建成缩小时空距离、增强区域可达性、使居民出行舒适便捷，得出客运需求增长对区域经济发展水平有一定推动作用的结论。但是，当客运需求过高时，不充足的客运运输能力无法满足客运需求，这种供给小于需求的客运供需不匹配的情况将对区域经济发展水平造成阻碍。

　　回路4： 区域经济发展水平→＋全社会固定资产投资→＋交通基础设

施建设投资→ + 高速铁路投资→ + 高速铁路建设→ + 高速铁路客运量→ +
高速铁路供给能力→ + 释放普通铁路运输能力→ + 普通铁路供给能力→ +
货运运输能力→ + 区域经济发展水平。

　　观察符号发现，此条回路属于正反馈回路，展示了高速铁路建设对货
运运输能力造成影响的路径。为了满足高速铁路建设和开通带来的需求，
高速铁路供给能力逐渐增长，在很大程度上能够满足客运需求，从而释放
普通铁路运输能力，间接提升普通铁路供给能力。普通铁路可以将更多运
力集中至货物运输，一方面，为优化货运运输能力创造空间；另一方面，
也间接提高了区域经济发展水平。

　　3. 就业子系统因果关系

　　就业子系统是构成高速铁路—区域经济系统的第三个主体部分，包括
区域经济发展水平、就业总人口、第一产业就业人口、第二产业就业人口
和第三产业就业人口等变量。高速铁路投资主要通过对第三产业相关指标
的作用，实现对区域就业总人口的数量控制。高速铁路投资涉及多个工作
单位，提供的工作岗位必然吸引大量当地劳动力，增加第一产业就业人
口、第二产业就业人口、第三产业就业人口，最终也会影响 GDP。就业子
系统因果关系，见图 7 - 6。

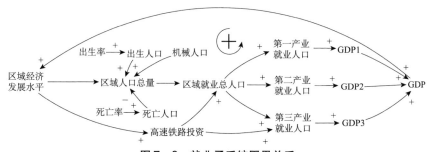

图 7 - 6　就业子系统因果关系
资料来源：笔者根据相关资料运用 VENSIM PLE 软件绘制而得。

　　就业子系统主要反馈回路如下：

　　回路 1：区域经济发展水平→ + 区域人口总量→ + 区域就业总人口→ +
第一产业就业人口→ + GDP1→ + GDP→ + 区域经济发展水平。

　　观察符号发现，此条回路属于正反馈回路，展示了区域经济发展水平
正向影响区域就业总人口的路径。出生人口与死亡人口、机械人口的增减
等因素共同控制区域人口总量。区域人口总量的增长伴随着区域就业总人
口的增长，并且，区域就业总人口在影响各产业就业人口的同时也将提升
各产业 GDP，从而牵动区域经济发展水平。

　　回路 2：区域经济发展水平→ + 高速铁路投资→ + 第三产业就业人

口→ + GDP3→ + GDP→ + 区域经济发展水平。

观察符号发现，此条回路属于正反馈回路，展示了高速铁路投资正向影响第三产业就业人口的路径。高速铁路投资提高了人员流动能力，使更多劳动力注入社会，这种效应对第三产业就业人口尤其明显。而区域就业总人口增长也推动了 GDP 增长；在给旅游业带来巨大效益的同时，推动第三产业就业人口的增加。

四、HSR – RE 模型设计

系统动力学的因果关系图可以说明系统变化的原因，是能够表达系统内部关系的反馈结构。在此基础上，再建立具有反馈回路的动力学模型和动力学方程式，能进一步探究系统内各元素之间的数量关系。在系统动力学中，通常使用描述系统累积效应变化快慢的速率变量（rate variable）、表示某些物理量累积水平的水平变量（level variable）和辅助变量（auxiliary variable）构造系统动力学流图进行定量分析。这个通过演化模型方法分析的过程，不仅能更清晰地展示系统及系统的作用路径，还能更完整、更具体地体现系统构成、系统行为及系统元素的相互作用机制。

系统动力学流图包含系统动力学中的基本变量和基本符号，具有形象、动态描述系统反馈的特点。考虑到系统内各个子系统具有紧密的关联关系，子系统之间的不断作用与不断反馈决定系统整体的行为，因此，探究子系统之间的相互作用机制对理解系统内部的作用机制有重要的意义。基于此，本章的研究思路为：首先，建立包括经济子系统、交通子系统和就业子系统三个子系统的 HSR – RE 模型（高速铁路—区域经济模型）；其次，解析 HSR – RE 系统内各变量间的影响机制，描绘因果关系图；再次，根据因果关系图，按照不同要素的性质对要素间的关系进行划分，得出系统动力学方程式；最后，总结各部分的系统流图。本章通过刻画子系统协同影响对系统整体内部作用路径的过程，相对全面地解析了高速铁路对区域经济的作用方式。

1. 经济子系统

经济子系统通常被认为是一个多维度系统，其中，许多因素相互作用影响经济发展。在对系统动态进行建模和分析时，因部分数据缺失或者收集难度过大，模型中通常很难容纳全部变量。因此，本章在构建模型时，主要考虑代表真实系统的模型，而对其他因素进行删除，考虑了高速铁路投资、就业和旅游收入都可以在不同程度上对山西省中南部地区产业的 GDP 造成影响。经济子系统的系统流程，见图 7 - 7。

图 7 - 7 中的经济子系统包括 GDP1、GDP2 和 GDP3。图 7 - 7 仍延续

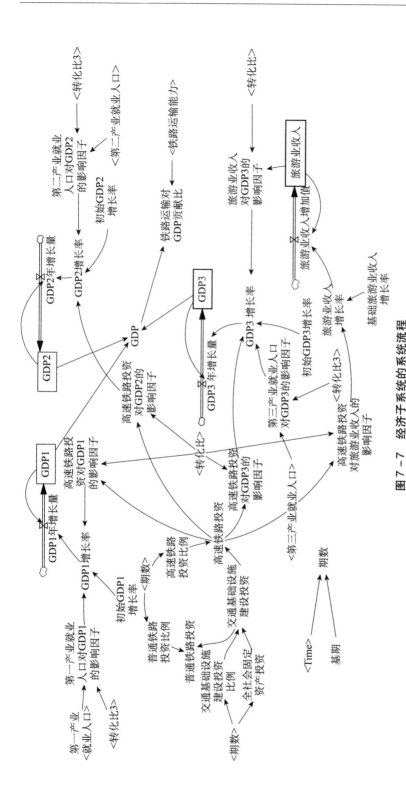

图 7 - 7　经济子系统的系统流程

资料来源：笔者根据相关资料运用 VENSIM PLE 软件绘制而得。

本章以第三产业为例加以说明的做法，GDP1、GDP2 计算步骤同理。增长率即初始 GDP3 增长率，是将"高速铁路投资对 GDP3 的影响因子""第三产业就业人口对 GDP3 的影响因子""旅游收入对 GDP3 的影响因子"三个影响因子进行线性组合形成的。GDP3 是由初始 GDP3 与 GDP3 年增长量加总得到。其中，GDP3 年增长量由 GDP3 增长率计算而得。GDP 通过 GDP1 第一产业经济产值、GDP2、GDP3 累加而得，最终量化了高速铁路投资对 GDP 的影响。

经过以上处理并绘制系统流图后，还需建立 HSR-RE 模型的系统动力学方程。在本章中，水平变量方程用 L 表示；速率变量方程用 R 表示；C 均表示为常量方程；辅助变量方程用 A 表示；最后，代入规范模型中变量的单位（因篇幅原因，各子系统中的表函数见附录二）。

HSR-RE 模型经济子系统的系统动力学方程式建立如下：

（1）L　GDP1 = INTEG（GDP1 年增长量，147.96 亿元）；

（2）R　GDP1 年增长量 = GDP1 × GDP1 增长率；

（3）A　GDP1 增长率 = 初始 GDP1 增长率 ×（第一产业就业人口对 GDP1 的影响因子 + 高速铁路投资对 GDP1 的影响因子）/2；

（4）A　第一产业就业人口对 GDP1 的影响因子 = 第一产业就业人口对 GDP1 的影响因子表函数；

（5）A　高速铁路投资对 GDP1 的影响因子 = 高速铁路投资对 GDP1 的影响因子表函数；

（6）C　初始 GDP1 增长率 = 0.06825；

（7）A　交通基础设施建设投资比例 = 交通基础设施建设投资比例表函数；

（8）A　全社会固定资产投资 = 全社会固定资产投资表函数；

（9）A　交通基础设施建设投资 = 交通基础设施建设投资比例 × 全社会固定资产投资；

（10）L GDP2 = INTEG（GDP2 年增长量，1325.19 亿元）；

（11）R GDP2 年增长量 = GDP2 × GDP2 增长率；

（12）A GDP2 增长率 = 初始 GDP2 增长率 ×（第二产业就业人口对 GDP2 的影响因子 + 高速铁路投资对 GDP2 的影响因子）/2；

（13）A　第二产业就业人口对 GDP2 的影响因子 = 第二产业就业人口对 GDP2 的影响因子表函数；

（14）C　初始 GDP2 增长率 = 0.16202；

（15）A　普通铁路投资比例 = 普通铁路投资比例表函数；

（16）A　普通铁路投资 = 交通基础设施建设投资 × 普通铁路投资

比例；

（17）A　铁路运输对 GDP 贡献比 = GDP/铁路运输能力；

（18）A　高速铁路投资比例 = 高速铁路投资比例表函数；

（19）A　高速铁路投资 = 交通基础设施建设投资 × 高速铁路投资比例；

（20）A　高速铁路投资对 GDP2 的影响因子 = 高速铁路投资对 GDP2 的影响因子表函数；

（21）L　GDP3 = INTEG（GDP3 年增长量，1085.34 亿元）；

（22）R　GDP3 年增长量 = GDP3 × GDP3 增长率；

（23）A　GDP3 增长率 = 初始 GDP3 增长率 ×（第三产业就业人口对 GDP3 的影响因子 + 高速铁路投资对 GDP3 的影响因子 + 旅游业收入对 GDP3 的影响因子）/3；

（24）A　高速铁路投资对 GDP3 的影响因子 = 高速铁路投资对 GDP3 的影响因子表函数；

（25）A　第三产业就业人口对 GDP3 的影响因子 = 第三产业就业人口对 GDP3 的影响因子表函数；

（26）C　初始 GDP3 增长率 = 0.12441；

（27）L　旅游业收入 = INTEG（旅游业收入增加值，414.8 亿元）；

（28）R　旅游业收入增加值 = 旅游业收入 × 旅游业收入增长率；

（29）A　旅游业收入对 GDP3 的影响因子 = 旅游业收入对 GDP3 的影响因子表函数；

（30）A　旅游业收入增长率 =（基础旅游业收入增长率 × 高速铁路投资对旅游业收入的影响因子）/2；

（31）C　基础旅游业收入增长率 = 0.2391；

（32）A　GDP = GDP1 + GDP2 + GDP3；

（33）A　高速铁路投资对旅游业收入的影响因子 = 高速铁路投资对旅游业收入的影响因子表函数。

2. 交通子系统

交通子系统包括不同的运输方式，不同的运输方式代表各类不同变量。因为本章聚焦于铁路运输，所以，建立的交通子系统模型只涵盖铁路运输。交通子系统的系统流程，见图 7 - 8。

交通子系统包括五个水平变量——客运量、旅客人数、区域总人口、高速铁路里程和普通铁路里程，包括若干速率变量和辅助变量，以分析各种变量相互作用导致的铁路运输能力变化。例如，客运增长率的计算方法是，通过将"旅游业对客运量的影响因子"和"同城化对客运量的影响

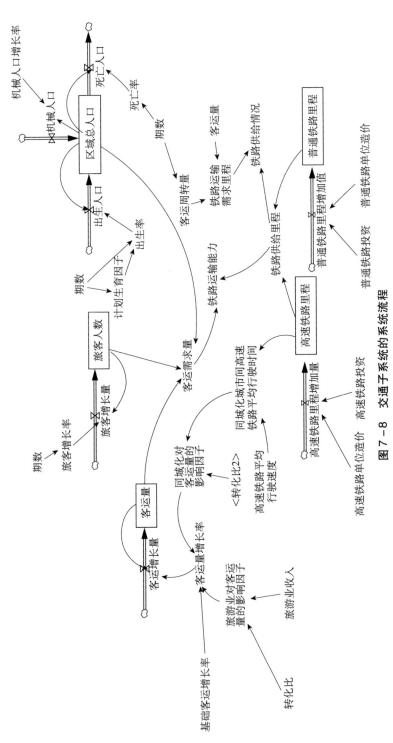

图 7 - 8 交通子系统的系统流程

资料来源：笔者根据相关资料运用 VENSIM PLE 软件绘制而得。

因子"两个要素相结合，得到该年的客运增长率。同样，客运需求量需要对客运量、旅客人数和区域总人口三个要素回归后拟合得出，再加入铁路供给里程变量，观察铁路运输能力。

在该子系统的定义下，高速铁路投资联系最紧密的影响因素是客运量，同时，区域可达性的提高也与旅游业呈正相关，这与本章前文描述的山西省中南部地区发展情况一致，为了结果的可得性，本章弱化了对货运量的讨论。

HSR - RE 模型交通子系统的系统动力学方程的建立如下：

（1）L　旅客人数 = INTEG（旅客增长量，7517 万人/年）；

（2）R　旅客增长量 = 旅客人数×旅客增长率；

（3）A　旅客增长率 = 旅客增长率表函数；

（4）L　客运量 = INTEG（客运增长量，3759.63 万人）；

（5）R　客运增长量 = 客运量×客运量增长率；

（6）C　基础客运增长率 = 0.0809；

（7）A　客运量增长率 = 基础客运增长率×（同城化对客运量的影响因子 + 旅游业对客运量的影响因子）/2；

（8）L　区域总人口 = INTEG（出生人口 + 机械人口 - 死亡人口，494.02 万人）；

（9）R　出生人口 = 区域总人口×出生率；

（10）R　死亡人口 = 区域总人口×死亡率；

（11）R　机械人口 = 区域总人口×机械人口增长率；

（12）C　机械人口增长率 = 0.00203；

（13）A　计划生育因子 = IF THEN ELSE（期数 >2017，1.004，1）；

（14）A　出生率 = 出生率表函数；

（15）A　死亡率 = 死亡率表函数；

（16）A　客运需求量 = 区域总人口×0.10 + 旅客人数×0.904 + 客运量；

（17）A　客运周转量 = 客运周转量表函数；

（18）A　同城化对客运量的影响因子 = 同城化对客运量的影响因子表函数；

（19）A　铁路运输能力 = 客运需求量/铁路供给里程；

（20）A　铁路运输需求里程 = 客运周转量/客运量；

（21）A　旅游业对客运量的影响因子 = 旅游业对客运量的影响因子表函数；

（22）C　高速铁路平均行驶速度 = 200 千米/小时；

（23） A　同城化城市间高速铁路平均行驶时间＝高速铁路里程/高速铁路平均行驶速度；

（24） L　高速铁路里程＝INTEG（高速铁路里程增加量，42.85千米）；

（25） R　高速铁路里程增加量＝高速铁路投资/高速铁路单位造价；

（26） A　铁路供给里程＝普通铁路里程＋高速铁路里程；

（27） C　高速铁路单位造价＝1.12亿元×年/千米；

（28） L　普通铁路里程＝INTEG（普通铁路里程增加值，3100千米）；

（29） R　普通铁路里程增加值＝普通铁路投资/普通铁路单位造价；

（30） C　普通铁路单位造价＝0.70亿元×年/千米；

（31） A　铁路供给情况＝铁路供给里程/铁路运输需求里程。

3. 就业子系统

高速铁路投资能提供大量就业岗位，不仅直接带动了基建等第二产业的发展，还可以通过提高城市间的可达性，促进旅游业等第三产业的发展，在促进这些产业发展的同时，会使这些产业出现大量人力缺口。因此，就业子系统至关重要。就业子系统系统流程，见图7-9。

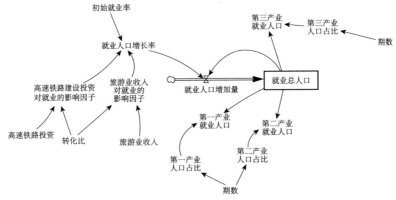

图7-9　就业子系统系统流程

资料来源：笔者根据相关资料运用VENSIM PLE软件绘制而得。

就业总人口包括第一产业就业人口、第二产业就业人口和第三产业就业人口。就业人口增长率是通过将图7-9中的初始就业率与高速铁路建设投资对就业的影响因子和旅游业收入对就业的影响因子相结合综合得出就业人口增长率，再将该增长率乘以人口数量得出就业总人口。最后，结合各产业人口比例，得出各产业就业人口的变化情况。

HSR-RE模型就业子系统的系统动力学方程建立如下。

（1） L　就业总人口＝INTEG（就业人口增加量，95.65万人）；

（2） R　就业人口增加量＝就业总人口×就业人口增长率；

（3）A　就业人口增长率＝初始就业率×（旅游业收入对就业的影响因子＋高速铁路建设投资对就业的影响因子）；

（4）C　初始就业率＝0.2157；

（5）A　高速铁路建设投资对就业的影响因子＝高速铁路建设投资对就业的影响因子表函数；

（6）A　旅游业收入对就业的影响因子＝旅游业收入对就业的影响因子表函数；

（7）A　第一产业就业人口＝就业总人口×第一产业人口占比；

（8）A　第一产业人口占比＝第一产业人口占比表函数；

（9）A　第二产业就业人口＝就业总人口×第二产业人口占比；

（10）A　第二产业人口占比＝第二产业人口占比表函数；

（11）A　第三产业就业人口＝就业总人口×第三产业人口占比；

（12）A　第三产业人口占比＝第三产业人口占比表函数。

第三节　山西省中南部地区 HSR – RE 模型仿真

一、模型的参数估计

为了更好地得到模型仿真效果，需要先对模型中的相关参数进行赋值，再利用 VENSIM PLE 软件进行仿真，常用的模型参数包括表函数、常数和初始值。因为不可能从公布的数据中获得所有的参数，所以，需要对这些参数进行估计。对系统动力学而言，模型结构的正确性比模型中参数的准确性更重要，如果模型结构无误，那么，模型的仿真结果将基本符合现实情况。

1. 初始值的确定

HSR – RE 模型的水平变量初始值通过《山西统计年鉴》确定，HSR – RE 系统模型水平变量初始值，见表7 – 3。

表7 – 3　　　　　　HSR – RE 系统模型水平变量初始值

变量	初始值	单位
GDP1	147.96	亿元
GDP2	1325.19	亿元
GDP3	1085.34	亿元
旅游收入	414.08	亿元

续表

变量	初始值	单位
旅客人数	7517.00	万人/年
客运量	3759.63	万人
区域人口总量	494.02	万人
高速铁路里程	42.85	千米
普通铁路里程	3100.00	千米
就业总人口	95.65	万人

资料来源：笔者根据相关资料整理而得。

2. 常量确定

在此部分定义的 HSR – RE 模型中共有 9 个常量，大部分通过查阅《山西统计年鉴》或山西省政府公开的相关文件获取，已知参数及解释说明，见表 7 – 4。

表 7 – 4   已知参数及解释说明

变量	数值	变量数据来源
初始 GDP1 增长率	0.0683	《山西统计年鉴》
初始 GDP2 增长率	0.1620	《山西统计年鉴》
初始 GDP3 增长率	0.1244	《山西统计年鉴》
基础旅游收入增长率	0.2391	《山西统计年鉴》
基础客运增长率	0.0809	《山西统计年鉴》
机械人口增长率	0.0020	年度人口迁入率、年度人口迁出率
高速铁路单位造价	1.12 亿元/千米	世界银行发表的《中国高速铁路建设成本报告》
普通铁路单位造价	0.35 亿元/千米	中国铁路工程造价信息网
初始就业率	0.2157	《山西统计年鉴》

资料来源：笔者根据相关资料整理而得。

除了直接可用的参数外，还有一些参数需要使用已获取的相关资料，使用其他方式与经验数据相结合计算得出。在这部分研究中，本章选取全面二孩政策放开后山西省人口预计增长数量为基础数据，得出的公式 IF THEN ELSE （period > 2017, 1.004, 1）作为计划生育因子。此外，还有一些参数通过 SPSS 19.0 软件拟合得出。本部分以区域人口对客运量的影响因子和乘客人数对客运量的影响因子为例，说明这些参数的确定方法。通过《山西统计年鉴》，获得太原市、晋中市、临汾市、运城市四个城市

2011~2015年的区域人口量、客流量和旅客人数的数据，并利用SPSS 19.0软件对曲线进行拟合。回归分析，见表7-5；参数拟合，见表7-6；有效性检验，见表7-7。

通过二元线性回归，得出直线方程：

$$Y = 0.100X_1 + 0.904X_2 \qquad (7-1)$$

在式（7-1）中，Y为该地区客运量；X_1为该地区区域人口总量；X_2为该地区旅客人数。

从式（7-1）中可以看出，山西省该区域人口对客运量的影响因子为0.100，而旅客人数对客运量的影响因子为0.904，从而确定了预测客运需求量的各参数。

表7-5   回归分析

	Model	Unstandardized Coefficients		Standardized Coefficients	t	Sig.
		B	Std. Error	Beta		
1	(Constant)	-10739.371	30472.546		-0.352	0.748
	X_1	31.925	61.776	0.100	0.517	0.641
	X_2	0.060	0.013	0.904	4.684	0.018

Coefficients[a]

注：Dependent Variable：Y。

资料来源：笔者根据相关资料运用SPSS 19.0软件计算整理而得。

表7-6   参数拟合

Model Summary

Model	R	R Square	Adjusted R Square	Std. Error of the Estimate
1	0.956[a]	0.914	0.856	227.55763

注：Predictors：(Constant)，X_2，X_1。

资料来源：笔者根据相关资料运用SPSS 19.0软件计算整理而得。

表7-7   有效性检验

ANOVA

	Model	Sum of Squares	df	Mean Square	F	Sig.
1	Regression	1648082.828	2	824041.414	15.914	0.025[b]
	Residual	155347.427	3	51782.476		
	Total	1803430.256	5			

注：① Dependent Variable：Y；② Predictors：(Constant)，X_2，X_1。

资料来源：笔者根据相关资料运用SPSS 19.0软件计算整理而得。

对于具有较大浮动的常量，本章采用表函数处理非线性问题的有效性，并确保所构建的模型能正确模拟真实系统。这种表函数包括第一产业就业人口对 GDP1 的影响因子，高速铁路投资对产业 GDP 的影响因子、交通基础设施投资比例、全社会固定资产投资、高速铁路投资比例，同城化对客运量的影响因子、旅游收入对 GDP3 的影响因子、旅客增长率、高速铁路建设投资对就业的影响因子、出生率、死亡率、旅游业对客运量的影响因子、旅游收入对就业的影响因子等。

二、模型的有效性检验

在模型构建完成后，需要对其合理性和适用性进行有效性检验，以确保模型构建结果能反映系统的真实情况并使其可供参考。因为真实的运输系统和区域经济系统非常复杂，已建立的系统动力学模型是简化模型，不能完全反映系统中的所有相互关系，模型能否科学合理地反映真实情况对后期的仿真至关重要，所以，模型的有效性检验是模型运行前必不可少的步骤。

1. 直观检验

直观检验是对收集到的与模型有关的数据资料和信息进行详细分析，以确保模型中的变量定义正确、相关变量之间的因果关系合理有据、内在的反馈机制和动力学方程式正确。考虑到山西省高速铁路和经济发展的现实条件，本章通过对模型中各变量之间的关系和数据选择的仔细斟酌、考虑和反复微调，建立了 HSR – RE 模型。同时，通过 VENSIM PLE 中的模型检验（Model Check）和单位检验（Units Check）对模型的结构和量纲的合理性进行了验证。

2. 稳定性检验

为了确保模型中设定的参数不会因时间间隔而不稳定，需要从所构建的模型中选择变量，检验变量在不同时间间隔的变化程度，使模型参数在不同时间段有相似的预测值。考虑到变量的影响程度，本模型中选择了交通子系统的客运量水平变量进行检验。分别设定 0.25 年（第 1 步）、0.50 年（第 2 步）和 1.00 年（第 3 步）三种时间步长比较结果输出图。不同步长下 2010～2025 年山西省某地区客运量仿真结果分析，见图 7 – 10。

根据图 7 – 10 显示，三种不同步长下的客运量折线图的输出结果基本相同。因此，可以得出结论，本章建立的 HSR – RE 系统模型是相对稳定的，模型构建结果是稳健的。

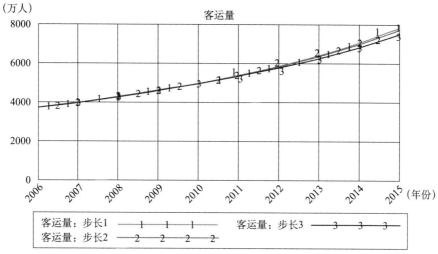

图7-10　不同步长下2010~2025年山西省某地区客运量仿真结果分析
资料来源：笔者根据相关资料运用 VENSIM PLE 软件绘制而得。

3. 历史性检验

当模型建立之后，需要将模型中水平变量的仿真值与历史统计数据进行比较，进一步判断模型的有效性并分析两组数据之间的差异，这就是历史性检验。在本章中，从经济、交通和就业等子系统中各选取一个变量或两个变量进行检验，共选取四个变量，分别是 GDP、客运量、就业总量和旅客人数，运用《山西统计年鉴》的相关数据与仿真值进行对比分析。在本章研究中，考虑到历史数据的可得性，将检验期设置为 2006~2015 年，即检验时间为 10 年。HSR-RE 模型历史检验结果，见表7-8。

表7-8 表明各子系统中主要变量的历史值、仿真值和相对误差值的情况。从表7-8 中可以看出，各变量的仿真值和历史值的相对误差一般不超过 10%，说明模型的运行结果与实际值之间的拟合度相对较高，能较准确地研究 HSR-RE 系统的基本状态，预测效果较好。因此，可以进入下一阶段的模拟仿真。

表7-8　　　　　　　　HSR-RE 模型历史检验结果

年份	GDP			客运量		
	历史值（亿元）	仿真值（亿元）	相对误差	历史值（万人）	仿真值（万人）	相对误差
2006	2584.52	2584.52	0.0000	3759.63	3759.63	0.0000
2007	3078.22	2827.77	-0.0814	4183.02	4030.26	-0.0365

续表

年份	GDP			客运量		
	历史值 （亿元）	仿真值 （亿元）	相对误差	历史值 （万人）	仿真值 （万人）	相对误差
2008	3605.97	3212.29	-0.1092	4739.91	4323.55	-0.0878
2009	3673.11	3820.16	0.0400	5320.35	4641.94	-0.1275
2010	4265.60	4372.56	0.0250	5753.58	4988.22	-0.1330
2011	5130.84	4901.80	-0.0446	6218.84	5366.33	-0.1371
2012	5618.35	5546.42	-0.0128	6208.14	5801.30	-0.0655
2013	5868.39	6114.44	0.0419	6294.41	6289.17	-0.0008
2014	5987.25	6355.75	0.0615	6949.28	6859.39	-0.0129
2015	6116.59	6469.00	0.0576	7417.66	7553.47	-0.0183

年份	就业总人口			旅客人数		
	历史值 （万人）	仿真值 （万人）	相对误差	历史值 （万人次）	仿真值 （万人次）	相对误差
2006	95.65	95.65	0.0000	7517.00	7517.00	0.0000
2007	99.03	98.75	-0.0028	8529.00	8456.63	-0.0085
2008	100.49	101.97	0.0147	9383.80	9589.81	0.0220
2009	102.79	105.31	0.0245	10610.70	10548.80	-0.0058
2010	106.58	108.79	0.0629	12627.00	11927.50	-0.0554
2011	106.87	113.59	-0.0486	15130.00	14193.80	-0.0619
2012	125.10	119.02	-0.0486	19623.00	17004.10	-0.1335
2013	117.90	125.18	-0.0617	24872.00	22054.30	-0.1133
2014	130.89	132.03	0.0087	30007.00	27942.80	-0.0688
2015	129.85	139.80	0.0766	36066.00	33699.10	-0.0656

资料来源：笔者根据相关资料计算整理而得。

4. 灵敏度检验

对于已建立的模型，模型的灵敏度检验是为了检测变量输出对系统参数的敏感性以验证系统状态，也可以认为灵敏度检验是进行模型的可靠性检验和稳定性检验。灵敏度检验可分为参数灵敏度检验和结构灵敏度检验。参数灵敏度检验主要是为了检验参数变化对模型结果是否有重大影响。参数灵敏度或结构灵敏度越低，模型的稳定性越高。

本章 HSR - RE 模型中的出生率被选为敏感参数，分析在基本情况下增加 10% 时对或减少 10% 时对该地区总人口的影响。区域人口总量灵敏度检验，见图 7 - 11。

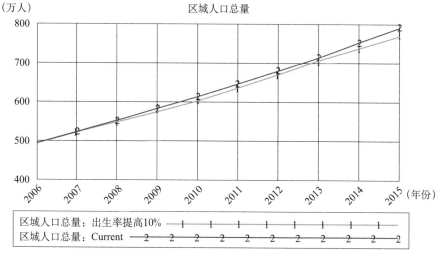

图 7 - 11　区域人口总量灵敏度检验

资料来源：笔者根据相关资料运用 VENSIM PLE 软件绘制而得。

图 7 - 11 表明，对于区域人口来说，曲线 1 和曲线 2 之间的差异不是很大，即使生育率增加 10% 也不会明显改变区域人口，这表明小的变化不会导致系统行为的根本改变。同时也表明，该模型对参数的要求不是特别高，对实际应用较为有利，可以进行后续模型的仿真模拟和政策分析。

三、模型的仿真模拟

对 HSR - RE 模型进行有效性检验，结果表明该模型能反映系统的真实情况。本章进行系统模型构建，以 2006 ~ 2025 年为周期，以 2006 年《山西统计年鉴》的相关数据为基础数据，在不改变任何模型参数的情况下，以一年为单位运行模型。仿真结果用于分析模型中经济子系统、交通子系统及就业子系统的主要变量输出结果，具体分析大西高速铁路建设对晋中地区和晋南地区经济的影响。

2006 ~ 2025 年山西省中南部地区生产总值仿真曲线，见图 7 - 12。得益于高速铁路的影响，山西省太原市以南地区的 GDP 将呈现稳定增长趋势。自 2012 年山西省进入经济转型期以来，该地区的 GDP 增长缓慢或停滞不前。但 2016 年以来，该地区的经济开始复苏，呈现稳定发展态势。

2006 ~ 2025 年山西省中南部地区 GDP1 仿真曲线，见图 7 - 13。2006 ~ 2025 年山西省中南部地区 GDP2 仿真曲线，见图 7 - 14。2006 ~ 2025 年山

西省中南部地区 GDP3 仿真曲线，见图 7 – 15。图 7 – 13 ~ 图 7 – 15 分别为山西省中南部地区第一产业的生产产值曲线、第二产业的生产产值曲线、第三产业的生产产值曲线，表明高速铁路建设极大地促进了沿线地区经济发展，对产业结构产生了修正作用。从图 7 – 13 ~ 图 7 – 15 中可以看出，2015 年以来的十年间，第一产业增长率变化不大，说明第一产业发展一直保持稳定，高速铁路建设和运营对第一产业的影响不大；第二产业在经历了长期下滑之后，逐渐转入增长态势，进入稳定增长期，这与山西省经济转型阶段的发展形势相吻合，说明高速铁路对第二产业的发展起到了催化作用。从第三产业的产值曲线看，GDP3 的变化比较明显，说明高速铁路建设对第三产业的促进作用明显。从图 7 – 13 ~ 图 7 – 15 可以得出结论，投资和高速铁路建设对第二产业、第三产业的影响，要大于对第一产业的影响。

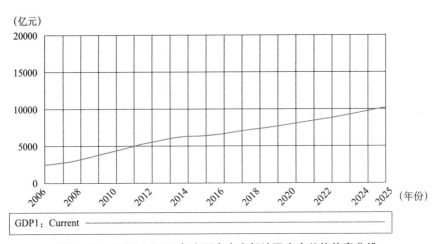

图 7 – 12　2006 ~ 2025 年山西省中南部地区生产总值仿真曲线

注：2024 年、2025 年为预测值。

资料来源：笔者根据相关资料运用 VENSIM PLE 软件绘制而得。

造成上述结果的主要原因在于，高速铁路建设需要建材和钢材等材料，其建设同时刺激了相关产业的发展。在山西省以煤炭为主的资源型经济转型环境下，第二产业发展必将为区域经济发展创造新机遇。同时，高速铁路建成将为沿线旅游业发展提供便利的交通条件，将大大缩短时间、空间上的距离，促进旅游业发展。旅游业发展将刺激周边地区餐饮、娱乐和服务等行业的发展，第三产业产值将快速增长。高速铁路的开通，无疑为正处于经济转型转折点的山西省旅游业发展创造有利的条件。因高速铁路有助于产业结构调整，山西省经济开始出现复苏迹象，预计未来将恢复往日活力。

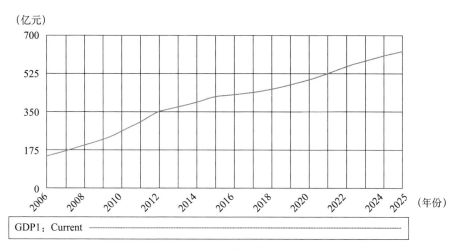

图 7 - 13　2006 ~ 2025 年山西省中南部地区 GDP1 仿真曲线

注：2024 年、2025 年为预测值。

资料来源：笔者根据相关资料运用 VENSIM PLE 软件绘制而得。

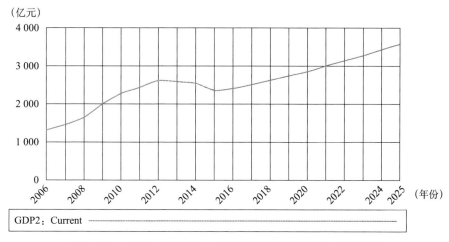

图 7 - 14　2006 ~ 2025 年山西省中南部地区 GDP2 仿真曲线

注：2024 年、2025 年为预测值。

资料来源：笔者根据相关资料运用 VENSIM PLE 软件绘制而得。

　　2006 ~ 2025 年山西省中南部地区就业人口数仿真结果，见图 7 - 16。由图 7 - 16 可知，高速铁路建设促进了就业，原因在于，高速铁路建设刺激了各行业的发展。上述分析表明，高速铁路的建设和运营不仅在交通领域创造了额外的就业机会，而且刺激了相关产业发展，如冶金业和机械制造业，增加了对劳动力的需求。此外，旅游业、餐饮业和服务业的发展也将在这些部门创造额外的就业机会。根据上述情况，得出高速铁路建设可以促进就业，解决了大部分人的就业问题。

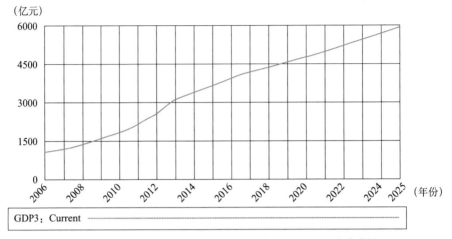

图 7 - 15　2006 ~ 2025 年山西省中南部地区 GDP3 仿真曲线

注：2024 年、2025 年为预测值。

资料来源：笔者根据相关资料运用 VENSIM PLE 软件绘制而得。

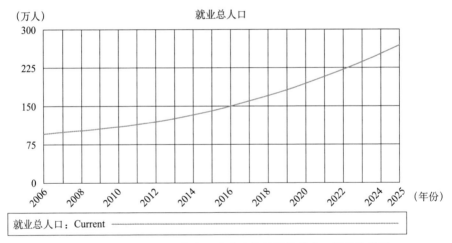

图 7 - 16　2006 ~ 2025 年山西省中南部地区就业人口数仿真结果

注：2024 年、2025 年为预测值。

资料来源：笔者根据相关资料运用 VENSIM PLE 软件绘制而得。

　　2006 ~ 2025 年山西省中南部地区铁路运输能力仿真结果，见图 7 - 17。2006 ~ 2025 年山西省中南部地区客运量仿真结果，见图 7 - 18。从图 7 - 17、图 7 - 18 可以看出，高速铁路的开通大大提高了铁路运输能力。高速铁路的开通提高了客运能力，铁路客运量逐年快速增长，高速铁路的开通也释放了普通铁路的部分客运能力，这部分客运能力可以用于货运，从而增加货运量，提高运输效率。交通对区域经济发展至关重要，是经济发展的关键因素。高速铁路的开通直接刺激了运输业的发展，给山西省高速铁路沿线地区的经济发展带来新的活力。

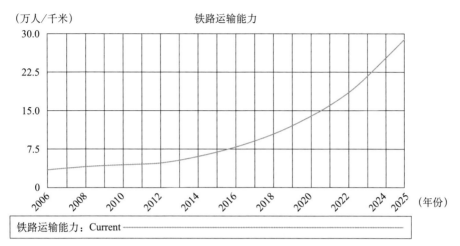

图 7 - 17　2006～2025 年山西省中南部地区铁路运输能力仿真结果
注：2024 年、2025 年为预测值。
资料来源：笔者根据相关资料运用 VENSIM PLE 软件绘制而得。

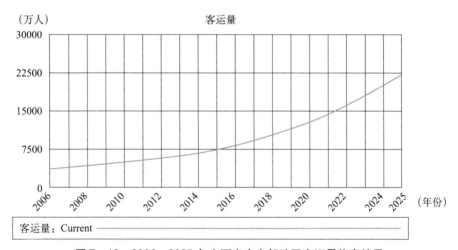

图 7 - 18　2006～2025 年山西省中南部地区客运量仿真结果
注：2024 年、2025 年为预测值。
资料来源：笔者根据相关资料运用 VENSIM PLE 软件绘制而得。

2006～2025 年山西省中南部地区旅客人数仿真结果，见图 7 - 19。如图 7 - 19 所示，高速铁路线路的建设和投资将使乘客人数增加，并为沿线的旅游业发展提供机会。时空距离的大幅缩短将促进旅游业发展，再加上政府政策的引导，未来旅游人数将大幅稳定增长，旅游收入大幅

增长，第三产业产值增长，有利于山西省资源型经济的平稳过渡和区域
经济发展。

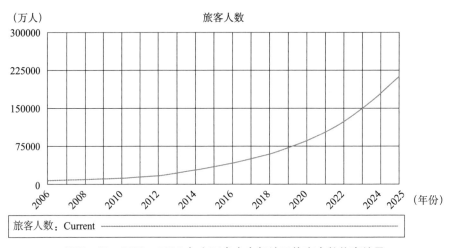

图 7 - 19　2006 ~ 2025 年山西省中南部地区旅客人数仿真结果

注：2024 年、2025 年为预测值。

资料来源：笔者根据相关资料运用 VENSIM PLE 软件绘制而得。

四、政策仿真分析

系统动力学也被称为战略实验室和战术实验室，允许使用已建立的政
策分析模型，研究某个特定政策或政策组合的影响能否改善真实系统中正
在解决的问题的行为。本章以高速铁路投资比例作为政策参数，对已建立
的 HSR - RE 模型进行仿真模拟后，研究了山西省太原市以南的铁路沿线
地区的高速铁路投资比例进一步变化而产生的经济影响。模型参数保持不
变，只对高速铁路投资比例进行改变，将其增加 10% 或减少 10% 进行政
策仿真，仿真结果见图 7 - 20 ~ 图 7 - 23。

GDP 政策仿真结果，见图 7 - 20。地区生产总值随高速铁路投资比例
的变化而变化。当高速铁路的投资比例增加 10%，也会增加当地 GDP，
而且这种增加随时间推移会变得更加明显。反之，如果高速铁路的投资比
例减少 10%，GDP 也会随之减少。这再次证明，高速铁路的投资与建设
对山西省中南部地区的经济发展具有促进作用，投资比重越高，经济上行
效果越明显。这表明，在目前山西省经济低迷的情况下，高速铁路的开通
对山西省中南部地区和山西省的发展起到正向促进作用。

旅游收入政策仿真结果，见图 7 - 21。图 7 - 21 表明，高速铁路投资
比例的调整对旅游收入有一定影响。当高速铁路投资比例增加时，旅游收

入也会增加，而且，随着时间推移增长率有望逐年提高。因此，可以说明高速铁路的开通对旅游业发展产生了较大的正向作用。此外，这也证明了高速铁路有助于第三产业发展，有利于产业结构调整。

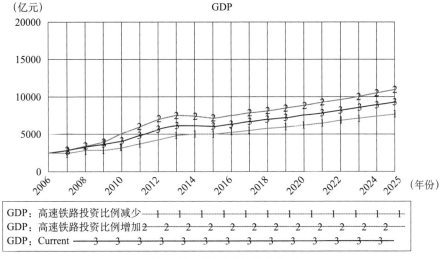

图7-20　GDP政策仿真结果

注：2024年、2025年为预测值。

资料来源：笔者根据相关资料运用 VENSIM PLE 软件绘制而得。

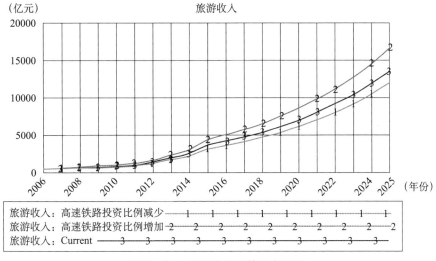

图7-21　旅游收入政策仿真结果

注：2024年、2025年为预测值。

资料来源：笔者根据相关资料运用 VENSIM PLE 软件绘制而得。

就业总人口政策仿真结果，见图7-22。由图7-22可知，高速铁路的投资比例会影响就业总人口的变化，就业总人口与高速铁路的投资比例呈正相关。高速铁路投资比例增加或减少10%，会导致就业总人口的相应增加或减少。这进一步证明，高速铁路的投资和建设促进了山西省中部地区和南部地区的就业，并促进了就业。换句话说，增加的就业人数和工作岗位也使人们的生活水平得到一定改善，反过来，又能提高该地区的消费水平，促进该地区的经济发展。

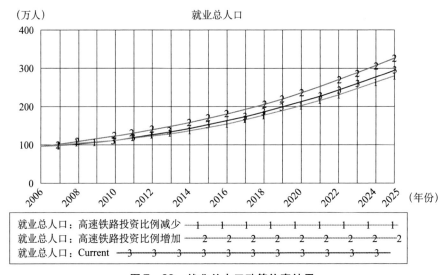

图7-22　就业总人口政策仿真结果

注：2024年、2025年为预测值。

资料来源：笔者根据相关资料运用 VENSIM PLE 软件绘制而得。

铁路运输能力政策仿真结果，见图7-23。如图7-23所示，当高速铁路的投资比例增加时，铁路运输能力就会增加；当高速铁路的投资比例减少时，铁路运输能力就会减少。高速铁路的开通和运营，对铁路运输能力有最直接的影响。原因在于，高速铁路不仅增加了客运量，而且使普通铁路释放了货运能力，大大增加了铁路运输能力。

综上所述，高速铁路投资比例的增加或减少，会导致地区生产总值、旅游收入、就业总人口和铁路运力的变化，高速铁路投资比例与这四个变量之间存在正相关关系，即高速铁路投资份额的增加会使山西省中南部地区生产总值、就业和铁路运输能力增加，同时，也会增加就业人口并提高高速铁路运输能力。对旅游业的研究表明，对于高速铁路的投资将增加旅游收入。这更加证实了高速铁路投资对山西省中南部地区经济发展具有催化作用，对山西省经济转型具有重要意义。例如，旅游业的发展，将逐步降低该地区产业结构的资源依赖性，促进山西省中南部地区与山西省的经济发展。

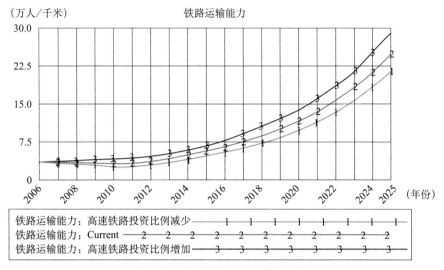

图 7 - 23　铁路运输能力政策仿真结果

注：2024 年、2025 年为预测值。

资料来源：笔者根据相关资料运用 VENSIM PLE 软件绘制而得。

第四节　本章小结

本章结合山西省的高速铁路建设和经济发展现状，提出了高速铁路对山西省铁路沿线区域经济的影响。基于系统动力学理论和研究方法，分析了高速铁路与经济大系统内各变量之间在经济、交通和就业三个角度的因果关系，构建了 HSR - RE 因果图，分析了因果图中变量之间的主要反馈回路和影响路径，构建了山西省中南部地区的 HSR - RE 模型。利用该模型进行模拟仿真，总结高速铁路对山西省中南部地区区域经济产生的影响。本章主要得出以下四点结论。

（1）高速铁路的投资和建设将促进山西省中南部地区的经济增长，对第二产业和第三产业的促进作用将会更加明显。对 HSR - RE 模型的仿真模拟表明：未来几年 GDP 将有不同程度的增长，尤其是第二产业和第三产业的 GDP。原因在于，高速铁路建设不仅刺激了运输业发展，还刺激了相关产业发展，如冶金、机械制造和零部件生产等相关产业，使第二产业实现可持续增长。同时，高速铁路的开通方便了人们出行，提高了区域可达性，促进了旅游业发展。此外，高速铁路的开通促进了高速铁路沿线地区之间的人员交流和物资交流，促进了房地产、酒店、餐饮等第三产业的发展。

（2）高速铁路的投资和建设增加了就业，有助于解决部分就业问题。由结论（1）可知，高速铁路对第二产业、第三产业的发展有促进作用，这些产业的快速发展创造了许多就业岗位和大量劳动力需求，增加了就业总人口，解决了本地区的就业问题。

（3）高速铁路的开通增加了铁路运输能力。高速铁路的开通不仅增加了客运供给，满足了日益增长的客运需求，而且，建成后可以释放部分普通铁路的运力用于货运，形成客货分线运输，大幅提高运输能力和运输质量，发挥积极作用推动该地区的客货运输。

（4）高速铁路的开通促进了旅游业的发展，并为该地区的产业结构优化做出了贡献。随着山西省经济转型，高速铁路的开通将对包括旅游业在内的第三产业发展产生影响，有利于调整产业结构，降低山西省区域产业结构对资源的依赖，促进山西省经济转型与山西省中南部和全省区域产业结构多元化发展，从而促使山西省经济再次振兴。

第八章　高速铁路对区域经济增长影响的
实证分析

高速铁路的建成，将会对区域经济增长产生什么影响？这种影响是正面的还是负面的？本章综合前文章节，运用双重差分法分析高速铁路对区域经济增长的影响，并以武广高速铁路为例进行实证分析，为促进高速铁路与区域经济增长协调发展提供理论依据。

第一节　模型设计与变量选取

一、模型设计

为探究高速铁路的建成对区域经济增长的影响，本章以武广高速铁路为例，运用第三章第五节构建的模型，使用区域资本投入和区域劳动力衡量高速铁路建设的经济影响。

然而，高速铁路建设与资本和劳动力不同，并非一个可以直接量化的变量。2014 年以前，多数研究使用有无对比法和前后对比法研究高速铁路对区域经济增长的影响，第七章即采用此方法。有无对比法主要比较高速铁路开通对城市经济发展水平带来的影响，这种方法没有考虑到高速铁路开通对区域基期经济水平的影响；前后对比法则从时间维度对不同城市经济发展的变化进行比较，这种方法忽略了高速铁路开通对区域经济发展的影响。

双重差分模型将有无对比法和前后比较法有效结合，相对于这两种方法，双重差分模型在识别估计政策的因果效应上有了巨大进步。本章选择双重差分模型探讨高速铁路建设对区域经济增长的影响，以高速铁路城市为实验组，非高速铁路城市为控制组进行对比分析。基本假设模型如下：

$$Y_{it} = \alpha K_{it} + \delta L_{it} + \beta_0 + \beta_1 city_{it} + \beta_2 year_{it} + \beta_3 city_{it} \times year_{it} + \theta_i + \varepsilon_{it}$$

$$(8-1)$$

在式（8-1）中，Y_{it} 为城市 i 在时期 t 的政策实施结果，即被解释变量；$city_{it}$ 为城市 i 在时期 t 是否开通高速铁路的政策虚拟变量，开通取值为 1，未开通取值为 0；$year_{it}$ 为政策期时间虚拟变量，即高速铁路建成年份之后，year 取值为 1，反之取值为 0；交互项 $\beta_3 city_{it} \times year_{it}$ 为高速铁路开通后的城市虚拟变量，系数 β_3 度量了高速铁路开通对区域经济增长的影响，即高速铁路效应，是本章研究的重点；θ_i 为个体固定效应；ε_{it} 为残差项。

式（8-1）解释了假设其他条件相同的情况下，实验组与控制组在是否开通高速铁路上的区别。但除此之外，不应忽略区域之间的其他差异。因此，本章在式（8-1）的基础上，添加其他控制变量，对影响区域经济增长的因素考虑得更加全面，X_{it} 为一系列控制变量。模型方程如下：

$$Y_{it} = \alpha K_{it} + \delta L_{it} + \beta_0 + \beta_1 city_{it} + \beta_2 year_{it}$$
$$+ \beta_3 city_{it} \times year_{it} + \gamma X_{it} + \theta_i + \varepsilon_{it} \qquad (8-2)$$

本章分别以地区生产总值 Y_{it}^{gdp}、地区经济增长速度 Y_{it}^{speed} 和地区产业结构指数 Y_{it}^{index} 作为被解释变量，运用双重差分模型，定量分析高速铁路对区域经济增长的影响。具体模型如下：

$$Y_{it}^{gdp} = \alpha K_{it} + \delta L_{it} + \beta_0 + \beta_1 city_{it} + \beta_2 year_{it}$$
$$+ \beta_3 city_{it} \times year_{it} + \gamma X_{it} + \theta_i + \varepsilon_{it} \qquad (8-3)$$

$$Y_{it}^{speed} = \alpha K_{it} + \delta L_{it} + \beta_0 + \beta_1 city_{it} + \beta_2 year_{it}$$
$$+ \beta_3 city_{it} \times year_{it} + \gamma X_{it} + \theta_i + \varepsilon_{it} \qquad (8-4)$$

$$Y_{it}^{index} = \alpha K_{it} + \delta L_{it} + \beta_0 + \beta_1 city_{it} + \beta_2 year_{it}$$
$$+ \beta_3 city_{it} \times year_{it} + \gamma X_{it} + \theta_i + \varepsilon_{it} \qquad (8-5)$$

其中，Y_{it}^{gdp}、Y_{it}^{speed} 和 Y_{it}^{index} 分别为地区生产总值、地区经济增长速度和地区产业结构指数，具体解释变量与式（8-3）的基本含义一致。

二、变量选取与数据说明

1. 变量选取

本章研究指标参考戴和鸠子（Dai and Hatoko，2007）的方法进行变量选取。变量说明，见表 8-1。首先，根据柯布-道格拉斯生产函数，选取社会资本、劳动力和人力资本作为解释变量；其次，参考促进经济增长的"三驾马车"，选取外商直接投资和消费指数作为控制变量；最后，选取货运总量及产业结构作为控制变量。

表8 –1		变量说明
变量类别	变量表示	变量含义
时间虚拟变量	$year_{it}$	高速铁路建成后取值为1，否则为0
空间虚拟变量	$city_{it}$	高速铁路开通为1，未开通为0
高速铁路效用变量	$year_{it} \times city_{it}$	时间虚拟变量和空间虚拟变量的交互项
解释变量	$capital_{it}$	社会资本
	$labour_{it}$	劳动力
	hc_{it}	人力资本
控制变量	fdi_{it}	外商直接投资
	trc_{it}	消费指数
	$huoyun_{it}$	货运总量
	$indsutry_{it}$	产业结构

资料来源：笔者根据相关资料整理而得。

资本方面，选取每个地级市全市的社会固定资产投资总额作为研究变量；劳动力方面，劳动力用全市年末劳动力统计总量表示；人力资本方面，以教育支出占财政总支出的比例衡量地区人力资本水平。货运总量是指，铁路货运量、公路货运量、水运货运量和航空货运量的总和。外商投资方面，根据年平均汇率计算当年实际使用的外资总额作为外商直接投资总额。消费指数是经济发展的指向标，可以客观地反映经济增长情况，消费指数的提高意味着人民生活水平在一定程度上得到改善，本研究选取社会零售商品消费总额衡量消费指数。

2. 数据说明

武广高速铁路于2009年底正式运营，沿线共15个站点，途经10个地级市。考虑到2015年前武广高速铁路沿线没有新建高速铁路，总体样本相对稳定。故本研究选取的时间段为2005～2017年，且所有数据均来源于2005～2017年的《中国城市统计年鉴》。

本章将相关样本数据分为实验组和控制组。其中，实验组是武广高速铁路沿线的10个地级城市。在控制组的选择方面，首先，剔除武广高速铁路途经城市以外在2005～2017年开通高速铁路的城市，能在一定程度上减少高速铁路效应带来的评估混乱；其次，优先考虑在地理位置上接近高速铁路城市的非高速铁路城市，使区域尽可能相似；基于以上两点，选择湖北、湖南和广东三省未开通高速铁路的17个地级市为控制组。考虑2009年底才开通武广高速铁路，将2010年定为实验期，对武广高速铁路对于沿线城市经济增长的影响进行评估。

主要解释变量描述性统计，见表8-2。

表8-2　　　　　　　　　　主要解释变量描述性统计

变量	符号	观测值	均值	标准差	最大值	最小值
时间因素	$year_{it}$	338	0.500	0.501	1.000	0
空间因素	$city_{it}$	338	0.370	0.484	1.000	0
高速铁路因素	$year_{it} \times city_{it}$	338	0.185	0.389	1.000	0
资本	$capital_{it}$	338	15.559	0.950	18.122	13.359
劳动力	$labour_{it}$	338	3.543	0.740	5.797	1.977
产业结构	$industry_{it}$	338	98.487	2.280	100.000	86.720
人力资本	hc_{it}	338	0.012	0.014	0.163	0.001
货运量	$huoyun_{it}$	338	8.890	0.764	11.422	7.024
外商直接投资	fdi_{it}	338	3.033	1.324	6.880	0
消费指数	trc_{it}	338	15.268	1.003	18.359	12.601

资料来源：笔者根据2007~2015年《中国城市统计年鉴》中的相关数据计算整理而得。

第二节　实证分析

武广高速铁路途经武汉城市高速铁路、长株潭城市高速铁路及珠江三角洲城市群。沿线既有经济发达的沿海城市，也有极具发展潜力的中部地区城市。上述差异使武广高速铁路对于研究高速铁路对区域经济增长的影响具有重要价值。与地区生产总值相比，经济密度更能反映区域经济发展水平，体现其经济增长潜力。武广高速铁路途经城市的经济密度在空间、时间上都存在较为明显的差异。在空间方面，珠江三角洲等沿海地区经济密度较高，如广州市等经济密度大于10000单位；武汉市和长沙市等中部地区城市经济密度明显低于沿海地区城市，如广州市比武汉市的经济密度至少高5000个单位。2008~2014年，武广高速铁路沿线城市经济密度总体呈不断上升趋势，沿海地区与中部地区之间的差异逐渐缩小，区域间的经济密度分布趋于平衡。

一、武广高速铁路对区域经济增长影响分析

本章以武广高速铁路为研究对象，运用双重差分模型分析其对区域经济增长的影响。在运用双重差分模型前需要进行平行趋势检验，确保武广

高速铁路开通的沿线城市和未开通高速铁路的同省（区、市）城市的区域经济增长情况不存在显著差异。本章参考贝克（Beck，2010）的方法，通过构造政策实施前后年份虚拟变量与实验组虚拟变量交乘项对其进行动态事件检验。

$$Y_{it} = \beta + \sum_{k=-2}^{4} \beta_K \times year_{t_0+k} \times city_{it} + \alpha_i + \varepsilon_{it} \qquad (8-6)$$

在式（8-6）中，t_0为城市 i 开通武广高速铁路的第一年（即 2010年），K 为武广高速铁路开通前后的第 K 年，例如，K = -2 为武广高速铁路开通前两年，K = 1 为武广高速铁路开通后一年。在该模型中，关键系数β_K为在武广高速铁路开通前后的第 K 年内，实验组和控制组之间的区域经济发展是否存在显著差异。如果在 K < 0 期间，系数β_K不显著，则表明实验组与控制组具有平行趋势；反之，如果在 K < 0 期间，系数β_k显著，则表明在武广高速铁路开通之前，已经有了显著差异。平行趋势检验结果，见图 8-1。

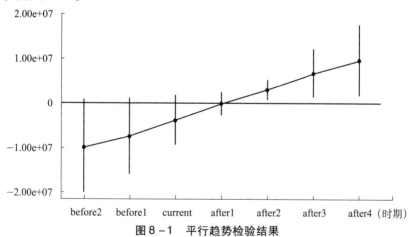

图 8-1　平行趋势检验结果

资料来源：笔者根据 Stata 15.0 绘制而得。

从图 8-1 中可以看出，武广高速铁路开通前两年和前一年，系数β_{-2}和系数β_{-1}不显著。这表明，区域经济增长情况在实验组和控制组之间并不存在显著差异。在武广高速铁路开通两年后，系数β_2才显著为正。这说明，本章构建的模型通过了平行趋势检验。

1. 武广高速铁路对沿线区域经济总量影响实证分析

本部分探讨武广高速铁路对沿线区域经济总量的影响。武广高速铁路对沿线区域生产总值的影响计量结果，见表 8-3。

如表 8-3 的列（1）所示，高速铁路因素（hsr）系数在不加入任何控制变量的情况下显著为正。在逐步加入控制变量后，如列（2）~ 列

表8-3　武广高速铁路对沿线区域生产总值的影响计量结果

模型变量	(1) lngdp	(2) lngdp	(3) lngdp	(4) lngdp	(5) lngdp	(6) lngdp	(7) lngdp	(8) lngdp
hsr	0.0653** (2.11)	0.0702** (2.24)	0.0672** (2.15)	0.2315*** (3.79)	0.2244*** (3.66)	0.2209*** (3.68)	0.1511*** (2.65)	0.0884* (1.72)
lncap	—	0.0634** (2.48)	0.0641** (2.51)	0.5551*** (19.44)	0.5376*** (16.51)	0.5305*** (16.63)	0.3357*** (8.06)	0.2340*** (5.99)
lnhuoyun	—	—	0.0282 (1.19)	0.1051** (2.63)	0.1049** (2.63)	0.0845** (2.13)	0.1292*** (3.43)	0.1626*** (4.79)
hc	—	—	—	2.8934* (1.84)	2.8434* (1.81)	2.7549* (1.79)	1.3879 (0.96)	0.7888 (0.61)
industry	—	—	—	—	0.0141 (1.12)	0.0178 (1.44)	0.0186 (1.61)	0.0174* (1.68)
lnfdi	—	—	—	—	—	0.1964*** (3.66)	0.1633*** (3.24)	0.2079*** (4.59)
lntrc	—	—	—	—	—	—	0.2857*** (6.69)	0.1740*** (4.32)
lnliab	—	—	—	—	—	—	—	1.0641*** (8.69)
_cons	15.2738*** (578.97)	14.3829*** (39.68)	14.1272*** (33.54)	6.6759*** (12.43)	5.5547*** (4.90)	4.8892*** (4.35)	3.1404*** (2.90)	2.3190** (2.39)
N	338	338	338	338	338	338	338	338
R^2	0.9330	0.9345	0.9349	0.7024	0.7036	0.7170	0.7539	0.8036

注：***、** 和 * 分别表示在1%、5% 和10% 的水平上显著。"—" 表示无数据。

资料来源：笔者根据相关数据运用 Stata 12.0 软件计算整理而得。

（8）所示，hsr 仍然为正且保持显著，只是系数值有所减小。该结果说明，在武广高速铁路开通以后，沿线区域城市的地区生产总值在 2010 年后有所提高，即武广高速铁路的开通对沿线区域城市的地区生产总值具有显著正向效应（Li et al.，2018）。这可能是武广高速铁路开通后，沿线城市之间的时间距离、空间距离缩短，人们有了更多出行线路的选择，沿线城市开始成为人们旅行与消费的热点地区，促进沿线区域城市地区生产总值的增长，进而促进区域经济增长。

从其他解释变量与控制变量的回归结果看，基本符合本章预期。固定资产投资（cap）因素在 1% 的水平上对 GDP 的影响显著为正，说明固定资产投资的提高对人均 GDP 的增长具有正向影响。主要原因在于，城市的固定资产投资增加会带动沿线城市区域人们的消费，为人们提供新的就业机会，提高经济增长的动能。此外，固定资产投资的提高也增加了当地旅游人数，拉动地区经济增长，这与陈等（Chen et al.，2015）的观点一致。货运总量（huoyun）投入对人均 GDP 的影响是属于正向的。原因在于，当沿线区域城市的货运总量增加时，加快了商品在区域城市间的流通速度，提升了区域城市间人们的消费水平，促进了人均 GDP 的增长（Zhang et al.，2021）。外商直接投资（infdi）、消费指数（intrc）等均对 GDP 的影响显著为正。原因可能在于，外商直接投资能带动当地固定资产投资的提升并创造更多就业机会，从而带动当地人均 GDP 提升（Baliamoune）。消费指数因素的投入代表消费水平提高，促使需求增长，进而带动当地经济增长（Murayama，1994）。劳动力对人均 GDP 的影响起了关键性作用，因此，劳动力投入会直接增加人均 GDP（Jajri et al.，2010）。总体来说，从计量结果来看地区生产总值受武广高速铁路开通运行的影响较为显著。

2. 武广高速铁路对沿线区域经济增长速度影响的实证分析

本部分探讨武广高速铁路对沿线区域经济增长速度的影响，武广高速铁路对沿线区域经济增长速度影响的计量结果，见表 8 - 4。

从高铁因素看，如表 8 - 4 的列（1）所示，在未加入其他控制变量的情况下，高铁因素（hsr）在 1% 的水平上显著，且显著性系数为负值；其次，如模型（2）~模型（8）所示，在添加控制变量的情况下，高速铁路因素（hsr）仍在 1% 的水平上显著为负，但系数呈逐渐缩小趋势。实证结果表明，武广高速铁路开通对高速铁路沿线区域经济增长速度的影响是负向的，这与维克曼（Vickerman）的研究结论基本一致。对以上结果可能的解释为，武广高速铁路的开通使沿线城市产生了城市集聚效应，这可能

表 8 - 4　　武广高速铁路对沿线区域经济增长速度影响的计量结果

变量	(1) gdpzzl	(2) gdpzzl	(3) gdpzzl	(4) gdpzzl	(5) gdpzzl	(6) gdpzzl	(7) gdpzzl	(8) gdpzzl
hsr	-1.7165*** (-2.86)	-1.5948*** (-2.79)	-1.6057*** (-2.79)	-1.6226*** (-2.78)	-1.6498*** (-2.82)	-1.6569*** (-2.83)	-1.6259*** (-2.77)	-1.6268*** (-2.78)
lncap	—	0.0925 (0.19)	0.0913 (0.19)	0.0929 (0.19)	0.0137 (0.03)	0.0086 (0.02)	0.0553 (0.11)	0.0180 (0.04)
lnhuoyun	—	—	0.0947 (0.21)	0.0894 (0.20)	0.0925 (0.20)	0.1200 (0.25)	0.1965 (0.41)	0.2162 (0.45)
hc	—	—	—	2.9005 (0.19)	2.6417 (0.18)	2.4665 (0.16)	2.4262 (0.16)	2.2257 (0.15)
industry	—	—	—	—	0.0951 (0.83)	0.0978 (0.85)	0.1003 (0.87)	0.1494 (1.26)
lnlab	—	—	—	—	—	0.3579 (0.22)	0.5009 (0.30)	0.8951 (0.53)
lnfdi	—	—	—	—	—	—	-0.1189 (-0.21)	-0.2643 (-0.47)
lntre	—	—	—	—	—	—	—	1.1940* (1.67)
_cons	12.7115*** (25.53)	11.3922* (1.68)	10.5840 (1.36)	10.6002 (1.36)	2.4569 (0.20)	0.8318 (0.06)	-0.7535 (-0.05)	-23.2088 (-1.13)
N	338	338	338	338	338	338	338	338
R^2	0.5175	0.5385	0.5386	0.5387	0.5399	0.5399	0.5417	0.5466

注：***、**和*分别表示在1%、5%和10%的水平上显著。"—"表示无数据。

资料来源：笔者根据相关数据运用 Stata 12.0 软件计算整理而得。

会使生产要素过分集中，城市规模超出实际运行能力，进而造成生产等环节费用的增加、环境污染程度的加剧，使集聚经济效应下降甚至对区域经济增长速度产生负效应。此外，因高速铁路开通前期需要大量投资等特点，武广高速铁路的开通可能使政府错失发展其他产业的机会。这种负效应的存在，表明武广高速铁路的开通会逐步使实验组与对照组的经济增长速度趋于相同，有利于缩小武广高速铁路沿线区域和非沿线区域经济增长速度的差距，促进区域经济协调发展。

总体而言，固定资产投资（cap）、货运总量（huoyun）、人力资本（hc）、产业结构（industry）、劳动力（lab）、外商直接投资（fdi）等对区域经济增长速度的作用并不显著，这与本森和杜尔哈姆（Benson and Durham）得出的结论类似。固定资产投资（cap）在一定程度上能够促进区域生产总值增速，但可能在其他不利于区域经济增长因素的共同作用下，使固定资产投资对区域经济增长速度的影响不显著。货运总量（huoyun）和产业结构（industry）对区域经济增长速度的作用不显著，原因可能在于，这两个控制变量对区域经济增长的影响存在一定滞后性（来逢波，2016）。人力资本、劳动力对区域经济增长速度影响不显著的原因可能在于，武广高速铁路的开通加速人力资本、劳动力向高速铁路沿线地区流动，使沿线城市经济增长速度更快，而非沿线城市经济发展动力不足。武广高速铁路沿线城市能吸引较多外商直接投资，同时，也使非沿线城市在外商直接投资方面处于不利地位。总体来看，外商直接投资对区域经济增长速度的影响不显著（Benson and Durhamm，2004）。消费指数（trc）在10%的水平上显著，且系数为正，这说明武广高铁的开通促进沿线区域人民消费水平提升，有利于提高区域经济增长速度，这也和金（Kim，2000）的结论类似。

高速铁路项目建设周期长，无法在短期内完全显现高速铁路效应。因此，本章将武广高速铁路开通的实验期滞后一年观察。武广高速铁路对沿线区域经济增长率影响（2011年），见表8-5。

由表8-5的结果可以看出，如列（1）~列（8）所示。首先，在时间因素方面，高速铁路时间效用系数在1%的水平上显著为负，但系数呈逐渐变大趋势，表明这种负作用随着时间的推移而减缓；其次，在空间因素方面，空间效用系数在10%的水平上显著为正，但系数缩小，这说明在短期内，武广高速铁路开通虽然使开通高速铁路区域经济增长速度高于未开通高速铁路区域经济增长速度，但这种差异会随着时间的推移而缩小；最后，在高速铁路效应方面，进行实验期滞后1期，结果表明，无论是否

表8-5 武广高速铁路对沿线区域经济增长率影响（2011年）

被解释变量 GDP 增长率（2011年）

模型变量	(1)	(2)	(3)	(4)	(5)	(6)	(7)	(8)
time1	-0.041*** (0.011)	-0.040*** (0.012)	-0.040*** (0.013)	-0.039*** (0.013)	-0.037*** (0.013)	-0.036*** (0.013)	-0.036*** (0.014)	-0.035** (0.014)
treat1	0.022* (0.012)	0.023* (0.014)	0.023* (0.014)	0.024* (0.014)	0.022 (0.014)	0.024* (0.014)	0.024* (0.014)	0.023 (0.014)
hsr1	-0.032* (0.018)	-0.032* (0.018)	-0.033* (0.018)	-0.033* (0.018)	-0.032* (0.017)	-0.031* (0.017)	-0.031* (0.017)	-0.030* (0.017)
lncapital	—	-0.0007 (0.006)	-0.0019 (0.008)	0.0008 (0.009)	0.003 (0.008)	-0.001 (0.0087)	-0.0014 (0.010)	0.002 (0.010)
lnlabour	—	—	0.002 (0.009)	0.004 (0.010)	0.0008 (0.009)	0.007 (0.0113)	0.0067 (0.0119)	0.013 (0.0135)
industry	—	—	—	-0.106 (0.087)	-0.0825 (0.0859)	-0.1059 (0.0873)	-0.109 (0.094)	-0.112 (0.0942)
popcapital	—	—	—	—	-0.298** (0.118)	-0.321*** (0.124)	-0.323** (0.126)	-0.305** (0.129)
lnhuoyun	—	—	—	—	—	-0.008 (0.0085)	-0.008 (0.0085)	-0.0079 (0.0086)
lnfdi	—	—	—	—	—	—	0.0006 (0.0078)	0.0027 (0.0083)
lntrc	—	—	—	—	—	—	—	-0.012 (0.0124)

续表

被解释变量 GDP 增长率 (2011 年)

模型变量	(1)	(2)	(3)	(4)	(5)	(6)	(7)	(8)
City FE	No	No	No	No	No	No	No	No
Time FE	No	No	No	No	No	No	No	No
cons	0.184*** (0.007)	0.194** (0.083)	0.206** (0.099)	0.245** (0.104)	0.351*** (0.112)	0.395*** (0.123)	0.397*** (0.128)	0.466*** (0.145)
Observations	216	216	216	216	216	216	216	216
R-squared	0.169	0.169	0.169	0.173	0.202	0.205	0.205	0.208
time1	-0.041*** (0.011)	-0.040*** (0.012)	-0.040*** (0.013)	-0.039*** (0.013)	-0.037*** (0.013)	-0.036*** (0.013)	-0.036*** (0.014)	-0.035** (0.014)
treat1	0.022* (0.012)	0.023* (0.014)	0.023* (0.014)	0.024* (0.014)	0.022 (0.014)	0.024* (0.014)	0.024* (0.014)	0.023 (0.014)
hsr1	-0.032* (0.018)	-0.032* (0.018)	-0.033* (0.018)	-0.033* (0.018)	-0.032* (0.017)	-0.031* (0.017)	-0.031* (0.017)	-0.030* (0.017)
lncapital	—	-0.0007 (0.006)	-0.0019 (0.008)	0.0008 (0.009)	0.003 (0.008)	-0.001 (0.0087)	-0.0014 (0.010)	0.002 (0.010)
lnlabour	—	—	0.002 (0.009)	0.004 (0.010)	0.0008 (0.009)	0.007 (0.0113)	0.0067 (0.0119)	0.013 (0.0135)
industry	—	—	—	-0.106 (0.087)	-0.0825 (0.0859)	-0.1059 (0.0873)	-0.109 (0.094)	-0.112 (0.0942)
popcapital	—	—	—	—	-0.298** (0.118)	-0.321*** (0.124)	-0.323** (0.126)	-0.305** (0.129)

续表

被解释变量 GDP 增长率（2011 年）

模型变量	（1）	（2）	（3）	（4）	（5）	（6）	（7）	（8）
lnhuoyun	—	—	—	—	—	-0.008 (0.0085)	-0.008 (0.0085)	-0.0079 (0.0086)
lnfdi	—	—	—	—	—	—	0.0006 (0.0078)	0.0027 (0.0083)
lntrc	—	—	—	—	—	—	—	-0.012 (0.0124)
City FE	No	No	No	No	No	No	No	No
Time FE	No	No	No	No	No	No	No	No
cons	0.184*** (0.007)	0.194** (0.083)	0.206** (0.099)	0.245** (0.104)	0.351*** (0.112)	0.395*** (0.123)	0.397*** (0.128)	0.466*** (0.145)
Observations	338	338	338	338	338	338	338	338
R^2	0.169	0.169	0.169	0.173	0.202	0.205	0.205	0.208

注：***，** 和 * 分别表示在 1%、5% 和 10% 的水平上显著。"—" 表示无数据。
资料来源：笔者根据相关数据运用 Stata 12.0 软件计算整理而得。

加入其他控制变量，均在10%的水平上显著为负，但负效应逐渐放缓。

在2007～2010年，各城市经济增长速度差距相对缩小；2010～2014年，各城市经济增长速度差距由最初的扩大到最后缩小至约10%。同时，武广高速铁路开通初期产生了一定程度的虹吸效应，但随着集聚租金上升，虹吸效应逐渐缩小，中小城市与大城市的发展速度差距有所缩小。

3. 武广高速铁路对沿线区域产业结构影响实证分析

本章进一步研究高速铁路对区域产业结构的影响。武广高速铁路对沿线区域产业结构升级指数的影响（2010年），见表8-6。

从时间因素看，随着控制变量的增加，高速铁路的时间效用逐渐减弱，但总体上呈现正向影响；从空间因素看，高速铁路的空间效用对沿线产业结构升级产生显著的正向影响；总体来看，高速铁路效应推动了沿线区域产业结构升级。在加入控制变量后，产业结构系数不再显著，这表明，武广高速铁路的开通主要通过资源重配、要素重组的方式引导区域经济高质量发展，以达到促进经济增长的目的。

为更进一步分析，将变量滞后1期，武广高速铁路对沿线区域产业结构升级指数的影响（2011年），见表8-7。从表8-7的结果可以看出，高速铁路的空间效用和净效用均对区域产业结构升级有显著的正向影响，且滞后1期后，高速铁路的净效用更显著，这进一步表明武广高速铁路的建成对区域经济高质量发展的引导功能具有较好的延续性。

产业结构指数前三名的城市，分别为广州市、武汉市和长沙市。总体来看，武广高速铁路开通后，沿线城市产业结构指数呈不断上升态势。与此同时，沿线城市间产业结构指数差距因武广高速铁路的开通而变得越来越大，尤其是与武汉市、长沙市和广州市等大城市距离较接近的地区。

二、稳健性检验

为了保证回归结果的稳健性，本章采用普通面板模型中的OLS模型和固定效应模型进行稳健性检验。武广高速铁路对区域生产总值增加值的稳健性检验，见表8-8。武广高速铁路对区域生产总值增长率的稳健性检验，见表8-9。武广高速铁路对区域产业结构升级的稳健性检验，见表8-10。在表8-8～表8-10中，列（1）为普通OLS回归结果，列（2）为固定效应回归结果。由表8-8中的结果可以看出，高速铁路效应对区域经济、产业结构升级影响系数的符号方向没有发生变化，且固定效应下高速铁路效应回归结果的显著性与前文回归结果一致。这进一步表明，前面的回归结果具有一定的稳健性。

表 8 - 6　武广高速铁路对沿线区域产业结构升级指数的影响（2010 年）

被解释变量产业结构升级指数（2010 年）

模型变量	(1)	(2)	(3)	(4)	(5)	(6)	(7)	(8)
hsr	0.0113*** (0.00405)	0.00618 (0.00492)	0.0107** (0.00523)	0.0101** (0.00508)	0.0100* (0.00535)	0.00914* (0.00545)	0.0105* (0.00567)	0.00772 (0.00550)
treated	0.264*** (0.0118)	0.241*** (0.0178)	0.305*** (0.0324)	0.270*** (0.0292)	0.271*** (0.0320)	0.265*** (0.0336)	0.328*** (0.0407)	0.315*** (0.0400)
time	0.0171*** (0.00475)	0.0108* (0.00576)	0.0115** (0.00576)	0.00563 (0.00577)	0.00575 (0.00596)	0.00586 (0.00604)	0.00236 (0.00572)	-0.00166 (0.00573)
lncapital	—	0.0117* (0.00680)	0.0162** (0.00749)	-0.00406 (0.00619)	-0.00401 (0.00615)	-0.00483 (0.00616)	0.00693 (0.00761)	0.00276 (0.00752)
lnlabour	—	—	-0.0371** (0.0170)	-0.0267* (0.0147)	-0.0268* (0.0147)	-0.0285* (0.0153)	-0.0275* (0.0155)	-0.0228 (0.0156)
industry	—	—	—	0.744*** (0.135)	0.745*** (0.135)	0.744*** (0.137)	0.830*** (0.126)	0.847*** (0.120)
popcapital	—	—	—	—	0.00553 (0.0840)	0.00444 (0.0839)	0.0240 (0.0789)	0.0343 (0.0761)
lnhuoyun	—	—	—	—	—	0.00429 (0.00747)	0.00150 (0.00707)	-0.00214 (0.00683)
lnfdi	—	—	—	—	—	—	-0.0292*** (0.00898)	-0.0338*** (0.00984)
lntrc	—	—	—	—	—	—	—	-0.0196 (0.0118)

続表

续表

模型变量	被解释变量产业结构升级指数（2010 年）							
	（1）	（2）	（3）	（4）	（5）	（6）	（7）	（8）
City FE	No	No	No	No	No	No	No	No
Time FE	Yes	Yes	Yes	Yes	Yes	Yes	Yes	Yes
Constant	2.178*** (0.00855)	2.004*** (0.101)	2.052*** (0.104)	1.672*** (0.125)	1.669*** (0.128)	1.655*** (0.128)	1.756*** (0.132)	1.574*** (0.146)
Observations	216	216	216	216	216	216	216	216
R-squared	0.953	0.954	0.955	0.961	0.961	0.961	0.964	0.966

注：***、**和*分别表示在1%、5%和10%的水平上显著。"—"表示无数据。
资料来源：笔者根据相关数据运用 Stata 12.0 软件计算整理而得。

表 8 - 7　武广高速铁路对沿线区域产业结构升级指数的影响（2011 年）

被解释变量产业结构升级指数（2011 年）

模型变量	(1)	(2)	(3)	(4)	(5)	(6)	(7)	(8)
hsr1	0.00872 (0.00801)	0.0112 (0.00762)	0.00975 (0.00771)	0.0134* (0.00733)	0.0135* (0.00733)	0.0132* (0.00740)	0.0129* (0.00708)	0.0126* (0.00703)
treated	0.261*** (0.0136)	0.228*** (0.0166)	0.290*** (0.0332)	0.256*** (0.0288)	0.251*** (0.0297)	0.247*** (0.0304)	0.319*** (0.0381)	0.310*** (0.0377)
time1	0.0217*** (0.00478)	0.00720 (0.00550)	0.0126** (0.00589)	0.00788 (0.00579)	0.00854 (0.00626)	0.00818 (0.00624)	0.00823 (0.00613)	0.00333 (0.00623)
lncapital	—	0.0159*** (0.00569)	0.0202** (0.00658)	-0.00329 (0.00575)	-0.00398 (0.00585)	-0.00450 (0.00584)	0.00676 (0.00736)	0.00220 (0.00717)
lnlabour	—	—	-0.0352** (0.0175)	-0.0249* (0.0148)	-0.0247* (0.0148)	-0.0259* (0.0157)	-0.0263* (0.0157)	-0.0221 (0.0158)
industry	—	—	—	0.788*** (0.122)	0.780*** (0.125)	0.779*** (0.128)	0.856*** (0.118)	0.861*** (0.113)
popcapital	—	—	—	—	-0.0449 (0.0847)	-0.0447 (0.0845)	-0.0158 (0.0803)	0.0132 (0.0781)
lnhuoyun	—	—	—	—	—	0.00279 (0.00736)	-0.000118 (0.00683)	-0.00332 (0.00653)
lnfdi	—	—	—	—	—	—	-0.0298*** (0.00922)	-0.0334*** (0.00977)
lntrc	—	—	—	—	—	—	—	0.0182* (0.0106)

续表

被解释变量产业结构升级指数（2011 年）

模型变量	(1)	(2)	(3)	(4)	(5)	(6)	(7)	(8)
City FE	Yes	Yes	Yes	Yes	Yes	Yes	Yes	Yes
Time FE	No	No	No	No	No	No	No	No
Constant	2.184*** (0.00811)	1.946*** (0.0860)	1.990*** (0.0878)	1.620*** (0.0959)	1.649*** (0.114)	1.641*** (0.113)	1.765*** (0.122)	1.601*** (0.134)
Observations	216	216	216	216	216	216	216	216
R-squared	0.951	0.954	0.955	0.962	0.962	0.962	0.965	0.966

注：***，** 和 * 分别表示在 1%，5% 和 10% 的水平上显著。"—" 表示无数据。

资料来源：笔者根据相关数据运用 Stata 12.0 软件计算整理而得。

表 8 - 8　　武广高速铁路对区域生产总值增加值的稳健性检验

模型变量	(1) 普通 OLS 模型回归结果	(2) 固定效应模型回归结果
hsr	-0.108 (0.0834)	-0.0139 (0.0839)
lncapital	0.209*** (0.0779)	0.322** (0.124)
lnlabour	0.403*** (0.0894)	-0.0687 (0.189)
industry	-0.0676 (0.616)	2.095* (1.212)
popcapital	-1.826** (0.859)	0.220 (1.170)
lnhuoyun	0.0899 (0.0552)	0.146*** (0.0548)
lnfdi	0.0717 (0.0552)	0.0968 (0.0760)
lntrc	0.222*** (0.0842)	0.0230 (0.0624)
Constant	4.869*** (1.010)	5.499** (2.733)
Observations	215	215
R-squared	0.802	0.939

注：***、**和*分别表示在1%、5%和10%的水平上显著。
资料来源：笔者根据相关数据运用 Stata 12.0 软件计算整理而得。

表 8 - 9　　武广高速铁路对区域生产总值增长率的稳健性检验

模型变量	GDP 增长率（2010 年）		GDP 增长率（2011 年）	
	(1) 普通 OLS 模型 回归结果	(2) 固定效应模型 回归结果	(1) 普通 OLS 模型 回归结果	(2) 固定效应模型 回归结果
hsr	-0.031** (0.013)	-0.022 (0.018)	-0.030** (0.014)	-0.034** (0.017)
lncapital	-0.005 (0.011)	-0.025 (0.028)	-0.017* (0.010)	-0.017 (0.025)
lnlabour	0.018 (0.014)	-0.085* (0.046)	0.024* (0.014)	-0.059 (0.043)

续表

模型变量	GDP 增长率 (2010 年)		GDP 增长率 (2011 年)	
	(1) 普通 OLS 模型回归结果	(2) 固定效应模型回归结果	(1) 普通 OLS 模型回归结果	(2) 固定效应模型回归结果
industry	-0.120 (0.095)	-0.064 (0.299)	-0.140 (0.092)	-0.020 (0.286)
popcapital	-0.372*** (0.131)	-0.515*** (0.192)	-0.396*** (0.135)	-0.415** (0.194)
lnhuoyun	-0.008 (0.009)	-0.003 (0.015)	-0.006 (0.009)	0.005 (0.014)
lnfdi	0.009 (0.009)	0.007 (0.021)	0.017** (0.008)	0.003 (0.020)
lntrc	-0.016 (0.014)	-0.041 (0.027)	-0.019 (0.014)	-0.028 (0.020)
Constant	0.569*** (0.150)	1.811*** (0.388)	0.688*** (0.132)	1.269*** (0.257)
Observations	216	216	216	216
R-squared	0.151	0.334	0.146	0.344

注：***、** 和 * 分别表示在 1%、5% 和 10% 的水平上显著。

资料来源：笔者根据相关数据运用 Stata 12.0 软件计算整理而得。

表 8 - 10　　武广高速铁路对区域产业结构升级的稳健性检验

模型变量	产业结构升级 (2010 年)		产业结构升级 (2011 年)	
	(1) 普通 OLS 模型回归结果	(2) 固定效应模型回归结果	(1) 普通 OLS 模型回归结果	(2) 固定效应模型回归结果
hsr	0.00138 (0.0135)	0.00579 (0.00679)	0.0190 (0.173)	0.0141** (0.00685)
lncapital	-0.0649*** (0.0161)	-0.0246 (0.0170)	-0.0670*** (0.0128)	0.00274 (0.00685)
lnlabour	0.0107 (0.0235)	-0.0617*** (0.0169)	0.0137 (0.0153)	-0.0189 (0.00717)
industry	1.689*** (0.178)	0.754*** (0.138)	1.677*** (0.0232)	0.870*** (0.0150)
popcapital	-0.369** (0.173)	0.0687 (0.0878)	-0.379** (0.179)	0.0218 (0.112)
lnhuoyun	0.00546 (0.00962)	-0.00839 (0.00575)	0.00265 (0.173)	-0.00314 (0.0735)

续表

模型变量	GDP 增长率（2010 年）		GDP 增长率（2011 年）	
	（1） 普通 OLS 模型 回归结果	（2） 固定效应模型 回归结果	（1） 普通 OLS 模型 回归结果	（2） 固定效应模型 回归结果
lnfdi	- 0. 0204 ** （0. 00860）	- 0. 0240 ** （0. 0112）	- 0. 0206 *** （0. 00946）	- 0. 0336 *** （0. 00656）
lntrc	0. 0606 *** （0. 0203）	- 7. 70e - 05 （0. 00552）	0. 0600 *** （0. 00789）	0. 0191 * （0. 00982）
Constant	1. 109 *** （0. 190）	2. 867 *** （0. 185）	1. 177 *** （0. 0195）	1. 861 *** （0. 0104）
Observations	216	216	（0. 167）	（0. 110）
R-squared	0. 669	0. 977	216	216

注： *** 、** 和 * 分别表示在 1% 、5% 和 10% 的水平上显著。

资料来源：笔者根据相关数据运用 Stata 12.0 软件计算整理而得。

三、理论与实证的进一步解释

武广高速铁路开通初期，对沿线区域经济增长有以下三点负效应。

第一，从实证结果可以看出，武广高速铁路开通初期对沿线区域经济增长呈现显著抑制作用，但随着时间推移，抑制作用逐渐减弱。可能原因在于，武广高速铁路途经的城市圈属于中国经济较发达地区，沿线城市的劳动力成本等较昂贵，而在高速铁路开通初期需要大量原材料和劳动力，导致短期内对沿线城市的经济增长产生抑制作用。

第二，高速铁路对区域经济增长的影响存在一定滞后性。具体来看，高速铁路开通在短期内无法对区域经济增长产生明显作用。可能原因在于，高速铁路建设前期需要投入大量成本，可能错失了发展其他产业的机会。但从长远来看，高速铁路的开通能带动沿线城市生产要素、劳动力要素流动及产业集聚，加快区域市场资源配置，推动区域经济增长。

第三，大部分高速铁路站点的设立影响了经济效益。修建在市中心的高速铁路站点，可以作为城市交通枢纽促进消费产业集聚。但为了节约建设成本，大部分高速铁路站点都设在偏远地区，有利于带动周边土地开发，建设高速铁路新城。但偏远的高速铁路站点相关的配套设施尚不完善，使乘客的通勤时间成本增加，影响高速铁路经济效益的发挥。

第三节　本章小结

本章运用双重差分模型构建相关计量模型，以武广高速铁路为例进行实证分析，主要得出以下四点结论。

（1）高速铁路开通对区域经济增长具有重要影响。高速铁路建设缩短了地区间的时空距离，加快了生产、劳动力等要素在区域间的流动，同时，在一定程度上为高速铁路开通沿线城市带来更多就业机会，客观上促进了区域生产总值的增长。

（2）高速铁路开通对区域经济增长速度有抑制作用。在高速铁路开通早期，具有明显的虹吸效应，但虹吸效应随时间推移而逐渐弱化。

（3）高速铁路开通能推动区域产业结构升级且经过滞后一年观察发现，其对区域产业结构升级的促进作用更明显。此外，这种提升作用因地区经济发展水平的不同而存在异质性，具体来看，高速铁路开通更有利于推动发达地区的产业结构升级。

（4）高速铁路对区域经济增长的影响具有一定滞后性。在开通初期，高速铁路对区域经济增长有显著的抑制作用，但这种抑制作用随时间推移会逐渐减弱。

第九章　结论与政策建议

第一节　结　论

高速铁路的开通使中国的交通网络更加完善，提升了区域之间的可达性水平，可达性水平提升使区域间要素流动更加便利、区域间的人员交流也让知识溢出、区域间的市场资源配置更加合理，这给区域市场整合和产业升级提供了新的机会，也推动了服务业与工业、农业的有效结合，区域经济发展因高速铁路的开通迎来良机。高速铁路是国家重点建设的先进交通运输工具，高速铁路建设完成后产生的影响越来越受到学术界关注。评估高速铁路对区域经济发展的作用，既可以对高速铁路建设成果进行分析与总结，也可以为高速铁路的发展提供发展思路和参考，从而最大限度地提高高速铁路经济效益，促进沿线地区经济发展。本书从五个角度出发，运用新经济地理学等相关理论，对此进行理论分析和实证分析，结论如下。

1. 高速铁路对区域可达性的影响

在新经济地理学等相关理论指导下，运用加权平均旅行时间构建可达性指数模型，分析了高速铁路对区域可达性的影响，通过理论分析与实证分析得出以下两点结论。

（1）高速铁路的开通，显著地提高了城市间的区域可达性。以武广高速铁路为例，利用加权平均出行时间法建立了可达性指数模型，结果表明，武广高速铁路的开通，使10个城市的区域可达性提高了60％以上。

（2）区域可达性的提升是促进区域经济发展的重要因素。以海峡西岸经济区为例，利用加权平均旅行时间法构建可达性指数模型，结果表明：高速铁路的开通有助于提升海峡西岸经济区的可达性水平，该区域各地级市的加权平均旅行时间有所减少，区域可达性水平呈现上升趋势。高速铁路开通使海峡西岸经济区内部城市间及区域与周边城市间时空距离变短，货物与各要素之间的流动加快、成本降低及效益提高，并最终推动海峡西岸经济区市场融合。

2. 高速铁路对区域知识溢出的影响

运用知识产出函数和空间延迟模型，对中国的 30 个省（区、市）的实际情况进行了实证研究检验，并得出以下五个结论。

（1）2008 年以来，随着高速铁路的修建，中国大部分地区的可达性得到了极大提升，这使得中国各地的交通状况有了极大改善。同时，研究结果显示，在全国范围内，横向和纵向的高速铁路干线建设对提高区域可达性具有更大的作用，而且有较大的辐射范围。

（2）中国 30 个省（区、市）知识创新聚集程度缩小。通过 Moran's I 指数分析发现，从 2008 年开始，中国省域知识布局在空间分布上总体呈现出空间集聚性，且这种集中度在 2008～2015 年持续加强。2015 年以后，虽然各省（区、市）间的知识创新仍存在较大聚集现象，但其聚集程度却在逐渐降低。原因在于，中国"四纵四横"铁路网络的铺开，使远距离空间的时空效应得到发挥，而原本空间集聚的正向作用机制则不断减弱，空间集聚性也不断减弱。

（3）高速铁路对省级知识外溢效应具有重要的作用。研究结果表明，高速铁路对中国的 30 个省（区、市）之间的知识外溢效应有明显的正效应，且在 2008～2017 年随高速铁路的快速发展呈上升趋势。据此推断，如果高速铁路继续发展，将会使中国现有的地理空间格局发生巨大变化，从而对省际知识外溢规模产生正向影响。

（4）高速铁路对省际知识溢出的作用并未显著受到省际经济差异的影响，但各省（区、市）的专利增长情况受本省（区、市）经济基础的影响。结果表明，中国的 30 个省（区、市）之间的经济差异并未对省（区、市）间的知识外溢产生影响，但人均 GDP 与该省（区、市）的专利增长量呈显著的正相关关系，即经济发展程度会对专利增长起到一定的促进作用。

（5）高速铁路对省际知识外溢的作用有一定距离限制，超出距离会使其效应减弱。随着高速铁路的技术迅速发展，这一距离限制将会继续扩大，直到其对知识外溢的影响辐射全国。其中，2012 年距离限制为 2096

千米，误差范围在 29 千米以内；2017 年有效距离限制为 2188 千米，误差范围在 63 千米以内。预计今后该有限距离限制的临界值将会进一步扩大。

3. 高速铁路对区域市场整合的影响

本书对高速铁路与区域市场整合的影响机理进行了研究，并以此为依据，对海峡西岸经济区市场整合发展进行了研究。在理论研究层面，根据区域市场整合的支撑因子及区域市场整合的演化历程，剖析了区域市场整合的表征因子，并对商品市场一体化和要素市场一体化进行了深入论述。在实证研究中，本书选取四个指标分别为市场潜力、商品市场一体化、劳动力市场一体化、资本市场一体化，对区域市场整合程度进行了具体度量，并运用地理信息系统（ARCGIS）技术对海峡西岸经济区市场一体化程度绘制色阶分布图进行描述分析，并分析了海峡西岸经济区市场一体化的空间分布及其特征。构建 DID 模型，估计高速铁路对海峡西岸经济区市场整合的影响及影响程度，主要得出以下三个结论。

（1）可达性水平是影响市场整合程度的重要因素。高速铁路开通有利于提高海峡西岸经济区的可达性水平，是其影响区域市场整合的前提。高速铁路具有速度快、运量大、受自然条件影响较小和安全性较高等特点，其开通缩短了海峡西岸经济区内各城市之间及该区域与其周边城市的时空距离，加速了商品和要素的自由流动，降低流动成本，提高流动效率，最终促进海峡西岸经济区市场整合。

（2）海峡西岸经济区的区域市场整合程度呈现出显著的梯度。高速铁路的开通使海峡西岸经济区各地级市之间的联系更加紧密，形成了"n 小时经济圈"模式，但从区域市场整合的描述分析上，海峡西岸经济区东部地区的市场整合程度比海峡西岸经济区中西部地区高。温州市、福州市、厦门市和泉州市等市场整合水平较高的城市主要分布在海峡西岸经济区东部，赣州市、鹰潭市、抚州市和衢州市等市场整合水平较低的城市主要分布在海峡西岸经济区西部，强化了温州市、福州市、厦门市和泉州市在海峡西岸经济区内的核心地位。

（3）高速铁路的开通有利于海峡西岸经济区内市场整合程度的提高。引入 DID 模型，对市场潜力、商品市场一体化、劳动力市场一体化和资本市场一体化四个衡量区域市场整合程度的指标进行回归分析。研究结果显示，高速铁路的开通有利于提高海峡西岸经济区的市场潜力，提高海峡西岸经济区的商品市场一体化、劳动力市场一体化、资本市场一体化。进一步地，从上述回归结果可以看出，高速铁路对时间和空间上的影响每增加1%，市场潜力变化程度约提高 0.6% ~ 0.9%，商品市场一体化程度约提高 0.2% ~ 0.4%，劳动力市场一体化程度约提高 0.003%，资本市场一体化程度约提高 0.1%。从整体上看，高速铁路的开通促进了海峡西岸经济区市场整合程度的提高，有利于其协调发展，进一步提高海峡西岸经济区在中国东部城市群中的地位。

4. 高速铁路对区域产业转型的影响

本书从山西省现有高速铁路建设和经济发展角度出发，探讨了山西省高速铁路建设对沿线地区区域经济的影响。在系统动力学的相关理论及研究方法基础上，从经济、交通、就业等角度分析高速铁路与大经济体系中各个变量的因果关系，构建了 HSR - RE 因果关系图，对因果关系图中的主要反馈环及其作用途径进行分析，并对山西省中南部地区 HSR - RE 模型进行了分析。利用该模型进行模拟仿真，总结了高速铁路对山西省中南部地区区域经济产生的影响。本部分主要得出以下四点结论。

（1）高速铁路建设对山西省中部地区、南部地区的经济发展具有重要的推动意义，对第二产业、第三产业的发展具有重要的推动意义。首先，利用 HSR - RE 模型进行仿真发现，山西省太原市以南地区的 GDP 得益于高速铁路建设的影响，在未来将呈现稳定增长的趋势；其次，高速铁路建设对产业结构也产生了修正作用。在今后数年内，各个行业的生产总值都会有一定幅度提高，尤其是第二产业、第三产业的发展速度最快。高速铁路的修建，不仅可以带动交通运输行业的发展，而且会带动钢铁、机械、零部件等相关行业的发展，从而使第二产业产生稳定的经济增长。此外，高速铁路的开通大大方便了人们出行，增加了地区可达性，促进了旅游业发展，区域间人员及物资交流日趋频繁，也推动了高速铁路沿线地区房地产业、住宿和餐饮业等第三产业的发展。

（2）高速铁路的投资和建设促进了当地居民就业。由（1）可知，高速铁路对第二产业、第三产业的发展起到了很大促进作用，而利用 HSR - RE 模型进一步仿真发现，高速铁路的迅速发展不仅在交通领域创造了更多就业机会，而且刺激了相关产业发展，如冶金业和机械制造业，增加对劳动力的需求，解决了本区域的部分就业问题。

（3）高速铁路的建成将增强高速铁路的运力。利用 HSR - RE 模型进行仿真发现，高速铁路的开通不仅可以增加客运供给，满足日益增长的客运需求，又能充分利用现有的铁路运力，达到客货分流的目的，极大地提高铁路运力和质量，促进本地区的客运、货运发展。

（4）高速铁路的开通带动了当地旅游发展，对地区产业结构进行优化和调整。利用 HSR - RE 模型进行仿真发现，在山西省煤炭行业持续亏损导致经济低迷、经济转型的大背景下，高速铁路的开通对山西省第三产业包括旅游产业都有很大的推动作用，这有助于调整产业结构，缓解山西省区域产业结构对资源的依赖性，推动山西省经济转型，使山西省中南部地区和全省产业结构向多元化发展，从而重振山西省经济。

5. 高速铁路对区域经济增长的影响

随着高速铁路建设的不断完善，为区域经济带来巨大的发展机会。评估高速铁路对区域经济发展的作用，既是对高速铁路建设的分析总结，也是对高速铁路发展的参考，有助于高速铁路发挥其经济效益，推动沿线地区经济发展。本书以武广高速铁路为研究对象，运用双差分法对高速铁路对于地区经济发展的影响进行了定量研究，通过理论分析与实证分析得出以下四点结论。

（1）高速铁路开通直接关系到区域经济发展，对其具有重要影响。高速铁路的修建缩短了地区之间的时空距离，加快了生产、劳动力等要素在区域之间的流动，既能促进对相关产品的需求，又在一定程度上为高速铁路沿线城市带来更多就业机会，促进区域经济发展。除此之外，对于以运输为生产变量的企业来说，利用高速铁路运输可以提高企业效率，节约机会成本。总之，高速铁路的开通，对促进地区经济发展起到了很大的推动作用。

（2）高速铁路开通对地区经济发展速度起到一定抑制作用，同时，存在不同发展阶段。开通初期，高速铁路的虹吸效应显著，但这种虹吸效应随着时间推移而逐渐弱化。

（3）高速铁路的开通对推动区域工业结构提升起到很大推动作用。经过滞后一年观察发现，高速铁路的开通对地区产业结构优化促进作用更加明显。此外，这种提升作用因区域经济发展水平不同而存在异质性。在经济发展水平较高的区域，改善效果更加显著。

（4）高速铁路对区域经济发展的作用存在显著的滞后效应。高速铁路的开通，明显地促进了区域经济发展，但随着时间推移，其负面效应却在一定程度上有所减弱。

第二节　主要创新点

1. 高速铁路对区域知识溢出的影响

在总结、借鉴既有研究基础上，从中国的30个省（区、市）视角展开研究，相比既有研究，本书有以下两个主要创新点。

（1）研究视角创新。本书以中国的30个省（区、市）为切入点，以全国铁路网为研究对象。纵观国内外对知识外溢的研究，主要从企业和个人知识外溢到区域知识外溢，但既有研究仅限于特定铁路轨道交通，未对全国铁路网进行研究。在此基础上，本书通过对中国高速铁路技术外溢的研究，得出高速铁路技术对知识外溢的制约条件和约束距离，分别验证了高速铁路对区域间知识溢出的影响与经济发展水平差异无关，以及高速铁路对省际知识溢出的影响受限于距离，超出限制距离的高速铁路对地区之间的知识外溢效应无显著影响。本书的研究视角和研究范围较广，为以后的知识外溢研究开辟了新思路。

（2）研究方法创新。本书从三个方面进行了探讨。一是在研究高速铁路对区域知识外溢的作用机制时，巧妙运用了物理导热理论和知识外溢路径对各省（区、市）之间的知识外溢路径进行了细致剖析，并从理论层面分析了高速铁路对三种外溢路径的作用。二是在对中国的30个省（区、市）的知识外溢进行考察时建立了一个临界点的判定矩阵，将其划分为6个主要溢出区域：（0，500）（0，1000）（0，1500）（0，2000）（0，2500）和（0，+∞），分别对各个省（区、市）高速铁路对于区域知识外溢的影响进行了检验，确定区域后运用二分法再次切割区域进行验证，最终精确得出高速铁路对区域知识溢出影响的有效距离。本书在知识外溢相关距离的研究上取得了新的突破，为以后的相关研究工作提供了借鉴。三是本书采用了新的重力模型构建高速铁路知识外溢变量，它将旅行时间、直线距离、邻近距离、经济基础等因素结合，更加符合知识外溢机制，使本书的指标选择和模型分析更加科学和合理。

2. 高速铁路对区域市场整合的影响

通过对国内外有关地区市场一体化的研究，本研究的创新之处在于，首次将市场潜力、商品市场一体化、劳动力市场一体化、资本市场一体化等角度相结合，综合评价了地区市场一体化水平。以高速铁路为主要解释变量，运用双重差分模型测度其对区域市场的影响及其影响程度。本研究的创新点具体分为以下两方面。

（1）本研究针对高速铁路对区域市场整合的影响进行分析，首次将市场潜力、商品市场一体化、劳动力市场一体化和资本市场一体化等视角相结合，具体全面量化区域市场整合程度。将高速铁路与地区市场整合相结合的既有研究很少，而考虑到高速铁路的时滞效应，并将高速铁路作为政策因素与高速铁路开通时间的相互作用，即高速铁路净效应的研究更少。

（2）大部分既有研究都是以京广线、京沪线、长三角地区和珠三角地区等经济比较发达的地区为研究对象，而海峡西岸经济区的高速铁路开通对区域市场整合的研究却很少。对海峡西岸经济区高速铁路在区域市场整合中的作用进行深入探讨是十分必要的。本书通过对高速铁路与海峡西岸经济区市场整合的影响机理进行分析，并运用高速铁路对区域市场整合的双差分模式对其进行量化和实证分析，选择了综合、全面的变量，保证了研究的准确性。

3. 高速铁路对区域产业转型的影响

具体有以下两个创新点。

（1）山西省高速铁路建设起步较晚，第一条高速铁路线路在 2009 年建成，而已经开通的高速铁路区域覆盖面积很小，对此的既有研究较少，本书采用定性和定量相结合、理论研究和实证研究相结合的方法进行研究。

（2）本书运用区域经济学的基本原理，运用新经济地理学的相关知识对高速铁路对于沿线城市区域经济的影响进行理论研究，采用系统动力学研究方法，建立了高速铁路对区域经济影响的系统动力学模型，即HSR – RE 模型，通过仿真模拟，得出高速铁路对山西省中南部区域经济产生的影响。

4. 高速铁路对区域经济增长的影响

本书以既有文献为依据，从多个视角对高速铁路对于地区经济发展的作用进行了综合分析。武广高速铁路是中国较早开通的一条高速铁路，经过多个城市其空间异质性非常明显，可以用来分析高速铁路对地区经济发展的作用。本书不仅分析了高速铁路对区域经济总量的影响，同时，探究了高速铁路与区域经济增长速度和区域经济结构的关系。

第三节　政策建议

1. 关于区域市场整合

本书通过理论分析与实证分析,探求高速铁路对海峡西岸经济区市场整合的影响,结合实证研究的结果,对如何充分利用高速铁路带动海峡西岸经济区市场整合的发展提出以下三点对策建议。

(1)完善海峡西岸经济区高速铁路网,加强路网规划建设。2019年,福建省人民政府工作报告指出,推动基础设施互联互通,推动重点高速铁路(双龙铁路)的发展。① 高速铁路在运营过程中具有网络经济效应,区域内局部城市交通基础设施水平的提高对区域市场整合的作用程度有限。完善海峡西岸经济区的交通网络,并对高速铁路站点设置进行科学规划、制定政策,鼓励各市场参与方在高速铁路沿线建立合作伙伴关系,共同开展产业合作和资源共享,鼓励企业利用高速铁路建立高效的物流网络,由政府提供财政支持和税收优惠以及土地和基础设施支持,从根本上降低流通成本,扩大流通渠道,促进资源在区域内的自由流动,提高区域内交通信息共享水平,推进海峡西岸经济区市场整合的发展。

(2)加强海峡西岸经济区的西部地区高速铁路网建设。目前,杭广高速、沪昆高铁、南龙铁路、赣龙铁路等正在建设中,将逐步形成海峡西岸经济区的西部地区城市的交通网。海峡西岸经济区的西部地区城市的市场整合程度已经深度影响区域市场整合程度,加快高速铁路建设,确保高速铁路与其他交通网络(如公路、航空等)的衔接,提高交通效率和便利性。此外,建设高速铁路站点周边的综合交通枢纽,以便利游客或者其他人群的转乘,促进区域间的人才流动,吸引并留住高素质人才,促进旅游业发展,有利于海峡西岸经济区的资源向该地区流动,缩短其与中心城市间的时空距离,充分发挥区域整体性功能,推进海峡西岸经济区的市场整合发展。

(3)加强与海峡西岸经济区内各级政府的合作,降低区域内壁垒,加快海峡西岸经济区内传统的分区域治理向区域综合治理转型。为促进海峡西岸经济区各大城市间的合作与交流搭建了一个合作平台。区域内不同地

① 资料来源:2019年福建省人民政府工作报告,http://www.fujian.gov.cn/szf/gzbg/zfgzbg/201901/t20190121_4748474.htm。

方政府的政策制约，是制约地区市场整合发展的重要因素。在资源配置中，要坚持市场主导地位，充分发挥政府引导功能，构建统一的流通平台，保证商品和要素的自由流动。区域政府要加强整体规划管理，各相关部门需要加强沟通与协调，形成政策合力，确保政策的一致性和有效性，促进区域整体利益与各城市利益的一致化，举办市场整合会议，通过媒体和宣传活动积极宣传高速铁路的发展成果和市场整合的益处，吸引更多投资，并进一步强化各级政府间沟通，突出各大城市的协同发展，建立新的区域发展一体化模式，打破障碍，推动海峡西岸经济区一体化发展。

2. 关于区域产业转型

本书结合实证研究的成果，对如何充分利用高速铁路推动山西省中南部地区产业转型升级提出以下四点建议。

（1）高速铁路建设对山西省中部地区和南部地区的经济发展具有重要的推动意义，对第二产业、第三产业的发展具有重要意义。利用 HSR - RE 模型进行了仿真，结果表明，在今后几年内，各行业的 GDP 都会有一定增长，而第二产业、第三产业的增长率则更高。主要原因在于，高速铁路建设不仅能带动中国运输行业的发展，而且，能带动钢铁、机械、零部件等相关行业的发展，从而实现稳定的经济增长。此外，高速铁路的开通，大大方便了人们的出行，改善了地区的通达程度，促进了旅游业发展，也促进了地区之间的人员交换和物质交换，促进了高速铁路沿线地区的房地产业、住宿业、餐饮业等第三产业的发展。

（2）修建高速铁路，解决就业问题。高速铁路的投资和建设将促进当地居民就业，减轻当地就业压力，并解决部分居民的就业问题。高速铁路对第二产业、第三产业的发展有很大的促进作用，而高速铁路不仅能创造更多工作机会，而且会带来更多就业机会，产生大量劳动力需求，从而带动区域就业人口持续增长，在一定程度上改善当地民生问题。

（3）高速铁路开通，增加了交通流量。高速铁路的建成将使高速铁路的运量得到提高，高速铁路的开通，既能为旅客提供更多服务，又能充分利用普通铁路的部分运能，使其达到客货分流的目的，从而极大地提升了普通铁路的运力，并促进区域内的客货运输，也优化了中南部地区供应链，提高产业链协同效应。政府可以引导企业共享资源、信息和市场渠道，在做好客货分流的同时尽可能提高运力，发挥供应链整合优势。

（4）高速铁路对地区产业结构进行了优化和调整。高速铁路的开通，带动了第三产业发展。在山西省因煤矿企业亏损而导致的经济衰退和经济转型背景下，高速铁路的开通对第三产业产生了巨大推动效应，这将有助于山西省产业结构调整，缓解资源依赖性，推动山西省经济转型，引导山西省中南部地区及全省区域产业结构向着多元化方向发展，鼓励山西省中南部地区发展新兴产业，如新能源技术、环保技术。政府可以提供资金支持、技术指导和市场开拓等方面的支持，吸引投资和企业发展新兴产业，推动整体产业结构转型和升级，使山西省经济重新焕发生机。

3. 关于区域经济增长

本书结合实证研究结果，对如何充分抓住高速铁路带来的机遇推动区域经济增长提出以下三点建议。

（1）对高速铁路网进行合理规划。通过对国外高速铁路线路的考察，发现这些线路的共同点在于，国外的高速铁路线路大多与经济发达、人口稠密的区域相连，从而获得了较好的经济效益，且高速铁路的建设和运营可以极大地提升区域间的交流和互联互通能力，促进人员流动、物资流动和信息传递。而中国的高速铁路建设虽然总体上遵循了以上原则，但是在某些线路上特别照顾到了中西部地区。在高速铁路规划过程中，要从经济上考虑高速铁路的建设效益，同时兼顾落后地区的发展，做到兼顾效益的同时促进区域协同发展，进一步缩小区域经济差距。

（2）把握发展机会，进行产业结构调整，培养一批龙头企业。高速铁路的建成和开通，将极大地促进区域工业结构优化，武广高速铁路的开通，使广州市等发达地区的产业布局得到进一步优化，广州市等大城市也可以大力发展第三产业和高科技产业，而内陆地区则可以利用沿海城市的产业转移为产业转型期的企业创造更好的发展环境。同时，政府可以培养一批具有竞争力和影响力的服务业龙头企业，引领行业发展。通过给予龙头企业更多政策支持和政策优惠，间接提升行业整体竞争力。

（3）加强区域吸引力，优化区域空间布局，正确处理虹吸效应。一方面，高速铁路的发展使得区域空间的布局更加优化和合理，引导产业资源和人口资源向高效率、高附加值的地区集聚，实现区域协同发展和区域均衡发展；另一方面，高速铁路建设带来了虹吸效应，对大城市来说，既是机遇，也是挑战，大城市在吸纳更多资源的同时，也会带来城市化问题，如人口聚集过多，社会福利基础设施落后等。小城市虽易导致资源消耗，但若能通过改善就业环境、加大政策扶持等措施，将不利因素转变为区域优势，也能增加生产要素投资。

综上所述，高速铁路对区域经济增长所产生的影响存在较大差异性，此差异性主要源于空间差异性，即空间区位上各区域存在较多差异，这些差异必然影响模型中的参数、变量。而传统经济学的多数理论假定前提是均质条件，不考虑多维空间的异质性，事实上，空间维度差异也导致区域经济发展不均衡，不同区域的经济增长受到的交通基础设施的影响存在差异，这一差异往往打破区域经济的原有格局，对各区域而言，既是机遇也是挑战（Brunsdon and Fortheringham，1999；覃成林，2014）。因此，本书只是针对实证案例提出部分对策建议，其效果可能因区域、城市而异，建议各区域结合高速铁路网现状与规划探索适合的发展道路。

参考文献

［1］安占然，李汶轩，刘子鹏．高铁开通抑制了服务业企业出口吗？——基于中国服务业上市公司的实证检验［J］．兰州交通大学学报，2021，40（4）：122－129.

［2］边志强．交通基础设施对全要素生产率增长作用机制研究［J］．我国管理信息化，2015（11）：154－155.

［3］卞元超，吴利华，白俊红．高铁开通、要素流动与区域经济差距［J］．财贸经济，2018，39（6）：149－163.

［4］卜茂亮，高彦彦．外商直接投资与区域市场一体化——基于长三角的经验研究［J］．华东经济管理，2010，24（2）：46－49.

［5］曹小曙，刘望保．际轨道交通规划建设对珠江三角洲区域空间的影响［J］．现代城市研究，2005（12）：43－46.

［6］陈春阳，孙海林，李学伟．客运专线运营对区域经济的影响［J］．北京交通大学学报（社会科学版），2005，4（4）：6－10.

［7］陈丰龙，徐康宁，王美昌．高速铁路发展与城乡居民收入差距：来自中国城市的证据［J］．经济评论，2018.

［8］陈建军，郑广建，刘月．高速铁路对长江三角洲空间联系格局演化的影响［J］．经济地理，2014，34（8）：54－60.

［9］陈庆江，赵明亮，耿新．信息化、市场分割与产业结构合理化［J］．经济问题，2018，466（6）：20－25.

［10］陈彦，孟晓晨．高速铁路对客运市场、区域经济和空间结构的影响［J］．城市发展研究，2013，20（4）：119－124.

［11］崔琚琰，饶娆．一体化背景下高铁对皖江城市带可达性的影响研究［J］．铜陵学院学报，2023，22（1）：61－67.

［12］崔庆波，梁双陆．我国国内市场一体化的影响因素分析——基于面板数据的检验［J］．工业技术经济，2016，35（1）：26－35.

［13］邓海云，周莹，和晓萍．基于MLR模型的我国城乡居民消费价

格指数差异的研究［J］.贵州师范大学学报，2013（3）：95 – 100.

［14］邓涛涛，王丹丹，程少勇，等.高速铁路对城市服务业集聚的影响［J］.财经研究，2017，43（7）：119 – 132.

［15］丁冬梅.高速铁路对沿线区域经济发展的影响研究［D］.北京：北京交通大学，2012，24（3）：32 – 36.

［16］丁秋贤，朱丽霞，张辉，等.高速铁路对沿线城市可达性及经济联系的影响——以汉宜高速铁路为例［J］.华中师范大学学报（自然科学版），2015，49（6）：952 – 957.

［17］董艳梅，朱英明.高速铁路建设的就业效应研究——基于中国285 个城市倾向匹配倍差法的证据［J］.经济管理，2016（11）：26 – 44.

［18］董艳梅，朱英明.高速铁路建设能否重塑中国的经济空间布局——基于就业、工资和经济增长的区域异质性视角［J］.中国工业经济，2016（10）：92 – 108.

［19］杜茂宝，张颖，苏蔚.京津冀市场一体化进程及其影响因素的度量分析［J］.资源开发与市场，2018，34（6）：813 – 818.

［20］杜旭阳.高速铁路对城市市场潜力的影响研究——以京沪高速铁路为例［D］.北京：北京交通大学，2016.

［21］段晓晨，孙敬.高速铁路区域环境累积效应评价方法研究［J］.铁道运输与经济，2014，36（11）：65 – 71.

［22］范爱军，李真，刘小勇.国内市场分割及其影响因素的实证分析——以我国商品市场为例［J］.南开经济研究，2007（5）：111 – 119.

［23］范厚明，李艳滨，温文华，等.考虑土地资源占用的港口与城市经济互动发展系统仿真——以深圳市为例［J］.资源科学，2015，37（2）：398 – 407.

［24］方大春，孙明月.高速铁路对长三角城市群经济发展影响评估——基于 DID 模型的实证研究［J］.华东经济管理，2016，30（2）：42 – 47.

［25］封志明，刘东，杨艳昭.中国交通通达度评价：从分县到分省［J］.地理研究，2009，28（2）：419 – 429.

［26］冯兵，郑玲莉，周怡然.高速铁路对区域产业发展的影响分析——以湖北为例［J］.湖北社会科学，2014（5）：62 – 66.

［27］冯长春，丰学兵，刘思君.高速铁路对我国省际可达性的影响［J］.地理科学进展，2013，32（8）：1187 – 1194.

［28］冯广超，覃成林.可达性研究动态及测算模型修订［J］.地域

研究与开发，2016，35（2）：6-11.

[29] 冯晓兵. 成渝地区交通运输与区域经济耦合协调发展研究 [J].
铁道运输与经济，2022，44（3）：92-98.

[30] 甘家武. 基本公共服务均等化对市场一体化的影响研究——以
云南及其毗邻省为例 [J]. 南开经济研究，2013（6）：97-106.

[31] 高翔，龙小宁，杨广亮. 交通基础设施与服务业发展——来自
县级高速公路和第二次经济普查企业数据的证据 [J]. 管理世界，2015，
263（8）：81-96.

[32] 高翔. 高速铁路在服务业分布中的作用——基于城市层级体系
视角的研究 [J]. 中国经济问题，2019，312（1）：106-123.

[33] 耿金彪，涂建新，高洪强."有无对比法"在经济评价中的运用
及相关概念分析 [J]. 中国工程咨询，2016（7）：21-22.

[34] 桂琦寒，陈敏，陆铭，等. 中国国内商品市场趋于分割还是整
合：基于相对价格法的分析 [J]. 世界经济，2006（2）：20-30.

[35] 桂汪洋，吴扬扬. 基于空间句法的特大型高铁客站换乘空间可
达性研究 [J]. 西安建筑科技大学学报（社会科学版），2023，42（2）：
49-58.

[36] 郭本海，张笑腾，张济建. 企业参与产业共性技术研发：双重
溢出、模型与实证 [J]. 科研管理，2020，41（11）：75-89.

[37] 郭金花，陈鑫，郭檬楠. 创新政策试点、要素集聚与城市全要
素生产率增长 [J]. 南京财经大学学报，2022（4）：12-22.

[38] 郭立宏，冯婷. 高铁开通能促进区域技术创新吗——基于255
个地级市面板数据的实证分析 [J]. 现代经济探讨，2019，446（2）：
127-132.

[39] 郭瑞军. 交通运输系统工程. 第2版 [M]. 北京：国防工业出
版社，2015.

[40] 海洋，侯爱敏，付广帅. 发达经济体高速铁路枢纽地区产业发
展研究 [J]. 天津城建大学学报，2012，18（2）：98-102.

[41] 韩玉刚. 宁杭高铁对沿线城市可达性的影响与区域效应 [J].
安徽师范大学学报（人文社会科学版），2020，48（4）：120-127.

[42] 何芙蓉，胡北明. 高速铁路对民族地区旅游发展水平的影响机
制研究 [J]. 铁道运输与经济，2022，44（1）：91-97.

[43] 何凌云，陶东杰. 高铁开通对知识溢出与城市创新水平的影响
测度 [J]. 数量经济技术经济研究，2020，37（2）：125-142.

[44] 贺剑锋. 关于我国高速铁路可达性的研究：以长三角为例 [J]. 国际城市规划，2011，26（6）：55 - 62.

[45] 洪勇. 中国国内商品市场整合研究——基于需求—价格关系的视角 [J]. 南方经济，2016，34（3）：16 - 35.

[46] 侯学钢，彭再德. 上海城市功能转变与地域空间结构优化 [J]. 城市规划，1997（4）：8 - 11.

[47] 胡思继. 综合运输工程学 [M]. 北京：北京交通大学出版社，2005.

[48] 胡天军，申金升. 京沪高速铁路对沿线经济发展的影响分析 [J]. 经济地理，1999（5）：101 - 104.

[49] 黄佳祺. ICT、地理邻近性与企业创新 [D]. 杭州：浙江大学，2015.

[50] 纪良纲，陈晓永. 城市化与产业集聚互动发展研究 [M]. 北京：冶金工业出版社，2005.

[51] 贾善铭，覃成林. 高速铁路对中国区域经济格局均衡性的影响 [J]. 地域研究与开发，2015，34（2）：13 - 20.

[52] 贾善铭，覃成林. 国外高铁与区域经济发展研究动态 [J]. 人文地理，2014（2）：7 - 12.

[53] 姜博，初楠臣，王媛，等. 高速铁路影响下的城市可达性测度及其空间格局模拟分析——以哈大高速铁路为例 [J]. 经济地理，2014，34（11）：58 - 62.

[54] 姜博，初楠臣，王媛，等. 高速铁路对城市与区域空间影响的研究述评与展望 [J]. 人文地理，2016（1）：16 - 25.

[55] 姜丕军. 交通运输对市场规模的作用研究 [D]. 北京：北京交通大学，2016.

[56] 蒋海兵，张文忠，祁毅，等. 高速铁路与出行成本影响下的全国陆路可达性分析 [J]. 地理研究，2015，34（6）：1015 - 1028.

[57] 蒋华雄，蔡宏钰，孟晓晨. 高速铁路对中国城市产业结构的影响研究 [J]. 人文地理，2017，32（5）：132 - 138.

[58] 金明慧，关伟. 辽宁省服务业发展影响因素实证分析 [J]. 长春理工大学学报（社会科学版），2014（1）：94 - 96.

[59] 孔令章，白洋，李晓东. 高铁对欠发达地区可达性及经济联系的空间影响——以兰新高铁为例 [J]. 地域研究与开发，2020，39（5）：19 - 22.

[60] 来逢波，刘春梅，荣朝和．高速铁路对区域经济发展的影响效应及实证检验 [J]．东岳论丛，2016，37 (6)：120 – 127.

[61] 黎峰．国内循环与制造业生产率：一般规律、大国特征及中国应对 [J]．财经科学，2022 (6)：135 – 148.

[62] 李纲，巴志超．科研合作超网络下的知识扩散演化模型研究 [J]．情报学报，2017，36 (3)：274 – 284.

[63] 李红昌，Linda Tjia，胡顺香．中国高速铁路对沿线城市经济集聚与均等化的影响 [J]．数量经济技术经济研究，2016 (11)：127 – 143.

[64] 李建梅，刘庆芳，胡昊天，等．安徽省各市区、县域高铁可达性及其与经济潜力协调发展 [J]．经济地理，2022，42 (11)：64 – 73.

[65] 李建明，王丹丹，刘运材．高速铁路网建设推动中国城市产业结构升级了吗？[J]．产业经济研究，2020 (3)：30 – 42.

[66] 李江帆．制定第三产业发展战略的若干问题研究 [J]．华南师范大学学报（社会科学版），1996 (1)：8 – 14.

[67] 李平华，陆玉麒．可达性研究的回顾与展望 [J]．地理科学进展，2005，24 (3)：69 – 78.

[68] 李善同，高传胜．中国服务业：内容、发展水平与内部结构——基于中国 1987 ~ 2002 年投入产出表的分析 [J]．调查研究报告，2007 (34)：1 – 21.

[69] 李卫东．高速公路经营企业核心竞争力构成要素及提升策略研究 [D]．武汉：华中科技大学，2009.

[70] 李新光，黄安民．高速铁路对县域经济增长溢出效应的影响研究——以福建省为例 [J]．地理科学，2018.

[71] 李旭．社会系统动力学：政策研究的原理、方法和应用 [M]．上海：复旦大学出版社，2009.

[72] 李雪松，孙博文，张雨迪．区域一体化促进了经济增长效率吗？——基于长江经济带的实证分析 [J]．中国人口·资源与环境，2017，27 (1)：10 – 19.

[73] 李雪松，孙博文．区域经济一体化视角下的长江中游地区市场整合测度——基于湘鄂赣皖四省面板数据的分析 [J]．江西社会科学，2014 (3)：34 – 40.

[74] 李亚琼．论交通运输对工业区位影响的变化 [J]．内蒙古科技与经济，2005 (2)：17 – 18.

[75] 李佾忆．高速铁路对区域知识溢出的影响研究 [D]．北京：北

京交通大学，2017.

　　［76］李哲，马君. FDI 知识溢出效应问题研究综述［J］. 金融发展研究，2010（3）：23 – 27.

　　［77］林晓言，陈小君，白云峰，等. 京津城际高速铁路对区域经济影响定量分析［J］. 铁道经济研究，2010（5）：5 – 11.

　　［78］林晓言，罗燊. 知识溢出研究脉络及其研究方向——基于成本视角［J］. 技术经济，2017，36（7）：14 – 21.

　　［79］蔺茹，高鑫，孙成彬. 成渝地区双城经济圈高铁网络优化对区域可达性与经济联系格局的影响［J］. 中国商论，2023（2）：15 – 18.

　　［80］刘璐，赵国杰. 基于 DEA 方法的中国高速铁路客运效率评价［J］. 大连交通大学学报，2013，34（3）：44 – 48.

　　［81］刘维林. 区域物流系统与经济增长的动态耦合机理与实证仿真［J］. 经济地理，2011，31（9）：1493 – 1498.

　　［82］刘修岩，贺小海，殷醒民. 市场潜能与地区工资差距：基于中国地级面板数据的实证研究［J］. 管理世界，2007（9）：48 – 55.

　　［83］刘洋，沈沁. 计算机网络技术在企业信息化管理中的应用［J］. 电脑知识与技术，2014（9）：1882 – 1883.

　　［84］龙志和，林志鹏，吴梅. 商品市场一体化的经济增长差异效应——以珠三角为例［J］. 软科学，2012，26（12）：1 – 4.

　　［85］鲁万波，贾婧. 高速铁路、城市发展与区域经济发展不平等——来自中国的经验数据［J］. 华东经济管理，2018（2）.

　　［86］吕朝凤，朱丹丹. 市场化改革如何影响长期经济增长？——基于市场潜力视角的分析［J］. 管理世界，2016，269（2）：32 – 44.

　　［87］罗辉云. 武广高速铁路的经济效应分析［J］. 经济研究导刊，2011（35）：59 – 60.

　　［88］罗鹏飞，徐逸伦，张楠楠. 高速铁路对区域可达性的影响研究——以沪宁地区为例［J］. 经济地理，2004，24（3）：407 – 411.

　　［89］罗平. 绵成乐城际客运专线区域经济效应预测研究［D］. 成都：西南交通大学，2009.

　　［90］罗小梅. 交通便捷性对区域市场一体化的影响研究［D］. 长沙：湖南大学，2015.

　　［91］骆玲. 高速铁路对沿线城镇发展的影响［J］. 西南民族大学学报（人文社科版），2013（5）：109 – 116.

　　［92］马光荣，程小萌，杨恩艳. 交通基础设施如何促进资本流

动——基于高铁开通和上市公司异地投资的研究［J］. 中国工业经济, 2020, 387 (6)：5 - 23.

［93］马红梅, 郝美竹. 中国高铁建设与沿线城市服务业集聚：影响机制与实证检验［J］. 产业经济研究, 2020 (1)：99 - 113.

［94］马丽黎, 朱亚军, 熊一帆. 兰新高速铁路沿线区域可达性及经济发展影响研究［J］. 铁道运输与经济, 2021, 43 (5)：44 - 50.

［95］马书红, 葛永, 孙言涵, 等. 基于效用模型的城市区域交通可达性研究［J］. 重庆交通大学学报（自然科学版）, 2018, 37 (5)：71 - 76.

［96］马双, 曾刚. 我国装备制造业的创新、知识溢出和产学研合作——基于一个扩展的知识生产函数方法［J］. 人文地理, 2016 (1)：116 - 123.

［97］毛其淋, 盛斌. 对外经济开放、区域市场整合与全要素生产率［J］. 经济学（季刊）, 2011：181 - 210.

［98］毛琦梁, 颜宇彤. 高铁开通、风险投资与文化企业选址［J］. 产业经济研究, 2021 (6)：29 - 43.

［99］孟德友, 陆玉麒. 高速铁路对河南沿线城市可达性及经济联系的影响［J］. 地理科学, 2011 (5)：537 - 543.

［100］倪鹏飞, 李冕. 长三角区域经济发展现状与对策研究［J］. 中国市场, 2014 (41)：15 - 33.

［101］牛斐, 吴晓峰. 高铁开通对区域经济增长的影响研究——基于PSM - DID 方法的实证分析［J］. 价格理论与实践, 2021, 447 (9)：185 - 188, 204.

［102］牛伟芝, 王建军. 内蒙古服务业低就业吸纳能力的分析及探讨［J］. 现代经济信息, 2013 (23)：283.

［103］平野卫, 伊东诚, 本多均. 京沪高速铁路建设项目经济效益的研究［J］. 中国铁路, 2001 (1)：34 - 36.

［104］平野卫, 邹振民. 修建京沪高速铁路的意义［J］. 中国铁路, 2001 (3)：38 - 40.

［105］乔英忍, 曹国炳. 世界铁路综览［M］. 北京：中国铁道出版社, 2001.

［106］邱洋冬. 数字经济发展如何影响企业创新［J］. 云南财经大学学报. 2022, 38 (8)：61 - 81.

［107］任建军, 阳国梁. 中国区域经济发展差异及其成因分析［J］.

经济地理, 2010, 30 (5): 784 - 789.

[108] 任志安, 王立平. 知识生产函数研究的演进与发展 [J]. 经济理论与经济管理, 2006 (6): 23 - 27.

[109] 阮杰儿, 陈颖彪, 千庆兰, 等. 高铁影响下的珠江三角洲城市群经济空间格局的多维度分析 [J]. 地球信息科学学报, 2020, 22 (5): 1023 - 1032.

[110] 邵博, 李若然, 叶翀, 等. 高铁网络下可达性与区域经济联系的空间格局演变——基于福建省的实证分析 [J]. 华东经济管理, 2020, 34 (8): 33 - 43.

[111] 沈坤荣, 马俊. 中国经济增长的"俱乐部收敛"特征及其成因研究 [J]. 经济研究, 2002 (1): 33 - 39, 94 - 95.

[112] 沈能. 金融发展与国际贸易的动态演进分析——基于中国的经验数据 [J]. 世界经济研究, 2006 (6): 53 - 58.

[113] 沈艳平, 沈旭, 张邠. 交通运输业对我国经济发展的作用分析 [J]. 云南交通科技, 2000, 16 (1): 49 - 51.

[114] 盛龙, 陆根尧. 中国服务业集聚及其影响因素研究——基于行业和地区层面的分析 [J]. 南开经济研究, 2013 (5): 115 - 129.

[115] 施德浩, 于涛, 王磊. 高铁开通对县级单元产业结构的影响——以长三角地区为例 [J]. 地理科学, 2022, 42 (11): 1912 - 1922.

[116] 石海洋, 侯爱敏, 吉银翔, 等. 触媒理论视角下高铁枢纽站对城市发展的影响研究 [J]. 苏州科技学院学报 (工程技术版), 2013, 26 (1): 55 - 59.

[117] 石华军, 楚尔鸣. 政策效果评估的双重差分方法 [J]. 统计与决策, 2017 (17): 80 - 83.

[118] 石林, 傅鹏, 李柳勇. 高速铁路促进区域经济一体化效应研究 [J]. 上海经济研究, 2018 (1): 53 - 62.

[119] 史明华. 贵广高速铁路对贵州区域经济影响力及利用研究 [D]. 贵阳: 贵州大学, 2008.

[120] 宋冬林, 范欣, 赵新宇. 区域发展战略、市场分割与经济增长——基于相对价格指数法的实证分析 [J]. 财贸经济, 2014, 35 (8): 115 - 126.

[121] 苏婧, 赵城, 王必达. 数据要素集聚能实现区域协调发展吗——论大国区域发展的"集聚"与"协调" [J]. 财经科学, 2022 (6): 62 - 77.

[122] 苏文俊，施海涛，王新军．京沪高速铁路对鲁西南沿线主要城市的影响［J］．复旦学报（自然科学版），2009（1）：114-119.

[123] 孙建，齐建国．我国区域知识溢出空间距离研究［J］．科学学研究，2011，29（11）：1643-1650.

[124] 孙健韬．高速铁路对区域经济的影响分析［D］．北京：北京交通大学，2012.

[125] 孙青芬．中国服务业的发展及影响因素研究［D］．大连：东北财经大学，2012.

[126] 孙英隽，高泽坤．对外经济开放、区域市场整合与全要素生产率——基于长三角地区的实证分析［J］．上海理工大学学报，2016，38（5）：449-456.

[127] 孙兆刚．知识溢出的路径分析［J］．科技成果纵横，2006（6）：30-32.

[128] 谈胖．长江经济带三大城市群市场一体化评价与一体化模式研究［D］．长沙：湖南大学，2017.

[129] 覃成林，黄小雅．高速铁路与沿线城市经济联系变化［J］．经济经纬，2014，31（4）：1-6.

[130] 覃成林，杨晴晴．高速铁路对服务业空间格局变迁的影响［J］．经济地理，2017，37（2）：90-97.

[131] 覃成林，种照辉．高速铁路发展与铁路沿线城市经济集聚［J］．经济问题探索，2014（5）：163-169.

[132] 汤放华，时新镇，龚蓉．快速交通对城市可达性及经济联系影响研究——以湖南省为例［J］．长江流域资源与环境，2022，31（1）：49-58.

[133] 唐恩斌．基于市场可达性的高速铁路开通对民族地区经济增长的影响研究［J］．铁道运输与经济，2023，45（2）：83-90.

[134] 唐可月，姜昱汐．高速铁路对站点城市及区域经济影响的异质性分析［J］．财经问题研究，2021，457（12）：58-65.

[135] 唐升，李红昌，郝璐璐，等．交通基础设施与区域经济增长：基于多种运输方式的分析［J］．中国软科学，2021，365（5）：145-157.

[136] 陶卓霖，杨晓梦，梁进社．高速铁路对长三角地区陆路可达性的影响［J］．经济地理，2016，36（8）：40-46.

[137] 滕飞．高速铁路对区域经济发展的影响研究——以郑开城际铁路为例［J］．中国物流与采购，2022，649（12）：67-71.

[138] 汪建丰，翟帅. 高速铁路经济效应对区域发展机制转型的影响研究 [J]. 华东经济管理，2015（11）：76 – 80.

[139] 汪明峰，李健. 互联网、产业集群与全球生产网络——新的信息和通信技术对产业空间组织的影响 [J]. 人文地理，2009（2）：17 – 22.

[140] 汪小琦，罗小龙，王绍博. 哈大高铁对东北地区城市规模的空间影响 [J]. 地域研究与开发，2020，39（4）：60 – 66.

[141] 王长明，赵景峰. 创新模式选择、技术环境支持与供给侧结构性改革 [J]. 现代经济探讨，2022（8）：88 – 101.

[142] 王昊，龙慧. 试论高速铁路网建设对城镇群空间结构的影响 [J]. 城市规划，2009（4）：41 – 44.

[143] 王宏顺，王静. 高速铁路对优化我国产业结构的作用 [J]. 物流技术，2010，29（23）：26 – 29.

[144] 王姣娥，丁金学. 高速铁路对中国城市空间结构的影响研究 [J]. 国际城市规划，2011，26（6）：49 – 54.

[145] 王姣娥，焦敬娟，金凤君. 高速铁路对中国城市空间相互作用强度的影响 [J]. 地理学报，2014，69（12）：1833 – 1846.

[146] 王洁，薛华琳，张小远，等. 高速铁路经济下的大中城市虹吸作用机制研究 [A] //中国城市规划学会、贵阳市人民政府. 新常态：传承与变革——2015 中国城市规划年会论文集（12 区域规划与城市经济）[C]. 中国城市规划学会、贵阳市人民政府：2015.7.

[147] 王其藩. 系统动力学 [M]. 北京：清华大学出版社，1994.

[148] 王庆喜，王巧娜，徐维祥. 我国高技术产业省际知识溢出：基于地理和技术邻近的分析 [J]. 经济地理，2013，33（5）：111 – 116.

[149] 王儒奇，胡绪华. 区域创新系统内主体间创新溢出效应研究——以长江经济带为例 [J]. 南京财经大学学报. 2022（3）：12 – 22.

[150] 王硕，闫广华. 区县尺度下高铁对区域可达性及经济联系的影响——以京张高铁为例 [J]. 长春师范大学学报，2021，40（2）：137 – 144.

[151] 王伟光，冯荣凯，尹博. 产业创新网络中核心企业控制力能够促进知识溢出吗？[J]. 管理世界，2015（6）：99 – 109.

[152] 王杨堃. 高速铁路对我国相关产业发展的影响分析 [J]. 综合运输，2011（8）：47 – 50.

[153] 王垚. 年猛. 高速铁路带动了区域经济发展吗？[J]. 上海经

济研究，2014（2）：82-91.

[154] 王雨飞，倪鹏飞.高速铁路影响下的经济增长溢出与区域空间优化[J].中国工业经济，2016（2）：21-36.

[155] 王梓利.高速铁路、人员流动与区域创新[J].统计与决策，2021，37（24）：57-61.

[156] 魏江，周丹.服务业与制造业融合互动发展[M].北京：科学出版社，2011.

[157] 魏龙.区域市场整合与出口贸易增长[J].价格月刊，2015（10）：54-60.

[158] 翁春颖.浙江服务业发展影响因素的实证研究[J].企业经济，2013（4）.

[159] 乌云毕力格，曾俊伟，钱勇生，等.基于系统动力学的城际铁路建设对区域经济发展趋势的影响研究[J].交通运输研究，2016，2（6）：7-12.

[160] 邬滋.高技术产业知识溢出的地理邻近性与技术相似性研究[J].工业技术经济，2017，36（3）：36-45.

[161] 吴晖.高速铁路建设对沿线地区经济发展影响研究[D].兰州：兰州交通大学，2014.

[162] 伍业春.武广高速铁路对沿线城市体系发展的影响研究[D].成都：西南交通大学，2009.

[163] 夏帅，谭黎阳，笪远瑶.高铁开通对城市三重产业集聚的影响研究——基于中国286个地级及以上城市平衡面板的准自然实验分析[J].云南财经大学学报，2023，39（4）：17-39.

[164] 咸金坤，汪伟.高速铁路与服务业企业生产率——来自中国上市公司的经验证据[J].商业经济与管理，2020，348（10）：73-85.

[165] 肖挺.中国城市交通基础设施建设对本地就业的影响[J].中国人口科学，2016，175（4）：96-104，128.

[166] 肖雁飞，张琼，曹休宁.武广高速铁路对湖南服务业发展的影响[J].经济地理，2013，33（10）：103-107.

[167] 效瑞，白永平，车磊，等.兰新高铁沿线县域可达性时空收敛效应与经济潜力特征分析[J].干旱区地理，2020，43（3）：831-838.

[168] 谢查查，周琴.海西经济区经济差异的空间计量分析[J].科技与管理，2015，17（5）：105-111.

[169] 谢梅，白薇，吴沁媛等.高铁对经济发展的影响[J].电子科

技大学学报，2020，49（6）：891 - 904.

　　[170] 谢姗，汪卢俊. 转移支付促进区域市场整合了吗？——以京津冀为例 [J]. 财经研究，2015，41（10）：31 - 44.

　　[171] 徐保昌，李佳慧，李秀婷. 市场整合与出口增长——来自长三角地区的经验证据 [J]. 世界经济与政治论坛，2023，358（3）：116 - 133.

　　[172] 徐旳，陆玉麒. 高等级公路网建设对区域可达性的影响——以江苏省为例 [J]. 经济地理，2004（6）：830 - 833.

　　[173] 许晓峰，么培基. 发展高速铁路乃当务之急 [J]. 经济研究参考，1996（86）：20 - 23.

　　[174] 杨波. "高速铁路时代"的长江三角洲城市 - 区域发展 [J]. 改革与战略，2012，28（3）：115 - 118.

　　[175] 杨金华. 高速铁路对湖南城市群可达性的影响 [J]. 人文地理，2014（2）：108 - 112.

　　[176] 杨兰卿，Paul. 法国高速铁路 TGV 系统及其经济评价 [J]. 世界铁路，1995（6）：12 - 15.

　　[177] 杨林，陈喜强. 协调发展视角下区域市场一体化的经济增长效应——基于珠三角地区的考察 [J]. 经济问题探索，2017（11）：59 - 66.

　　[178] 杨维凤. 京沪高速铁路对我国区域经济发展的影响 [J]. 生态经济（中文版），2011（7）：61 - 64.

　　[179] 杨维凤. 京沪高速铁路对我国区域空间结构的影响 [J]. 河北经贸大学学报，2010，31（5）：55 - 63.

　　[180] 杨勇. 港口对区域经济影响的动力模型研究 [D]. 南京：河海大学，2006.

　　[181] 姚加林，许家齐. 高速铁路对湖南省县域经济集散效应分析 [J]. 铁道科学与工程学报，2021，18（8）：32021 - 2028.

　　[182] 姚亚光，米雪丽. 高铁对兰西城市群县域空间经济格局的影响 [J]. 合作经济与科技，2021（24）：30 - 33.

　　[183] 叶翀，邵博. 高速铁路对中国省际知识溢出的影响——基于空间计量模型的实证分析 [J]. 技术经济，2022，41（6）：31 - 43.

　　[184] 叶欣. 高速铁路对中小城市空间结构影响研究 [D]. 杭州：浙江大学，2011.

　　[185] 殷平. 高速铁路与区域旅游新格局构建——以郑西高速铁路为例 [J]. 旅游学刊，2012，27（12）：47 - 53.

［186］于涛．高速铁路建设的内外部经济研究［J］．铁道运输与经济，2007，29（1）：4－6．

［187］余泳泽，庄海涛，刘大勇，等．高铁开通是否加速了技术创新外溢？——来自中国 230 个地级市的证据［J］．财经研究，2019，45（11）：20－31，111．

［188］俞开洋．海西高速铁路建设对区域经济发展的影响［J］．发展研究，2008（3）：86－87．

［189］曾春媛，潘云海．知识溢出的测度模型研究综述［J］．北京理工大学学报（社会科学版），2012，14（1）：20－26．

［190］曾俊伟，石生钿，钱勇生等．"列车流"视角下西北地区城市网络结构演变研究［J］．地域研究与开发，2022，41（4）：78－83．

［191］张昊．再议国内区域市场是趋于分割还是整合——对测度方法的探讨与改进［J］．财贸经济，2014（11）：101－110．

［192］张红波，彭焱．现代物流与区域经济增长关系的实证研究［J］．工业工程与管理，2009，14（1）：122－126．

［193］张建华，赵旬，刘伟志，等．高速铁路网对区域经济发展的影响——以江苏省为例［J］．山东理工大学学报（自然科学版），2023，37（2）：7－11．

［194］张建清，袁森柱，杨刚强．市场一体化对制造业聚集影响的实证［J］．统计与决策，2017（12）：124－128．

［195］张莉，何宽，朱丽莉．高速铁路对区域经济发展的影响要素及机理分析［J］．铁道运输与经济，2012，34（12）：64－69．

［196］张莉，姚雨辰．高速铁路对区域经济影响效应的探讨［J］．铁道运输与经济，2013，35（4）：10－15．

［197］张萌萌，孟晓晨．高速铁路对中国城市市场潜力的影响——基于铁路客运可达性的分析［J］．地理科学进展，2014，33（12）：1650－1658．

［198］张楠楠，徐逸伦．高速铁路对沿线区域发展的影响研究［J］．地域研究与开发，2005．

［199］张宁，章胜．基于双对数模型的城市居民用水需求弹性分析［J］．工业技术经济，2010，29（3）：50－53．

［200］张潜．物流需求灰色预测及其实证分析［J］．哈尔滨工业大学学报（社会科学版），2010，12（1）：84－89．

［201］张茜．综合交通运输体系与区域经济的互动分析［D］．大连：

大连理工大学，2009.

[202] 张书明，王晓文，王树恩. 高速铁路对区域旅游业的影响分析 [J]. 山东工会论坛，2013（3）：95 - 98.

[203] 张天天，李卫东，肖永青. 高速铁路对企业绩效影响及机制研究 [J]. 铁道运输与经济，2022，44（6）：99 - 106.

[204] 张学良. 中国交通基础设施促进了区域经济增长吗——兼论交通基础设施的空间溢出效应 [J]. 中国社会科学，2012（3）：60 - 77.

[205] 张岳军，张宁. 高速铁路对沿线城市旅游的影响效应与作用机制研究 [J]. 铁道运输与经济，2013，35（9）：84 - 88.

[206] 赵丹，张京祥. 高速铁路影响下的长三角城市群可达性空间格局演变 [J]. 长江流域资源与环境，2012，21（4）：391 - 398.

[207] 赵丹丹. 京沪高速铁路建设对沿线产业空间布局的影响 [D]. 成都：西南交通大学，2011.

[208] 赵红平. EViews 6 软件的逐步回归分析模块在多重共线性教学中的应用 [J]. 贵州师范学院学报，2009（12）：31 - 34.

[209] 赵敏，胡维松，毛春梅. 京沪高速铁路及其对江苏地区社会经济发展的影响 [J]. 水利水电科技进展，1994（3）：47 - 51.

[210] 赵鹏. 交通基础设施对区域一体化影响研究 [J]. 经济问题探索，2018（3）：75 - 82.

[211] 赵倩，陈国伟. 高速铁路站区位对周边地区开发的影响研究——基于京沪线和武广线的实证分析 [J]. 城市规划，2015，39（7）：50 - 55.

[212] 赵庆国. 高速铁路缩小我国区域差的作用机理分析 [J]. 当代财经，2013（4）：106 - 112.

[213] 赵星，王林辉. 异质性交通网络密度、劳动力流动与全要素生产率 [J]. 中国流通经济，2020，34（5）：95 - 107.

[214] 赵永亮，才国伟. 市场潜力的边界效应与内外部市场一体化 [J]. 经济研究，2009（7）：119 - 130.

[215] 赵勇，白永秀. 知识溢出：一个文献综述 [J]. 经济研究，2009（1）：144 - 156.

[216] 赵云，李雪梅，韦功鼎. 高速铁路对区域经济系统的影响研究 [J]. 铁道运输与经济，2015，37（3）：7 - 13.

[217] 朱万春，田景仁，刘芸. 高铁开通对沿线城市物流产业集聚的影响——基于 EG 指数分析 [J]. 商业经济研究，2020，799（12）：

88 – 91.

［218］ Adams J. D. , Jaffe A. B. Bounding the Effects of R&D: An Investigation Using Matched Establishment – Firm Data ［J］. Rand Journal of Economics, 1996, 27 （4）: 700 – 721.

［219］ Ahlfeldt G. M. , Feddersen A. From Periphery to Core: Economic Adjustments to High Speed Rail ［J］. Lse Research Online Documents on Economics, 2010, 5 （38）: 17 – 25.

［220］ Ahlfeldt G. M. , Feddersen A. From Periphery to Core: Measuring Agglomeration Effects Using High – Speed Rail ［J］. Journal of Economic Geography, 2017 （6）: 1 – 36.

［221］ Ahlfeldt G. M. , Wendland N. How Polycentric is A Mmonocentric City? Centers, Spillovers and Hysteresis ［J］. Lse Research Online Documents on Economics, 2013, 13 （1）: 53 – 83.

［222］ Anselin L. Spatial Econometrics: Methods and Models ［M］. Springer Netherlands, 1988.

［223］ Arbués P. , Baños J. F. , Mayor M. The Spatial Productivity of Transportation Infrastructure ［J］. Transportation Research Part A Policy & Practice, 2015, 75: 166 – 177.

［224］ Arduin J. Development and Economic Evaluation of High Speed in France ［J］. Japan Railway & Transport Review, 1994, 10.

［225］ Arrow K. J. The Economic Implications of Learning by Doing ［J］. Review of Economic Studies, 1962, 29 （3）: 155 – 173.

［226］ Audretsch D. B. , Feldman M. P. R&D Spillovers and the Geography of Innovation and Production ［J］. American Economic Review, 1996, 86 （3）: 630 – 640.

［227］ Baliamoune. Does FDI Contribute to Economic growth? ［J］. Business Eonomics, 2014, 39: 49 – 57.

［228］ Banister D. , Berechman Y. Transport Investment and Economic Development ［M］. UCL Press, 2000, London.

［229］ Barcena – Ruiz J. C. , Espinosa M. P. Multi – market Interaction and Decentralization of R&D Decisions ［J］. Research in Economics, 2000, 54 （3）: 235 – 247.

［230］ Baumsnow N. , Henderson J. V. , Turner M. , et al. Transport Infrastructure, Urban Growth and Market Access in China ［C］. ERSA Conference papers. European Regional Science Association, 2015.

[231] Beck T. , Levine R. , Levkov A. Big Bad Banks? The Winners and Losers from Bank Deregulation in the United States [J]. Journal of Finance, 2010, 65 (5): 1637 – 1667.

[232] Benson, Durham. Absorptive Capacity and the Effects of Foreign Direct Investment and Equity Foreign Portfolio Investment on Economic Growth [J]. European Economic Review: Amsterdam, 2004 (4): 285 – 295.

[233] Blum U. , Haynes K. E. , Karlsson C. Introduction to the Special Issue the regional and Urban Effects of High – speed Trains [J]. Annals of Regional Science, 1997, 31 (1): 1 – 20.

[234] Boamah N. A. , Watts E. J. , Loudon G. Investigating Temporal Variation in Global and Regional Integration of African Stock Markets [J]. Journal of Multinational Financial Management, 2016, 36: 103 – 118.

[235] Bonnafous A. the Regional Impact of The TVG [J]. Transportation, 1994, 14 (2): 127 – 137.

[236] Boubakri S. , Guillaumin C. Regional Integration of the East Asian Stock Markets: An Empirical Assessment [J]. Journal of International Money and Finance, 2015, 57: 136 – 160.

[237] Brons M. , Givoni M. , Rietveld P. Access to Railway Stations and Its Potential in Iincreasing Rail use [J]. Transportation Research Part A Policy & Practice, 2009, 43 (2): 136 – 149.

[238] Browning Harley L. , et al. The Emergence of A Service Society: Demographic and Sociological Aspects of the Sectoral Transformation of the Labor Force in the USA [J]. 1975, 5 (6): 326 – 342.

[239] Brunsdon C. A. S. , Fortheringham M. Charlton. Some Notes on Parametric Significance Tests for Geographically Weighted Re – gression [J]. Journal Regional Science, 1999, 39 (3): 497 – 524.

[240] Cai X. , Liu J. , Fang Y. Research on the Impact of My Country's Transportation Infrastructure Construction on Economic Growth [J]. Economic Aspect, 2017 (4): 68 – 74.

[241] Cattani G. , Ferriani S. A. Core/Periphery Perspective on Individual Creative Performance: Social Networks and Cinematic Achievements in the Hollywood Film Industry [J]. Organization Science, 2008, 19 (6): 824 – 844.

[242] Caves R. E. Multinational Firms, Competition, and Productivity in Host – Country Markets [J]. Economica, 1974, 41 (162): 176 – 193.

[243] Chandra P., Dong A. Knowledge Network Robustness: A New Perspective on the Appropriation of Knowledge From Patents. IEEE Transactions on Engineering Management, 2022 (1 – 11).

[244] Chandra S., Vadali S. Evaluating Accessibility Impacts of the Proposed America 2050 High – speed Rail Corridor for the Appalachian Region [J]. Journal of Transport Geography, 2014, 37: 28 – 46.

[245] Chauncy D. Harris. The Market as A Factor in the Localization of Industry in the United States [J]. Annals of the Association of American Geographers, 1954, 44 (4): 315 – 348.

[246] Chen Z., Haynes K. E. Public Surface Transportation and Regional Output: A Spatial Panel Approach [J]. Papers in Regional Science, 2013, 94 (4): 45 – 55.

[247] Chen C. L., Hall P. The Impacts of High – speed Trains on British Economic Geography: A Study of the UK's InterCity and Its Effects [J]. Journal of Transport Geography, 2011, 19 (4): 689 – 704.

[248] Chen C. L., Hall P. The Wider Spatial – Economic Impacts of High – speed Trains: A Comparative Case Study of Manchester and Lille Sub – regions [J]. Journal of Transport Geography, 2012, 24 (4): 89 – 110.

[249] Chen C. L., Vickerman R. Can Transport Infrastructure Change Regions' Economic Fortunes? Some Evidence from Europe and China [J]. Regional Studies: The Journal of the Regional Studies Association, 2017, 51: 1 – 17.

[250] Chen G., Silva J. Using Dynamic Simultaneous – equation Model to Estimate the Regional Impacts of High – speed Rail in Spain [J]. Transportation Research Procedia, 2015 (10): 296 – 305.

[251] Cheng Y. S., Loo B. P. Y., Vickerman R. High – speed Rail Networks, Economic Integration and Regional Specialisation in China and Europe [J]. Travel Behaviour & Society, 2015, 2 (1): 1 – 14.

[252] Chen Z., Haynes K. E. Public Surface Transportation and Regional Output: A Spatial Panel Approach [J]. Papers in Regional Science, 2013, 94 (4).

[253] Chen Z. F., Guan J. C. The Core – peripheral Structure of Inter-

national Knowledge Flows: Evidence From Patent Citation Data [J]. R&D Management, 2015, 46 (1): 62 – 79.

[254] Clark D. D. High – Speed Data Races Home [J]. Scientific American, 1999, 281 (4): 94 – 99.

[255] Cohen W. M., Levinthal D. A. Innovation and Learning: Two Faces of R&D [J]. 1989, 99 (397): 569 – 596.

[256] Combes P. P., Duranton G., Gobillon L. Spatial Wage Disparities: Sorting Matters! [J]. Cepr Discussion Papers, 2008, 63 (2): 723 – 742.

[257] Combes P. P., Duranton G., Gobillon L. The Productivity Advantages of Large Cities: Distinguishing Agglomeration From Firm Selection [J]. Econometrica, 2012, 80 (6): 2543 – 2594.

[258] Cowan R., Foray D. The Economics of Codification and the Diffusion of Knowledge [J]. Industrial & Corporate Change, 1997, 6 (6): 595 – 622.

[259] Dai N., Hatoko M. Reevaluation of Japanese High – speed Rail Construction: Recent Situation of the North Corridor Shinkansen and Its Way to Completion [J]. Transport Policy, 2007, 14 (2): 150 – 164.

[260] Daniels P. W. The Locational Geography of Advanced Producer Services in the United Kingdom [M]. Advanced Producer Services in Western Europe, 1995.

[261] David Ellis. Relationship Between Transportation and the Economy [R]. Beijing Jiao Tong University, 2010.

[262] Derek Eaton. Technology and Innovation for a Green Economy [J]. Review of European Community and International Environmental Law, 2013, 22 (1): 62 – 67.

[263] Diao M. Does Growth Follow the Rail ? The Potential Impact of High – speed Rail on the Economic Geography of China [J]. Transportation Research Part A: Policy and Practice, 2018, 113: 279 – 290.

[264] Démurger S. Infrastructure Development and Economic Growth: An Explanation for Regional Disparities in China? [J]. Journal of Comparative Economics, 2001, 29 (1): 95 – 117.

[265] Drivas K., Economidou C. Is Geographic Nearness Important for Trading Ideas? Evidence from the US [J]. Journal of Technology Transfer, 2015, 40 (4): 629 – 662.

[266] Duranton G., Puga D. Chapter 48 Micro – foundations of Urban

Agglomeration Economies [J]. Handbook of Regional & Urban Economics, 2004: 2063 – 2117.

[267] Everett R. Diffusion of innovations [J]. Journal of Continuing Education in the Health Professions, 1995, 17 (1): 62 – 64.

[268] Feenstra R. C., Hanson G. H. Globalization, Outsourcing and Wage Inequality [J]. American Economic Review, 1996, 86 (2): 240 – 245.

[269] Freeman R. B., Ina G., Raviv M. Why and Wherefore of Increased Scientific Collaboration [J]. NBER Working Paper Series. 2014.

[270] Gallego J. A. G., Gómez J. M. N., Labrador E. E. R., et al. A Methodology to Assess the Connectivity Caused by A Transportation Infrastructure: Application to the High – speed Rail in Extremadura [J]. Case Studies on Transport Policy, 2015, 3 (4): 392 – 401.

[271] Gao Y. Y., Song S. F., Sun J., et al. Does High - speed Rail Connection Really Promote Local Economy? Evidence from China's Yangtze River Delta [J]. Review of Development Economics, 2020, 24 (1): 316 – 338.

[272] Gauthier H. L. Geography, Transportation, and Regional Development [J]. Economic Geography, 1970, 46 (4): 612 – 619.

[273] Gerard Mathieu. French TGV High – speed Train System and Its Economic Evaluation [J]. Shanghai High – speed Transportation International Symposium, 1993, 11.

[274] G. H. Pirie. Measuring Accessibility: A review and Proposal [J]. Environment & Planning A, 1979, 11 (3): 299 – 312.

[275] Glaeser E. L., Gaspar J. Information Technology and the Future of Cities [J]. Social Science Electronic Publishing, 1999, 43 (1): 136 – 156.

[276] Gong J., Li S., Ye X., et al. Modelling Impacts of High – speed Rail on Urban Interaction with Social Media in China's Mainland [J]. Geo – spatial Information Science, 2021, 24 (4): 638 – 653.

[277] Greenstone M., Hornbeck R., Moretti E. Identifying Agglomeration Spillovers: Evidence from Million Dollar Plants [C]. The Rimini Centre for Economic Analysis, 2008, 118.

[278] Greenstone M., Hornbeck R., Moretti E. Identifying Agglomeration Spillovers: Evidence from Winners and Losers of Large Plant Openings [J]. Journal of Political Economy, 2010, 118 (3): 536 – 598.

[279] Griliches Z. Issues in Assessing the Contribution of Research and Development to Productivity Growth [J]. Bell Journal of Economics, 1979, 10 (1): 92 –116.

[280] Grossman G. M., Helpman E. Technology and Trade [J]. Cepr Discussion Papers, 1995, 269 (5220): 11.

[281] Grossman G. M., Helpman E. Trade, Knowledge Spillovers, and Growth [J]. European Economic Review, 1991, 35 (2 –3): 517 –526.

[282] Guerrieri P., Meliciani V. Technology and International Competitiveness: The Interdependence between Manufacturing and Producer Services [J]. Structural Change & Economic Dynamics, 2005, 16 (4): 489 –502.

[283] Gutiérrez J., González R., Gómez G. The European High – speed Train Network [J]. Journal of Transport Geography, 1996, 4 (2): 39 –56.

[284] Gutiérrez J. Location, Economic Potential and Daily Accessibility: An Analysis of the Accessibility Impact of the High – speed Line Madrid – Barcelona – French Border [J]. Journal of Transport Geography, 2001, 9 (4): 229 – 242.

[285] Hanson G. H. Increasing Returns, Trade and the Regional Structure of Wages [J]. Economic Journal, 1997, 107 (440): 113 –133.

[286] Hanson G. H. Market Potential, Increasing Returns and Geographic Concentration [J]. Journal of International Economics, 2005, 67 (1): 1 – 24.

[287] Hauptman O., Roberts E. B. FDA Regulation of Product Risk and Its Impact upon Young Biomedical Firms [J]. Journal of Product Innovation Management, 1987, 4 (2): 138 –148.

[288] Hernández A., Jiménez J. L. Does High – speed Rail Generate Spillovers on Local Budgets? [J]. Transport Policy, 2014, 35 (C): 211 –219.

[289] Heuermann D. F., Schmieder J. F. The Effect of Infrastructure on Worker Mobility: Evidence from High – speed Rail Expansion in Germany [J]. Journal of Economic Geography, 2019, 19 (2): 335 –372.

[290] Jaffe A. B., Palmer K. Environmental Regulation and Innovation: A Panel Data Study [J]. Review of Economics and Statistics, 1997, 79 (4): 610 –619.

[291] Jaffe A. B., Trajtenberg M., Henderson R. Geographic Localization of Knowledge Spillovers as Evidenced by Patent Citations [J]. Quarterly

Journal of Economics, 1993, 108 (3): 577 – 598.

[292] Jaffe A. B. Technological Opportunity and Spillovers of R & D: Evidence From Firms' Patents, Profits, and Market Value [J]. American Economic Review, 1986, 76 (5): 984 – 1001.

[293] Jajri I., Ismail R. Impact of Labor Quality on Labor Productivity and Economic Growth [J]. African Journal of Business Management, 2010, 4 (4): 486 – 495.

[294] Jeremy H. Developments in the Location, Technology and Industrial Organization of Computer Services: Some Trends and Research Issues [J]. Regional Studies, 1987, 21 (6): 493 – 503.

[295] Jiao J., Wang J., Jin F., et al. Impacts on Accessibility of China's Present and Future HSR Network [J]. Journal of Transport Geography, 2014, 40 (40): 123 – 132.

[296] Jiao J., Wang J., Jin F. Impacts of High – speed Rail Lines on the City Network in China [J]. Journal of Transport Geography, 2017, 60: 257 – 266.

[297] Jia S., Zhou C., Qin C. No Difference in Effect of High – speed Rail on Regional Economic Growth Based on Match Effect Perspective? [J]. Transportation Research Part A: Policy and Practice, 2017, 106: 144 – 157.

[298] Jin Y., Bullock R., Fang W. Regional Impacts of High Speed Rail in China: Spatial Proximity and Productivity in an Emerging Economy [J]. World Bank Other Operational Studies, 2013.

[299] Kalapouti K., Varsakelis N. C. Intra and Inter: Regional Knowledge Spillovers in European Union [J]. Journal of Technology Transfer, 2015, 40 (5): 1 – 22.

[300] Ke X., Chen H., Hong Y., et al. Do China's High – speed – rail Projects Promote Local Economy? ——New Evidence From a Panel Data Approach [J]. China Economic Review, 2017, 44: 203 – 226.

[301] Kim K. S. High – speed Rail Developments and Spatial Restructuring: A Case Study of the Capital Region in South Korea [J]. Cities, 2000, 17 (4): 251 – 262.

[302] Kline P., Moretti E. Local Economic Development, Agglomeration Economies, and the Big Push: 100 Years of Evidence from the Tennessee Valley Authority [J]. Quarterly Journal of Economics, 2014, 129 (1): 275 – 331.

[303] Kobayashi K. , Okumura M. The Growth of City Systems with High - speed Railway Systems [J]. Annals of Regional Science, 1997, 31 (1): 39 - 56.

[304] Kong Q. X. , Li R. R. , Jiang X. , et al. Has Transportation Infrastructure Development Improved the Quality of Economic Growth in China's Cities? A Quasi - natural Experiment Based on the Introduction of High - speed Rail [J] Research in International Business and Finance. 2022, 62.

[305] Krugman P. Increasing Returns and Economic Geography [J]. Journal of Political Economy, 1991, 99 (3): 483 - 499.

[306] Lan W. Research Framework of High - Speed Railway Impact on Urban Space [J]. Lanners, 2011, 27 (7): 13 - 19.

[307] Levinger G. K. , Snoek J. D. Attraction in Relationship: A New Look at Interpersonal Attraction [J]. General Learning Press, 1972.

[308] Levinson D. M. , Zhao Z. J. Introduction to the Special Issue on Value Capture for Transportation Finance [J]. Journal of Transport & Land Use, 2012, 5 (1): 1 - 3.

[309] Li H. Strauss J. , Hu S. , Lui L. Do High - speed Railways Lead to Urban Economic Growth in China? A Panel Data Study of China's Cities [J]. The Quarterly Review of Economics and Finance, 2018, 69: 70 - 89.

[310] Liang P. , Cui X. , Lin M. , et al. High - speed Rail Effects on Station Area - level Business Commercial Agglomeration: Evidence from 110 Stations in China [J]. Frontiers in Environmental Science, 2022, 10: 2334.

[311] Liang Y. , Zhou K. , Li X. , et al. Effectiveness of High - speed Railway on Regional Economic Growth for Less Developed Areas [J]. Journal of Transport Geography, 2020, 82: 102621.

[312] Lin C. Y. , Liu J. , Li W. Q. Influence of the High - speed Railway (HSR) Construction on Industrial Structure Transformation [J]. Enterprise Information Systems, 2021, 17 (2).

[313] Li Q. , Haynes K. E. , Mustafa D. An Extended and Integrated Approach to Shift - share: Decomposition Analyses of the Washington Metropolitan Economy [J]. Applied Geographic Studies, 1997, 1 (1): 233 - 252.

[314] Li Y. , Chen Z. , Wang P. Impact of High - speed Rail on Urban Economic Efficiency in China [J]. Transport Policy, 2020, 97: 220 - 231.

[315] Li Z. , Xu H. High - Speed Railway and Economic Geography:

Evidence from Japan [J]. Journal of Regional Science, 2018, 58 (3): 1 – 23.

[316] Lu Y., Yang S. Y., Li J. The Influence of High – speed Rails on Urban Innovation and the Underlying Mechanism [J]. Plos One, 2022, 17 (3).

[317] Lynch T. A., Sipe N., Polzin S. E., et al. An Analysis of the E-conomic Impacts of Florida High Speed Rail [J]. Employment, 1997.

[318] Lynch T. Financing High Speed Rall Investments: the View From Europe Lessons for the Uuited States: the Growing Role of the Private Sector [J]. High Speed Rail in the US Super Trains for the Millennium, 1998.

[319] Mancusi M. L. International Spillovers and Absorptive Capacity: A Cross – country Cross – sector Analysis Based on Patents and Citations [J]. Journal of International Economics, 2008, 76 (2): 165.

[320] Martinelli F. Branch Plants and Services Underdevelopment in Peripheral Regions: the case of Southern Italy [M]. London: Belhaven, 1991.

[321] Martin F. Justifying a High – speed Rail Project: Social Value Vs Regional Growth [J]. Annals of Regional Science, 1997, 31 (2): 155 – 174.

[322] Melo P. C., Graham D. J., Brage – Ardao R. The Productivity of Transport Infrastructure Investment: A Meta – analysis of Empirical Evidence [J]. Regional Science & Urban Economics, 2013, 43 (5): 695 – 706.

[323] Mi D. Does Growth Follow the Rail? The Potential Impact of High – speed Rail on the Economic Geography of China [J]. Transportation Research Part A: Policy and Practice, 2018, 113: 279 – 290.

[324] Mi S. P., Kim Y. The Impacts of High Speed Train on the Regional Economy of Korea [J]. 2016, 29 (1): 13 – 25.

[325] Mitchell B. R. The Coming of the Railway and United Kingdom Economic Growth [J]. Journal of Economic History, 1964, 24 (3): 315 – 336.

[326] Mohammad A., J. Vernon H. Networking off Madison Avenue [J]. The Review of Economic Studies, 2008, 75 (4): 1011 – 1038.

[327] Moyano A., Martínez, Héctor S., et al. From Network to Services: A Comparative Accessibility Analysis of the Spanish High – speed Rail System [J]. Transport Policy, 2018, 63: 51 – 60.

[328] Murakami J., Cervero R. High – Speed Rail and Economic Development: Business Agglomerations and Policy Implications [J]. Globalization, 2012 (6): 35 – 45.

[329] Murata Y. , Nakajima R. , Okamoto R. , et al. Localized Knowledge Spillovers and Patent Citations: A Distance – Based Approach [J]. Review of Economics and Statistics, 2014, 96 (5): 967 – 985.

[330] Murayama Y. The impact of railways on accessibility in Japanese urban system [J]. Journal of Transport Geography, 1994, 2 (2): 87 – 100.

[331] Nakamura H. , Ueda T. The Impacts of Shinkansen on Regional Development [J]. Proceedings of WC, 1989, 3: 95 – 109.

[332] Nelson A. J. Measuring, Knowledge Spillovers: What Patents, Licenses and Publications Reveal about Innovation Diffusion [J]. Research Policy, 2009, 38 (6): 994 – 1005.

[333] Ning L. T. , Wang F. , Li J. Urban Innovation, Regional Externalities of Foreign Direct Investment and Industrial Agglomeration: Evidence from Chinese cities [J]. Research Policy, 2016, 45 (4): 830 – 843.

[334] Okada H. Features and Economic and Social Effects of the Shinkansen [J]. Japan Railway and Transport Review, 1994, 3: 9 – 16.

[335] Okubo S. BEA's 2006 Research and Development Satellite Account [J]. Survey of Current Business, 2006.

[336] Ouattara B. , Zhang Y. Infrastructure and Long – run Economic Growth: Evidence from Chinese Provinces [J]. Empirical Economics, 2019, 57 (1): 263 – 284.

[337] Pan H. X. , Ye S. , Chen M. L. Influence of Site Selection of High – Speed Railway Stations on Travel Efficiency: An Example of the Shanghai Hongqiao Hub [C]. International Conference on Railway Technology: Research, Development and Maintenance, 2017.

[338] Parsley D. C. , Wei S. J. Limiting Currency Volatility to Stimulate Goods Market Integration: A Price Based Approach [J]. Social Science Electronic Publishing, 2001, 12 (15): 197.

[339] Pickman H. A. The Effect of Environmental Regulation on Environmental Innovation [J]. Business Strategy and the Environment, 1998, 7 (4): 223 – 233.

[340] Polanyi M. Personal Knowledge: Towards a Post – Critical Philosophy [J]. Philosophy of Science, 1958, 107 (4): 617 – 618.

[341] Powell W. W. , Koput K. W. , Smithdoerr L. Interorganizational Collaboration and the Locus of Innovation: Networks of Learning in Biotechnolo-

gy [J]. Administrative Science Quarterly, 1996, 41 (1): 116 – 145.

[342] Puga D. Agglomeration and Cross – border Infrastructure [J]. Eib Papers, 2008, 13 (2): 102 – 124.

[343] Qin Y. 'No county left behind?' The Distributional Impact of High – speed Rail Upgrades in China [J]. Journal of Economic Geography, 2017, 17 (3): 489 – 520.

[344] Redding S. J., Wolf N. History and Industry Location: Evidence from German Airports [C]. Centre for Economic Performance, LSE, 2007: 814 – 831.

[345] Reed J. S. High Speed Rail Development in Europe and united States [C]. The Development of the HST Station Region Workshop in Taipei, 1991.

[346] Romer P. M. Endogenous Technical Change [J]. Journal of Political Economy, 1990, 98 (5): 71 – 102.

[347] Romer P. M. Increasing Returns and Long – Run Growth [J]. Journal of Political Economy, 1986, 94 (5): 1002 – 1037.

[348] Rosenthal S. S., Strange W. C. The Attenuation of Human Capital Spillovers [J]. Journal of Urban Economics, 2008, 64 (2): 373 – 389.

[349] Sands B. The development Effects of High – speed Rail Stations and Implications for Japan [J]. Built Environ, 1993, 19 (3/4): 257 – 284.

[350] Sasaki K., Ohashi T., Ando A. High – speed Rail Transit Impact on Regional Systems: Does the Shinkansen Contribute to Dispersion? [J]. Annals of Regional Science, 1997, 31 (1): 77 – 98.

[351] Schilling M. A. Toward a General Modular Systems Theory and Its Application to Interfirm Product Modularity [J]. Academy of Management Review, 2000, 25 (2): 312 – 334.

[352] Shaw S. L., Fang Z., Lu S., et al. Impacts of High Speed Rail on Railroad Network Accessibility in China [J]. Journal of Transport Geography, 2014, 40: 112 – 122.

[353] Shen Y., Zhao J. Capacity Constrained Accessibility of High – speed Rail [J]. Transportation, 2017, 44: 1 – 28.

[354] Shi J., Zhou N. How Cities Influenced by High Speed Rail Development: A Case Study in China [J]. Journal of Transportation Technologies, 2013, 3 (2A): 7 – 16.

［355］Song C. X. , Qiao C. X. , Luo J. Does High – Speed Rail Opening Affect the Health Care Environment? – Evidence From China ［J］. Frontiers in Public Health, 2021, 9.

［356］Stuart S. , Rosenthal, William C. S. Chapter 49 – Evidence on the Nature and Sources of Agglomeration Economies ［J］. Handbook of Regional and Urban Economics, 2004, 4 (4): 2119 – 2171.

［357］Tang Z. , Bi H. , Sun J. , et al. Research on the Coopetition Relationship and the Development of City – industry Integration of Urban Agglomeration under the Effect of HSR ［J］. Frontiers in Environmental Science, 2023, 11.

［358］Teulon, Frédéric, Guesmi K. , et al. Regional Stock Market Integration in Singapore: A Multivariate Analysis ［J］. Economic Modelling, 2014, 43: 217 – 224.

［359］Tobler W. R. A Computer Movie Simulating Urban Growth in the Detroit Region ［J］. Economic Geography, 1970, 46 (1): 234 – 240.

［360］Ueda T. The Impact of Shinkansen in Regional Development ［J］. Tijdschrift Voor Economische En Sociale Geografie, 1989, 104 (3): 292 – 307.

［361］Ureña J. M. , Menerault P. , Garmendia M. The high – speed rail challenge for big intermediate cities: A national, Regional and Local Perspective ［J］. Cities, 2009, 26 (5): 266 – 279.

［362］Varga A. The Spatial Dimension of Innovation and Growth: Empirical Research Methodology and Policy Analysis ［J］. European Planning Studies, 2006, 14 (9): 1171 – 1186.

［363］Verma A. , Sudhira H. S. , Rathi S. , et al. Sustainable Urbanization Using High Speed Rail (HSR) in Karnataka India ［J］. Research in Transportation Economics, 2013, 38 (1): 67 – 77.

［364］Vickerman R. Can High – speed Rail Have a Transformative Effect on the Economy? ［J］. Transport Policy, 2017.

［365］Vickerman R. High – speed Rail in Europe: Experience and Issues for Future Development ［J］. Annals of Regional Science, 1997, 31 (1): 21 – 38.

［366］Walter G. , Hansen. How Accessibility Shapes Land Use ［J］. Journal of the American Institute of Planners, 1959, 25 (2): 73 – 76.

［367］Wang C. H. , Chen N. A GIS – based Spatial Statistical Approach to Modeling Job Accessibility by Transportation Mode: Case Study of Columbus

[J]. Journal of Transport Geography, 2015, 45: 1 – 11.

[368] Wang M. C. , Shih F. M. Time – Varying World and Regional Integration in Emerging European Equity Markets [J]. European Financial Management, 2013, 19 (4): 703 – 729.

[369] William J. , Coffey. The Geographies of Producer Services [J]. Urban Geography, 2000, 21 (2): 170 – 183.

[370] Willigers J. , Floor H. , Van W. B. High – speed Rail's Impact on the Location of Office Employment Within the Dutch Randstad Area [C] // ERSA conference papers. European Regional Science Association, 2005.

[371] Willigers J. The Impact of High – speed Railway Developments on Office Locations: A Scenario Study Approach [M]. Railway Development. Physica – Verlag HD, 2008: 237 – 264.

[372] Wu C. L. , Zhang N. , Xu L. W. Travelers on the Railway: An Economic Growth Model of the Effects of Railway Transportation Infrastructure on Consumption and Sustainable Economic Growth [J]. Sustainability, 2021, 13 (12): 6863 – 6873.

[373] Yan F. L. , Zou Y. Z. , Wang S. X. , et al. Study of the Spatial Pattern of Accessibility for Different Transportation Modes in China [J]. Resources and Environment in the Yangtze Basin, 2017, 26 (6): 806 – 815.

[374] Yang B. C. , Pu Y. J. , Su Y. P. The finacialization of Chinese commodity markets [J] . Finance Research Letters, 2020, 34, 101438.

[375] Yang Z. , Li C. , Jiao J. , et al. On the Joint Impact of High – speed Rail and Megalopolis Policy on Regional Economic Growth in China [J]. Transport Policy, 2020, 99: 20 – 30.

[376] Yao H. , Liu Z. The Spatial Effects of High Speed Rail on Intermediate Cities in China – A Case Study of Beijing – Shanghai Express Railway [M]. The 2nd International Symposium on Rail Transit Comprehensive Development (ISRTCD) Proceedings. Springer Berlin Heidelberg, 2014: 295 – 315.

[377] Ye C. , Zheng Y. H. , Lin S. L. , et al. The Impact of High – Speed Railway Opening on Regional Economic Growth: The Case of the Wuhan – Guangzhou High – Speed Railway Line [J]. Sustainability. 2022, 18 (14): 11390 – 11390.

[378] Yu D. , Murakami D. , Zhang Y. , et al. Investigating High – speed Rail Construction's Support to County Level Regional Development in Chi-

na: An eigenvector based spatial filtering panel data analysis [J]. Transportation Research Part B: Methodological, 2020, 133: 21 – 37.

[379] Yu F. , Lin F Q. , Tang Y. H. High – speed Railway to Success? The effects of high – speed Rail Connection on Regional Economic Development in China [J]. Journal of Regional Science, 2019, 59 (4): 723 – 742.

[380] Zhang Y. Y. , Ma W. L. Impact of High – speed Rail on Urban Residents' Consumption in China – from a Spatial Perspective [J]. Transport Policy, 2021, 106: 1 – 10.

[381] Zheng S. , Kahn M. E. China's Bullet Trains Facilitate Market Integration and Mitigate the Cost of Mega City Growth [J]. Science Foundation in China, 2013, 110 (14): 1248 – 1253.

[382] Zhu Y. , Diao M. , Fu G. Featured Graphic: the Evolution of Accessibility Surface of China in the High – Speed – Rail Era [J]. Environ. Plan. A. 2016, 48 (11): 2108 – 2111.

[383] Zoltan J. A. , Felix R. , Fitzroy, et al. High Technology Employment, Wages and University R&D Spillovers: Evidence From Us Cities [J]. Economics of Innovation & New Technology, 1999, 8 (1 – 2): 57 – 78.

附　录

附录一　武广高速铁路沿线城市样本数据

附表 1-1　　　　　　　　　样本城市经济密度

单位：万元/平方千米

城市	2008 年	2010 年	2012 年	2014 年
武汉	4662.21	6552.78	9422.91	11854.82
黄石	1214.42	1505.83	2271.33	2658.87
十堰	205.93	311.14	403.58	507.10
宜昌	487.72	735.14	1191.98	1488.13
襄阳	508.24	779.90	1268.49	1586.52
鄂州	1793.82	2628.26	3726.00	4565.43
荆门	419.51	588.58	874.93	1056.59
孝感	665.61	898.62	1240.36	1520.45
荆州	439.27	589.30	841.97	1042.23
黄冈	344.35	494.27	683.76	836.38
咸宁	364.25	527.66	771.72	977.84
随州	321.92	416.83	612.83	750.78
长沙	2539.11	3847.24	5414.93	6620.53
株洲	806.64	1131.15	1562.01	1916.47
湘潭	1305.65	1782.66	2557.11	3131.73
衡阳	653.52	928.14	1279.29	1566.06
邵阳	269.60	349.15	493.72	605.67
岳阳	732.91	1020.32	1458.15	1769.30

续表

城市	2008 年	2010 年	2012 年	2014 年
常德	577.07	819.99	1120.67	1382.16
张家界	193.33	254.81	356.23	430.87
益阳	421.01	586.52	840.15	1031.91
郴州	378.62	557.96	782.58	965.84
永州	264.11	341.79	472.17	579.94
怀化	182.37	244.32	362.39	427.61
娄底	650.98	836.15	1235.25	1491.76
广州	11051.67	14458.28	18228.69	22473.60
韶关	296.91	371.55	493.05	605.65
深圳	39972.04	49060.47	66308.55	81934.57
珠海	5880.63	7164.17	8913.84	11068.24
汕头	4722.79	5857.43	6904.14	8316.43
佛山	11261.19	14686.91	17185.61	19338.88
江门	1342.19	1645.97	1970.86	2182.96
湛江	792.94	1062.43	1406.59	1708.12
茂名	1062.87	1302.22	1689.80	2050.12
肇庆	468.34	710.41	956.72	1207.11
惠州	1156.44	1550.42	2121.84	2688.98
梅州	301.12	386.17	470.06	558.18
汕尾	664.45	882.34	1158.05	1360.26
河源	249.04	300.23	388.77	485.88
阳江	619.28	818.94	1135.33	1495.65
清远	389.82	568.15	535.18	625.35
东莞	15020.42	17226.99	20325.24	23859.30
中山	7825.11	10281.40	13561.35	15683.37
潮州	1423.66	1798.21	2272.20	2733.83
揭阳	1383.64	1926.55	2665.64	3397.79
云浮	411.18	515.46	694.75	853.59

附表 1-2　　　　　　　　样本城市产业结构指数

城市	2008 年	2010 年	2012 年	2014 年
孝感	2.145	2.122	2.115	2.137
武汉	2.465	2.484	2.441	2.455
咸宁	2.116	2.155	2.146	2.149
黄石	2.317	2.272	2.215	2.234
十堰	2.302	2.243	2.233	2.240
襄阳	2.200	2.176	2.144	2.167
荆门	2.106	2.119	2.130	2.159
随州	2.103	2.117	2.131	2.156
岳阳	2.139	2.178	2.211	2.245
长沙	2.363	2.375	2.353	2.378
株洲	2.212	2.228	2.232	2.253
衡阳	2.116	2.173	2.185	2.233
郴州	2.184	2.216	2.214	2.241
湘潭	2.210	2.227	2.230	2.267
邵阳	2.139	2.140	2.122	2.188
常德	2.098	2.165	2.209	2.255
张家界	2.425	2.495	2.499	2.525
益阳	2.099	2.139	2.151	2.190
怀化	2.202	2.283	2.261	2.274
娄底	2.132	2.168	2.150	2.176
韶关	2.234	2.301	2.309	2.342
清远	2.158	2.213	2.296	2.295
广州	2.570	2.593	2.620	2.639
东莞	2.466	2.483	2.518	2.518
江门	2.263	2.296	2.330	2.348
梅州	2.137	2.183	2.210	2.233
汕尾	2.177	2.209	2.209	2.229
河源	2.183	2.231	2.226	2.301
阳江	2.117	2.137	2.142	2.189
揭阳	2.183	2.207	2.184	2.207

附表 1－3　双重差分样本指标面板数据（部分数据）

序号	年份	空间变量	时间变量	政策	GDP（万元）	GDP增长率	资本（万元）	劳动力（万人）	产业结构（比例）	人力资本（比例）	货运量（万吨）	外商直接投资（万元）	零售额（万元）
6015	2007	1	0	0	31419048	0.21	17327895	159.58	0.96	0.15	22552	1710900	15183023
6015	2008	1	0	0	39600819	0.26	22520524	170.45	0.96	0.15	18882	1787238	18500452
6015	2009	1	0	0	46208600	0.17	30011045	175.14	0.97	0.13	34410	2004905	21640873
6015	2010	1	1	0	55659300	0.20	37531682	178.46	0.97	0.13	40288	2228959	25704037
6015	2011	1	1	1	67622000	0.21	42551621	189.77	0.97	0.11	41804	2428606	30317885
6015	2012	1	1	1	80038200	0.18	50160766	191.90	0.96	0.15	43892	2805427	34324345
6015	2013	1	1	1	90512700	0.13	59745272	198.50	0.96	0.12	44529	3251498	39166000
6015	2014	1	1	1	100694800	0.11	69625338	202.34	0.97	0.12	48530	3807664	43693155
6016	2007	1	0	0	2867400	0.22	1383826	20.15	0.76	0.19	1266	46552	1058620
6016	2008	1	0	0	3591900	0.25	2008300	21.35	0.77	0.17	4999	66958	1368050
6016	2009	1	0	0	4051500	0.13	3015805	27.80	0.79	0.16	2072	76746	1658844
6016	2010	1	1	0	5203300	0.28	4362906	19.58	0.81	0.14	2656	104514	2050400
6016	2011	1	1	1	6520100	0.25	5496904	20.86	0.82	0.13	2724	110497	242617
6016	2012	1	1	1	7609900	0.17	7393136	22.20	0.81	0.18	3321	133472	2816788
6016	2013	1	1	1	8721100	0.15	9530031	23.60	0.81	0.16	4031	152811	3206400
6016	2014	1	1	1	9642500	0.11	11487500	23.48	0.82	0.16	4624	36120	3617722

续表

序号	年份	空间变量	时间变量	政策	GDP（万元）	GDP增长率	资本（万元）	劳动力（万人）	产业结构（比例）	人力资本（比例）	货运量（万吨）	外商直接投资（万元）	零售额（万元）
6017	2007	1	0	0	4666800	0.16	1798500	31.10	0.92	0.21	6450	201316	1749700
6017	2008	1	0	0	5565700	0.19	2326725	31.15	0.93	0.21	4125	213909	2155600
6017	2009	1	0	0	5715900	0.03	3430501	32.06	0.92	0.15	6397	235670	2560900
6017	2010	1	1	0	6901200	0.21	4740580	43.85	0.92	0.14	5799	223394	3000500
6017	2011	1	1	1	9259600	0.34	5974465	31.68	0.93	0.13	6951	210583	3532409
6017	2012	1	1	1	10409500	0.12	7364077	32.10	0.92	0.18	8079	266867	4115000
6017	2013	1	1	1	11420300	0.10	9476850	33.40	0.92	0.14	9273	303467	4610300
6017	2014	1	1	1	12185600	0.07	11494951	33.37	0.91	0.15	7123	337854	5197000
6018	2007	1	0	0	9158376	0.25	3194862	38.60	0.81	0.19	8570	76542	2913172
6018	2008	1	0	0	11057360	0.21	4319748	40.62	0.83	0.16	9494	91717	3607163
6018	2009	1	0	0	12721499	0.15	6194472	40.12	0.85	0.16	26080	125417	4311585
6018	2010	1	1	0	15393576	0.21	8269200	55.02	0.86	0.14	26640	126407	5072328
6018	2011	1	1	1	18994920	0.23	9039865	48.86	0.87	0.16	28740	120599	5980617
6018	2012	1	1	1	21999170	0.16	10660492	48.90	0.88	0.21	19921	143231	6874013
6018	2013	1	1	1	24355050	0.11	14853493	52.90	0.89	0.17	21935	170332	782161
6018	2014	1	1	1	26693384	0.10	17901290	52.04	0.89	0.16	26772	202209	9056089

续表

序号	年份	空间变量	时间变量	政策	GDP (万元)	GDP 增长率	资本 (万元)	劳动力 (万人)	产业结构 (比例)	人力资本 (比例)	货运量 (万吨)	外商直接投资 (万元)	零售额 (万元)
6019	2007	1	0	0	21902548	0.22	14451811	81.62	0.94	0.14	16183	1143695	10370277
6019	2008	1	0	0	30009795	0.37	18733290	86.67	0.94	0.15	13430	1250757	12738669
6019	2009	1	0	0	37447641	0.25	24417763	91.94	0.95	0.15	20920	1388469	15249091
6019	2010	1	1	0	45470573	0.21	31925699	110.56	0.96	0.13	22817	1514723	18645314
6019	2011	1	1	1	56193285	0.24	35102425	121.91	0.96	0.14	25495	1680037	22016112

资料来源：笔者根据历年《中国城市统计年鉴》的相关数据计算整理而得。

附录二　湖北省服务业区位熵对比数据

附表　2005年与2015年湖北省服务业区位熵对比

城市	生产性服务业		交通运输仓储和邮政业		信息传输计算机服务和软件业		金融业		房地产业	
	2005年	2015年	2005年	2015年	2005年	2015年	2005年	2015年	2005年	2015年
武汉	1.28	1.33	1.38	1.42	1.31	1.41	1.26	1.29	1.22	1.25
襄阳	0.95	1.12	1.02	1.18	1.13	1.26	1.03	1.09	0.94	1.17
宜昌	0.98	1.16	1.09	1.13	0.92	1.13	1.10	1.01	0.85	1.15
孝感	0.77	0.94	0.86	0.95	0.89	0.87	0.96	0.93	0.76	0.88
十堰	0.87	0.96	0.89	0.91	0.92	1.11	0.87	0.92	0.69	0.91
咸宁	0.73	0.62	0.88	0.89	0.66	0.73	0.86	0.63	0.54	0.76
荆州	0.82	0.96	0.85	0.94	0.88	0.94	0.55	0.94	0.59	0.84
荆门	0.62	0.48	0.81	0.92	0.89	0.83	0.51	0.43	0.42	0.84
随州	0.59	0.54	0.81	0.87	0.65	0.62	0.62	0.35	0.61	0.56
黄冈	0.61	0.91	0.86	0.90	0.68	0.74	0.95	0.87	0.94	0.94
黄石	0.71	0.95	0.84	0.96	0.71	0.76	0.72	0.88	0.91	0.95
恩施	0.64	0.71	0.37	0.72	0.69	0.66	0.67	0.64	0.62	0.51

续表

城市	生产性服务业		交通运输仓储和邮政业		信息传输计算机服务和软件业		金融业		房地产业	
	2005 年	2015 年	2005 年	2015 年	2005 年	2015 年	2005 年	2015 年	2005 年	2015 年
仙桃	0.52	0.55	0.43	0.59	0.51	0.52	0.46	0.54	0.46	0.47
鄂州	0.43	0.49	0.49	0.68	0.61	0.69	0.39	0.35	0.58	0.52
天门	0.42	0.51	0.41	0.43	0.51	0.59	0.12	0.49	0.26	0.49
潜江	0.49	0.49	0.49	0.52	0.51	0.55	0.66	0.54	0.59	0.43
神农架	0.34	0.32	0.27	0.49	0.33	0.47	0.29	0.44	0.41	0.48

资料来源：笔者根据历年《中国城市统计年鉴》的相关数据计算整理而得。